NUEVOS CAMINOS PARA LA TUTELA AMBIENTAL EN BRASIL Y ESPAÑA

CONSENSUALIDAD, NUEVAS TECNOLOGÍAS Y SOSTENIBILIDAD

NUEVOS CAMINOS PARA LA TUTELA AMBIENTAL EN BRASIL Y ESPAÑA

CONSENSUALIDAD, NUEVAS TECNOLOGÍAS Y SOSTENIBILIDAD

Renata Fabiana Santos Silva

COLEX 2025

© Editorial Colex, S.L.
Calle Costa Rica, número 5, 3.º B (local comercial)
A Coruña, 15004, A Coruña (Galicia)
info@colex.es
www.colex.es

I.S.B.N.: 978-84-1194-907-1
Depósito legal: C 240-2025

SUMARIO

CAPÍTULO PRIMERO
LA PROTECCIÓN DEL MEDIO AMBIENTE EN EL ESTADO DE DERECHO AMBIENTAL

CAPÍTULO SEGUNDO
LA RENOVACIÓN DE LA TUTELA AMBIENTAL A TRAVÉS DE LOS ADR

CAPÍTULO TERCERO
LA MEDIACIÓN ADMINISTRATIVA EXTRAJUDICIAL COMO POSIBILIDAD DE AMPLIACIÓN DEL ACCESO A LA JUSTICIA AMBIENTAL

«*Se o caminho se faz caminhando*, a cada passo pequenas e grandes transformações são necessárias para que o governo e sociedade elaborem estratégias em favor do interesse público, da democracia e da sustentabilidade socioambiental para o desenvolvimento».

Marina Silva

AGRADECIMIENTOS

Esta obra consiste en la segunda parte de la Tesis Doctoral, por mi defendida, en el Programa de Doctorado en Derecho de la Universidad de Sevilla en el año de 2022.

Para llegar a este texto, que hoy se publica, he enfrentado muchos retos, como una pandemia sin precedentes, el Alzheimer de mi padre, la solitud del trabajo de investigación, el miedo de fracasar y las dificultades del servicio público. Todo podría salir mal, frente a este conjunto de sentimientos, dolores y dificultades. No obstante, aquí llegamos.

Para llegar a esta publicación, he contado con la ayuda de muchas manos. Por lo tanto, agradezco a todos que contribuyeron directa o indirectamente para el desarrollo de este trabajo. Sin embargo, tengo que hacer algunos agradecimientos especiales.

Primeramente, a quienes fueron mis Directores de Tesis, Dr. Antonio José Sánchez Sáenz y Dra. Beatriz Belando Garín. Estos dos maestros son los responsables por los logros de esta investigación. Bajo la conducción de ellos he encontrado un nuevo propósito y pasión: el Derecho Ambiental. De hecho, la mirada impulsada por ellos has hecho nascer la creencia en un mundo más sostenible y sano, con menos desigualdades y más consenso y respeto a los derechos humanos y fundamentales.

No puedo dejar de decir gracias a los miembros de mi Tribunal de Tesis Doctoral, que han contribuido enormemente para el perfeccionamiento de esta investigación. Todos los comentarios, críticas y sugerencias fueron considerados en el trabajo de revisión y actualización de la investigación. Por tanto, agradezco a los Doctores: Antonio Alfonso Pérez Andrés, Javier Sanz Larruga, Jesús Jordano Fraga, Marta García Pérez y Roberto Bustillo Bolado.

Por fin, tengo que manifestar mis agradecimientos a la Editorial por la confianza y hacer posible una publicación más.

Muito obrigada!

PRÓLOGO

John Booth acaba de salir de prisión tras cumplir cinco años por el homicidio imprudente de una niña, a quien atropelló mientras conducía borracho. Ni el término de su condena, ni el aire fresco o la luz del sol que ahora lo envuelven logran aliviar el peso de su remordimiento y su dolor. A las puertas de la cárcel lo esperan sus padres, listos para llevarlo a casa.

Al día siguiente, se encuentra con su mejor amigo, Peter, que lo invita esa misma noche a una fiesta en su honor para celebrar su regreso. Durante la velada, surge una espontánea tertulia en la que se van encadenando temas como la compasión, el arte o la libertad. Todos participan animadamente, excepto John, quien se mantiene en un segundo plano. En un momento, Peter le anima a intervenir y compartir su visión sobre la libertad. John, accediendo a la petición de su amigo, sorprende a los presentes viniendo a decir que la libertad está sobrevalorada, pues si no se subordina a un propósito más elevado no es más que mero entretenimiento.

John Booth es un personaje interesante y complejo en una película —The Crossing Guard (1995)— que, sin embargo, no alcanza igual profundidad. En todo caso, las palabras que el cineasta Sean Penn pone en boca de John acerca de la libertad no distan mucho del pensamiento sobre el Derecho de juristas como Rudolf von Ihering o Gustav Radbruch (el Radbruch posterior a la II Guerra Mundial)[1]: el Derecho es una estructura que, si no responde a un fin superior y loable, puede quedar reducida a un mero cascarón vacío o a algo peor. Esta perspectiva resulta igualmente aplicable tanto al Derecho entendido como «conjunto de principios y reglas», como al Derecho entendido como «ciencia» dedicada al estudio de tales principios y reglas[2].

---

1 Véanse, respectivamente, las célebres *La lucha por el Derecho (Der Kampf ums Recht*, 1872) y *Arbitrariedad legal y derecho supralegal (Gesetzliches Unrecht und Übergesetzliches Recht*, 1946), con múltiples ediciones en alemán, español y otras lenguas.

2 RAE. (2023). «derecho» (acepciones número 13 y 14), en el *Diccionario de la lengua española*. https://dle.rae.es/ (consultado en octubre de 2024).

A lo largo de los años, he tenido la fortuna de conocer, como miembro de tribunales académicos a uno y otro lado del Atlántico, diversas tesis doctorales de juristas brasileños especializados en el ámbito del medio ambiente. En todas ellas he encontrado ciertos elementos distintivos que merecen destacarse: estructuras sólidas, un uso exquisito de los conceptos jurídicos y, de manera sobresaliente, una confesada postura no neutral; y es que todas estas investigaciones muestran una clara vocación intelectual y personal por trascender el mero análisis técnico de problemas o instituciones jurídicas, aspirando a que sus conclusiones sean herramientas útiles para impulsar un cambio a mejor en la evolución de la sociedad humana y de su relación con los ecosistemas. La tesis doctoral de Renata Fabiana Santos Silva es un magnífico ejemplo de todo.

Y es que *Nuevos caminos para la tutela ambiental en Brasil y España: Consensualidad, nuevas tecnologías y sostenibilidad* es la segunda monografía[3] que toma como punto de partida la tesis doctoral de Renata; esta tesis, dirigida por los doctores Beatriz Belando Garín y Antonio José Sánchez Sáez, fue defendida con brillantez en la Universidad de Sevilla una mañana soleada del verano de 2022 ante un tribunal en el que tuve el honor de participar.

El objeto de aquella primera monografía (Colex, 2023), fue la viabilidad y el alcance general del uso de la mediación administrativa extrajudicial para facilitar el acceso consensuado a la justicia en conflictos entre ciudadanos y Administraciones Públicas tanto en Brasil como en España. En esta monografía que ahora prologo, Renata, ensanchando la senda apuntada también desde Sevilla por Alfonso Pérez Moreno en los años noventa del siglo pasado[4], concentra su atención en explicar y alentar el uso de este ADR en el contexto del Derecho ambiental.

Son múltiples los cauces previstos por el ordenamiento jurídico para resolver conflictos entre Administraciones públicas y ciudadanos y entre ciudadanos entre sí, pero ¿cuáles son los más adecuados si lo que se pretende, más allá de la mera solución jurídico-formal del conflicto jurídico, es poner fin realmente al conflicto contemplado desde una perspectiva global? Todo conflicto jurídico ofrece también una importante vertiente humana, sea psicológica, sea social, sean ambas a la vez. La vía heterocompositiva judicial puede ser eficaz (si no es lenta) para resolver el problema jurídico, pero muchas veces no es adecuada para resolver el problema humano: siempre hay una parte vencida, e incluso a veces las dos partes se sienten insatisfechas tras la resolución. La firmeza de la sentencia acaba con ese conflicto jurídico, pero en no pocos casos subsiste el conflicto en términos psicológicos o socia-

3 La primera es Santos Silva, **Renata F.** (2023): *Acceso a la justicia y mediación administrativa extrajudicial en el Estado relacional: Nuevas perspectivas en Brasil y España*. Colex.

4 Pérez Moreno, **Alfonso** (1998) «Instrumentos de tutela ambiental». *Revista Electrónica de Derecho Ambiental*, número 1, Universidad de Sevilla, 1998, pp. 1-8, en concreto, p. 7. Disponible en: http://hdl.handle.net/11441/17295.

les, con lo que la solución jurídico-formal del conflicto (la sentencia) puede acabar resultando la base sobre la que se cimienten nuevas situaciones de confrontación. Considerar este importante factor metajurídico pone en valor los cauces consensuales, los mecanismos de composición en los que, en un marco de legalidad y razonable flexibilidad, todas las partes enfrentadas ceden algo y consienten una solución paccionada. Y dentro de estos resultan especialmente interesantes aquellos medios en los que se cuenta con un tercero que interviene tratando de generar un entorno adecuado para el acuerdo. En palabras de la doctora Renata Fabiana S. Silva, «en el contexto del Estado contemporáneo, que adopta la perspectiva relacional (...) el derecho de acceso a la justicia no puede ser reducido al derecho de demandar ante a los tribunales. Además, la respuesta jurisdiccional no es siempre la forma más adecuada de resolución de una controversia, puede, incluso, generar injusticia. Por ello, el sistema de justicia debe buscar no sólo el acceso a la jurisdicción, sino la apertura a múltiples posibilidades de solución de disputas que permita la construcción de un sistema sostenible y realizador de la dignidad humana. Desde esta perspectiva, los ADR son mecanismos que facilitan el acceso a la justicia y la tutela judicial efectiva».

¿Y por qué, en concreto, la importancia de los ADR y de la mediación en el ámbito de los conflictos ambientales? Pues, continuando con la argumentación de la autora brasileña, porque para la protección del medio ambiente, además del desarrollo de políticas públicas sostenibles, es fundamental la implementación de mecanismos preventivos y reparadores. Las AA. PP. deben invertir más en la tutela ambiental preventiva, ya que la reparadora tiene lugar cuando las medidas de carácter preventivo fallan y permiten la producción del daño ambiental que con frecuencia lleva aparejados efectos de difícil o imposible reversibilidad. Por tanto, cuando sea necesaria la acción reparadora, «siempre hay que buscar la tutela extrajudicial, dejando la tutela judicial como ultima ratio». Las medidas de carácter extrajudicial, prosigue la jurista baiana, «tienden a ser más céleres, flexibles y participativas, por lo tanto, más efectivas en la prevención y recomposición del daño al medio ambiente».

Tras analizar el marco jurídico internacional, constitucional y legal brasileño y español, la autora concluye que «de lege ferenda, en el ámbito regional, hace falta que UE y MERCOSUR actúen regulando el tema del acceso a la justicia ambiental de manera amplia, incorporando los ADR como mecanismos de apertura de dicho acceso. Las normas de carácter regional permiten la homogenización del tema entre los países que afrontan problemas ambientales semejantes o comparten de los mismos problemas. Tanto en el sistema brasileño como en el español es necesario el desarrollo de una norma específica sobre mediación administrativa para promover la adecuada adaptación del mecanismo al derecho público, abordando los siguientes aspectos: principios aplicables, sujetos intervinientes, naturaleza del acuerdo y consecuencias en caso de su incumplimiento, mediabilidad objetiva, mediación colectiva, derechos y garantías de los administrados, procedimiento en línea y autorización para la realización del acuerdo».

La seria consideración legislativa de las propuestas de la doctora por la Universidad de Sevilla y Letrada del Estado de Bahía podrían, sin duda, contribuir a impulsar en Brasil y en España el uso de las ADR en general y de la mediación en particular. Con ello, se podría avanzar hacia una más eficaz solución de los conflictos ambientales y hacia un mejor futuro para la sostenibilidad y la vida en los ecosistemas naturales o antrópicos de nuestros dos Estados.

En 1912, Antonio Machado publicó Campos de Castilla, donde aparecen los célebres versos:

> «Caminante, no hay camino:
> se hace camino al andar»

Décadas más tarde, antes de la llegada de nuestra vigente Constitución, Joan Manuel Serrat incorporaría estos versos a Cantares, una de las canciones más emblemáticas del disco que el cantautor catalán dedicó al poeta andaluz.

El eco de estas palabras de Machado resuena también en el discurso de la ambientalista brasileña Marina Silva, cuya cita encabeza el libro de la doctora Renata Fabiana S. Silva:

> «Se o caminho se faz caminhando, a cada passo pequenas e grandes transformações são necessárias para que o governo e sociedade elaborem estratégias em favor do interesse público, da democracia e da sustentabilidade socioambiental para o desenvolvimento».

Sin duda, esta elección de la autora es una magnífica manera de presentar su monografía y de abrir camino con un puente que hermana Brasil con España, la conciencia ambiental con la lírica, el activismo con la creación literaria, la realidad desnuda con la belleza del arte, pues las necesidades del presente a las que se refiere María Silva son una realidad y el poema de Machado es arte. Al mismo tiempo, estas palabras muestran con claridad que la obra que Renata pone en manos del lector es no neutral, pues, siguiendo la sólida tradición jurídico-ambiental brasileña, este libro toma partido: su propósito no es solo explicar, sino explicar para tratar de contribuir activamente al interés público, a la democracia y a la sostenibilidad socioambiental.

> «Para concluir, solo me resta felicitar a Renata, a sus directores de tesis, y regresar a Antonio Machado, deseando y confiando en que el recorrido y el impacto de este libro perduren todo lo que la obra y su autora merecen, que es mucho más que el tiempo de vida de las estelas en la mar».

Roberto O. Bustillo Bolado
Catedrático de Derecho Administrativo
Universidad de Vigo (Campus de Ourense)
Vigo, febrero de 2025

PRESENTACIÓN

El objetivo principal de este trabajo es demostrar la viabilidad y aplicabilidad de la mediación administrativa extrajudicial para la apertura del acceso a la justicia ambiental en los conflictos entre las Administraciones públicas y los administrados en Brasil y España.

El primer capítulo, intitulado «La protección del medio ambiente en el Estado de Derecho Ambiental», buscamos comprender la tutela ambiental bajo el paradigma del Estado de Derecho Ambiental. Para el alcance de este propósito examinamos las bases del Estado de Derecho Ambiental, es decir, sus postulados, principios y mecanismos de tutela. Sobre los mecanismos de tutela, analizamos el contenido de la tutela judicial y extrajudicial, señalando las medidas adoptadas en los ordenamientos jurídicos de Brasil y España.

El segundo capítulo recibe el título de «La renovación de la tutela ambiental a través de los ADR». En este capítulo investigamos las características del conflicto ambiental, subrayando su carácter multilateral, policéntrico, interdisciplinar e intergeneracional, que demanda una tutela específica. Por ello, cuidamos de las especificidades de esta tutela ambiental, que busca garantizar el derecho difuso y humano al medio ambiente sano. Frente a la necesidad de buscar otras formas de tutela más adecuadas a resolución de las disputas medioambientales, analizamos también las experiencias en los diversos países del mundo con los «*Alternative Dispute Resolutions*» (en adelante, ADR), como también las ventajas y obstáculos de su utilización en materia medio ambiental. Como estamos inmersos en la sociedad de la información y comunicación, no podríamos dejar de analizar los influjos de las nuevas tecnologías para la resolución de conflictos medioambientales.

El tercer capítulo profundizamos el análisis del problema de investigación propuesto. Este capítulo recibe el título «La mediación administración extrajudicial como vía de ampliación del acceso a la justicia ambiental». Una vez comprendida la amplitud del acceso a la justicia y la necesidad de una tutela ambiental especial y preventiva, idónea al atendimiento de las necesidades de una sociedad global y de riesgo, pasamos a evaluar la mediación administrativa como vía de ampliación del acceso a la justicia ambiental. Para esto es necesario examinar el significado de acceso a la justicia en el Convenio de

Aarhus y en el Acuerdo de Escazú, como también hacer una panorámica de la jurisdicción ambiental en los sistemas brasileño y español. Con este análisis, diseñamos un camino hacia la aplicación de la mediación administrativa extrajudicial en Brasil y España, a partir de las normativas ya existentes, como también proponiendo desarrollo legislativo con el objetivo de tornar esta aplicación más efectiva.

En las conclusiones pretendemos ofrecer algunas reflexiones y respuestas a los cuestionamientos realizados durante el proceso de investigación. En ella, intentamos contestar o reflexionar cuestiones como: ¿La mediación administrativa extrajudicial sería efectivamente un mecanismo de apertura del acceso a la justicia ambiental?; Si la respuesta es afirmativa, ¿en qué circunstancias sería posible su aplicación para la solución de conflictos ambientales?; ¿Podemos considerarla para la apertura del acceso a la justicia ambiental en Brasil y España?

Para que tengamos una protección ambiental efectiva, las disputas medioambientales necesitan de un trato adecuado, que no es limitado a la tutela judicial. Hay que imponer una nueva gobernanza en la resolución de esta categoría de conflictos, basada en la democracia, flexibilidad y consenso. Por tanto, la tutela ambiental evoluciona hacia la ampliación de mecanismos consensuales y la reducción del uso de medidas imperativas y unilaterales, con el objetivo final de garantizar la efectiva protección del medio ambiente para las generaciones presentes y futuras.

Renata Fabiana Santos Silva

LISTADO DE ABREVIATURAS Y ACRÓNIMOS

AP /AA. PP.	Administración pública / Administraciones públicas
ADR	Alternative Dispute Resolution
AGU	Advocacia Geral da União
BAPE	Bureau d'audiences publiques sur l'environnement
CA/CC. AA.	Comunidad Autónoma /Comunidades Autónomas
CEDH	Convenio Europeo de Derechos Humanos
CEPE	Comisión Económica de las Naciones Unidas para Europa
CE/1978	Constitución Española de 1978
CIDH	Comisión Interamericana de Derechos Humanos
CFB/1988	Constitución Federal Brasileña de 1988
CGPJ	Consejo General del Poder Judicial
CLAD	Centro Latinoamericano de Administración para el Desarrollo
CNJ	Conselho Nacional de Justiça
CORA	Comisión para la Reforma de las Administraciones Públicas
CONAMA	Conselho Nacional do Meio Ambiente
ECR	Environmental Conflict Resolution
EPA	United States Environmental Protection Agency
IA	Inteligencia Artificial
LAI	Lei de Acesso à Informação
LINDB	Lei de Introdução às Normas do Direito Brasileiro
LPACAP	Ley del Procedimiento Administrativo Común de las Administraciones Públicas

LRJSP	Ley de Régimen Jurídico del Sector Público
LRJCA	Ley Reguladora de la Jurisdicción Contencioso-administrativa
LRJPAC	Ley de Régimen Jurídico de las Administraciones Públicas y del Procedimiento Administrativo Común
MSC	Mandado de Segurança Coletivo
OCDE	Organización para la Cooperación y el Desarrollo Económico
ODR	Online Dispute Resolution
RE	Recurso Extraordinário
REsp	Recurso Especial
SADH	Sistema Africano de Derechos Humanos
STF	Supremo Tribunal Federal
STJ	Superior Tribunal de Justiça
TC	Tribunal Constitucional
TEDH	Tribunal Europeo de Derechos Humanos
TIC	Tecnología de la Información y Comunicación
TJUE	Tribunal de Justicia de la Unión Europea
TRLA	Texto Refundido de la Ley de Aguas
UE	Unión Europea

CAPÍTULO PRIMERO

LA PROTECCIÓN DEL MEDIO AMBIENTE EN EL ESTADO DE DERECHO AMBIENTAL

1. Introducción

Muchos son los desafíos impuestos a los Estados contemporáneos por la «sociedad de riesgo» *(Risikogesellschaft)* diagnosticada por BECK[5]. La desigualdad social, los cambios climáticos, la disrupción tecnológica, las pandemias y el terrorismo son algunos ejemplos de hechos que los Estados nacionales, en los días de hoy, tienen que enfrentar para garantizar el bien estar de sus ciudadanos.

El Estado social ha dejado de cumplir eficazmente su agenda de protección a la dignidad de la persona humana, de manera que se muestra imperativa una nueva reflexión sobre los roles del Estado y del ciudadano en este proceso. Además, la sociedad contemporánea es más exigente y reclama no sólo la expansión y resignificación de los derechos ya reconocidos, sino también la inclusión de un nuevo listado de derechos y valores que están más direccionados a una perspectiva transindividual y colectiva.

En este contexto nace la idea de Estado de Derecho Ambiental[6], que significa concretar una existencia humana más digna y sana, bajo los paradigmas

---

5 *Vid.* BECK, U. *Sociedade de risco: Rumo a uma outra modernidade*. Segunda edición. São Paulo: Editora 34, 2011.

6 *Vid.* BENJAMIN, A. H. «Constitucionalização do Ambiente e Ecologização da Constituição Brasileira», en CANOTILLHO, J. J. G.; MORATO LEITE, J. R. (Orgs.). *Direito Constitucional Ambiental Brasileiro*. Cuarta edición. São Paulo: Saraiva, 2011, pp. 77-226; ARANDA, J. El Estado de Derecho Ambiental: Concepto y perspectivas de desarrollo en Chile. [en línea]. *Justicia Ambiental*, pp. 23-38, 2013. [consulta: 19 septiembre 2021]. Disponible En: Https://Ssrn.Com/Abstract=2411763; MORATWO LEITE, J. R.; SIVINI FERREIRA, H. «Tendências e Perspectivas do Estado de Direito Ambiental no Brasil», en MORATO LEITE, J. R.; SIVINI FERREIRA, H.; VERRI BORATTI, L. (Orgs.). *Estado de Direito Ambiental: tendências*. Rio de Janeiro: Forense Universitária, 2010.

de solidaridad humana y desarrollo sostenible. *Como bien dicho por* Blanco Zuñiga *y* Arjona Hincapié, *«el Estado de Derecho Ambiental es una evolución, una superación de otros modelos que fueron incapaces de contener efectivamente las afrentas sufridas por los recursos naturales»*[7]. Sin embargo, este nuevo modelo no desconsidera el legado de los Estados Liberal y Social. Por ello, Häberle sostiene, con fundamento en los paradigmas de solidaridad y de protección del medio ambiente, el desarrollo de deberes oriundos de la dignidad humana con la finalidad de protección del futuro de la humanidad[8]. Por eso se dice que el Estado de Derecho Ambiental se ocupa no solo con el bien estar de las generaciones presentes, sino también con las generaciones futuras. En este escenario, nuevos derechos de naturaleza transindividual y universal son incorporados al Estado Constitucional.

Bajo la perspectiva del Estado de Derecho Ambiental debemos buscar la efectividad de la Justicia Ambiental. Esta será integrada por la tutela judicial, desarrollada en el ámbito de un proceso judicial, como también por la tutela extrajudicial, perfeccionada en la vía administrativa. Además, la Justicia Ambiental, en este contexto, tendrá soporte en la solidaridad, sostenibilidad y democracia para la prevención y represión a los daños ambientales.

Por lo tanto, en este capítulo reflexionaremos sobre la protección del medio ambiente en el contexto del Estado de Derecho Ambiental, profundizando el análisis de sus postulados, principios informadores y mecanismos de tutela.

2. Estado de derecho ambiental: postulados, principios y mecanismos de tutela

Como hemos visto em la sección anterior, el Estado de Derecho Ambiental representa un paso adelante en el intento de garantizar una existencia digna y sana al ser humano. En la doctrina este nuevo paradigma recibe distintas denominaciones como: Estado Post Social[9], Estado Socioambiental de

---

7 *Cfr*. Blanco Zuñiga, G; Arjona Hincapié, F. *Constitución ambiental unificada para América Latina: Una aproximación desde el Soft Law*. Bogotá. Grupo Editorial Ibañez, Blanco & Devgiovanni Abogados y Consultores, Conservación Internacional, 2023, p. 42.

8 *Cfr*. Häberle, P. «A dignidade humana como fundamento da comunidade estatal», en Sarlet, I. W. (org.). *Dimensões da dignidade: ensaios de filosofia do direito e direito constitucional*. Porto Alegre: Livraria do Advogado, 2005, p. 102.

9 *Vid.* Sarmento, D. «Os direitos fundamentais nos paradigmas Liberal, Social e Pós-Social (Pós-modernidade constitucional?)», em Sampaio, J. A. L. (Coord.). *Crise e desafios da Constituição: perspectivas críticas da teoria e das práticas constitucionais brasileiras*. Belo Horizonte: Del Rey, 2003, pp. 375-414.

Derecho[10], Estado Constitucional Ecológico[11], Estado del Ambiente[12]. En este trabajo adoptaremos la expresión Estado de Derecho Ambiental, que incluso es la utilizada por la Organización de las Naciones Unidas (adelante, ONU) en el informe «*Environmental Rule of Law: First Report*»[13].

2.1. Postulados

Según CANOTILHO, el Estado de Derecho Ambiental está basado en cuatro postulados básicos: globalista, que se centra en la idea que la protección ambiental debe ser realizada en el ámbito supranacional; publicista, que busca la institucionalización de los mecanismos jurídicos de protección ambiental; individualista, que prevé el carácter privado de la protección ambiental; y, asociativista, que presupone la participación democrática[14].

Estos postulados indicados por CANOTILHO nos direcciona a un fresco entendimiento sobre el Estado de Derecho, que debe pautarse en la cooperación entre los Estados nacionales y entre ellos y los ciudadanos; en la promoción de políticas públicas sostenibles; en la adopción, por todos, de comportamientos *eco-friendely* y en la responsabilización por daño al medio ambiente.

Aquí es importante señalar que el Estado de Derecho Ambiental no está en contra del desarrollo económico, al revés, este modelo busca la compatibilidad de la actividad económica con la protección del medio ambiente, a través del desarrollo sostenible. Es decir, el parámetro debe ser el desarrollo económico y humano, basado en la utilización racionable y sostenible de los recursos naturales, no en el simple crecimiento económico. Por ello, BESSA ANTUNES sostiene que la preservación y utilización sostenible y racional de los recursos ambientales deben ser entendidos no como un factor de crecimiento económico sino de desarrollo[15].

Además, la construcción de un Estado de Derecho Ambiental exige la incorporación de dichos postulados y valores al texto constitucional. Por

---

10 *Vid.* FENSTERSEIFER, T. *Direitos fundamentais e proteção do ambiente: a dimensão ecológica da dignidade humana no marco jurídico-constitucional do Estado Socioambiental de Direito*. Porto Alegre. Livraria do Advogado, 2008.

11 *Vid.* CANOTILLHO, J. J. G. «Estado Constitucional Ecológico e democracia sustentada», en SARLET, I. W. (Org.). *Direitos fundamentais sociais: estudos de direito constitucional, internacional e comparado.* Rio de Janeiro/São Paulo: Renovar, 2003, pp. 493-508.

12 *Vid.* HÄBERLE, P. (2005). *Op. cit.*, pp. 89-152.

13 *Vid.* ONU. Informe «*Environmental Rule of Law: First Report*». [en línea]. [consulta: 19 septiembre 2021]. Disponible en: https://www.unep.org/resources/assessment/environmental-rule-law-first-global-report.

14 *Cfr*. CANOTILLHO, J. J. G. (2003). *Op. cit*. p. 496.

15 *Cfr*. BESSA ANTUNES, P. D. *Direito Ambiental*. Vigésima segunda edición. São Paulo: Atlas, 2021, p. 23.

eso, PÉREZ LUÑO destaca que «*la opción constitucional representa un expreso rechazo de la lógica del «tener», centrada en la acumulación exclusiva y excluyente de los productos de una explotación ilimitada de los recursos humanos y naturales; a favor del modelo del «ser», que exige el goce compartido (o inclusivo) de los frutos de un progreso selectivo y equilibrado. De que tal propósito no sea traicionado, o relegado al limbo de las buenas intenciones, depende el inmediato futuro de nuestra calidad de vida*»[16]. Este también es el sentido empleado por MESA CUADROS que comprende que el Estado de Derecho Ambiental es una forma de Estado Constitucional que reconoce la huella ambiental sostenible junto a la protección de las garantías a través de una mirada transtemporal, transespacial y transhumanística[17]. Además, la protección ambiental debe compatibilizarse con los principios fundamentales del orden económico, conformando las libertades económicas.

En el caso brasileño, la CFB/1988 expresa claramente esta idea de compatibilización de la actividad económica con la protección ambiental, en la medida que conforma el derecho de propiedad y la libre iniciativa con el desarrollo sostenible. La previsión de la evaluación previa de impacto ambiental, en el artículo 225, §1.°, IV de la CFB/1988, es un ejemplo evidente del reconocimiento constitucional de la protección ambiental en el orden económico.

En el ámbito de la UE, la protección ambiental fundamentada en el desarrollo sostenible puede justificar restricciones de carácter económico. Esto, incluso, es el posicionamiento del TJUE, que en la Sentencia de 07 de febrero de 1985 (Procurador de la República Francesa v. Asociación de defensa de fabricantes, comerciantes y usuarios de calefactores que utilizan como combustible fuel o aceites usados, asunto 240/183) concluyó que «*la Directiva debe ser vista en la perspectiva de la protección del medio ambiente, que es uno de los objetivos esenciales de la Comunidad. [...] También se desprende de las disposiciones de la directiva en su conjunto que se ha garantizado que los principios de proporcionalidad y no discriminación serían observados si ciertas restricciones resultasen necesarias*».

La CE/1978, influenciada por la normativa internacional, consagró en el artículo 45 tanto el derecho al medio ambiente adecuado para el desarrollo de la persona como el deber individual y colectivo de consérvalo. Desde el punto de vista económico, la conformación constitucional no es distinta, una vez que la protección del medio ambiente constituye uno de los principios rectores de la política económica y social, inspirando la actuación pública y privada[18]. Además, como explica JORDANO FRAGA, las disposiciones de la

---

16 *Cfr*. PÉREZ LUÑO, A. E. *Derechos humanos, Estado de Derecho y Constitución*. Quinta edición. Madrid. Editorial Tecnos, 1995, p. 478.

17 *Vid. Cfr*. MESA CUADROS, G. *Derechos Ambientales en perspectiva de integralidad: concepto y fundamentación de nuevas demandas y resistencias actuales hacia el Estado de Ambiental de Derecho.* Cuarta edición. Primera reimpresión. Bogotá. Universidad Nacional de Colombia, 2019, p. 136.

18 Sobre el tema véase: STC 1/1982, 28 de enero.

CE/1978 reconocen el medio ambiente no sólo como derecho-deber (bien jurídico) sino también como función administrativa[19]. En el ámbito autonómico, las Leyes Orgánicas, modificadas a partir de 2006, introducen el desarrollo sostenible como principio o fin de la Administración Autonómica[20].

Sin embargo, el desarrollo sostenible no está reducido a la harmonización entre economía y ecología. Según Martín Mateo, el concepto de desarrollo sostenible, que fundamenta el Estado de Derecho Ambiental, incluye también valores relacionados a solidaridad, conduciendo el orden económico a una producción social y ambientalmente compatible con la dignidad de las personas[21]. Por ello, Leme Machado enfatiza que el derecho ambiental y el derecho al desarrollo existen no como alternativas, sino como conceptos que se integran, de manera a alcanzar el bienestar de la humanidad[22].

Esto, incluso, es el sentido empleado por el Informe Brundtland de 1987, «*Nuestro futuro común*», de la Comisión Mundial sobre Medio Ambiente y Desarrollo que comprende el desarrollo sostenible como aquel que «satisface *las necesidades esenciales de la generación presente sin comprometer la capacidad de las generaciones futuras para satisfacer sus propias necesidades*»[23]. La Declaración de Río, por su vez, consolida, en el Principio 4, la idea de desarrollo sostenible, una vez que todos los textos posteriores a Río 1992 evidencian la necesidad conjunta de protección del medio ambiente y desarrollo, como bien señala Lázaro Calvo[24]. La Declaración de Johannesburgo, sobre desarrollo sostenible de 2002, ratifica los principios y acciones acordados en Río 1992, destacando que «*el desarrollo sostenible exige una perspectiva a largo plazo y una amplia participación en la formulación de polí-*

19 *Cfr*. Jordano Fraga, J. *La protección del derecho a un medio ambiente adecuado*. Barcelona. José María Bosch Editor, 1995, pp. 53-54. Sobre el derecho ambiental como función administrativa, Escribano Colado y López González señalan la tendencia de los textos constitucionales consideraren la protección y conservación del medio ambiente como misión del Estado y por lo tanto una función de la Administración pública. Según dichos autores, el protagonismo de la acción preventiva es el destaque de esta función administrativa, de manera que este ha sido el sentido empleado por la CE/1978 en el artículo 45. *Vid.* Escribano Collado, P.; López González, J. I. El medio ambiente como función administrativa. *Revista Española de Derecho Administrativo – REDA,* n. 26, julio-septiembre, 1980, pp. 367-385.

20 *Vid.* Estatuto de Andalucía, Estatuto de Aragón, Estatuto de Castilla y León, Estatuto de Cataluña, Estatuto de Autonomía de la Comunidad Valenciana, Estatuto de Extremadura y Estatuto de las Islas Baleares.

21 *Cfr*. Martín Mateo, R. *Manual de Derecho Ambiental*. Tercera edición. Navarra. Editorial Thomson/Arazandi, 2003, p. 38.

22 *Cfr*. Leme Machado, P. A. *Direito Ambiental Brasileiro*. 23. Edición. São Paulo. Malheiros Editores, 2015, p. 78.

23 Texto completo disponible en: http://www.ecominga.uqam.ca/PDF/BIBLIOGRAPHIE/GUIDE_LECTURE_1/CMMAD-Informe-Comision-Brundtland-sobre-Medio-Ambiente-Desarrollo.pdf. [en línea] [consulta en: 08 noviembre 2021].

24 *Cfr*. Lázaro Calvo, T. *Derecho Internacional del medio ambiente*. Barcelona. Atelier, 2005, p. 403.

ticas, la adopción de decisiones y la ejecución de actividades a todos los niveles». En definitiva, el desarrollo no es un sencillo crecimiento cuantitativo, incluye el equilibrio entre desarrollo social, económico y protección al medio ambiente, generando una mejora cualitativa de la vida de las personas[25]. Por ello, FRANCO DEL POZO plantea que «*la noción de desarrollo sostenible nos debe conducir hacia una economía más ecológica, más humana, una economía que se adecue verdaderamente a las necesidades más apremiantes del individuo y de los pueblos más pobres del planeta*»[26].

En el ámbito de la UE, el Tratado de la UE establece en su artículo 3.º que el desarrollo sostenible constituye un objetivo transversal de la UE, relacionándose con los objetivos sociales y económicos. Este incluso es el sentido empleado por el artículo 11 del Tratado de Funcionamiento de la UE que se refiere expresamente a la integración de la protección ambiental y la inserción del desarrollo sostenible en todas sus políticas y acciones[27]. Además, el artículo 35 de la CDFUE exhorta que «*en las políticas de la Unión se integrarán y garantizarán, conforme el desarrollo sostenible, un nivel elevado de protección del medio ambiente y la mejora de su calidad*». Para cumplir dicho mandamiento, el Consejo de la UE ha aprobado las estrategias de desarrollo sostenible[28].

Con base en estos conceptos y postulados podemos indicar algunos de los principios que informan el Estado de Derecho Ambiental: solidaridad, participación democrática, responsabilidad ambiental y sostenibilidad. Es importante destacar que estos principios no son aplicados de manera aislada, están en interactuación reciproca, constituyendo la base para la protección del medio ambiente y consecuentemente del desarrollo digno de las personas. En el próximo epígrafe examinaremos cada uno de ellos.

---

25 Esto también es el sentido de desarrollo sostenible empleado por PURVIN DE FIGUEIREDO y GARCIA MAGALHÃES que señalan que «o desenvolvimento sustentável se constitui de 3 bases: o desenvolvimento económico, o desenvolvimento social com diminuição da pobreza e a preservação ambiental». *Cfr*. PURVIN DE FIGUEIREDO, G.J; GARCIA MAGALHÃES, V. «Capitalismo e Desenvolvimento Sustentável: Relações entre o Direito do Trabalho e o Direito Ambiental–Reflexões introdutórias», en PURVIN DE FIGUEIREDO (org.). *Direito Filosofia e Meio Ambiente: Diálogos com a doutrina de Alaôr Caffé Alves*. São Paulo: IBAP, 2021, p. 81.

26 *Cfr*. FRANCO DEL POZO, M. «El derecho humano a un medio ambiente adecuado». *Cuadernos Deusto de Derechos Humanos*, n. 8. Bilbao. Universidad de Deusto, 2000, p. 31.

27 *Vid.* RODRÍGUEZ BETANCOR, A. Derecho Ambiental. Primera edición. Madrid. La Ley, 2014, p. 450-451.

28 *Vid.* UNIÓN EUROPEA. Comunicación de la Comisión de 15 de mayo de 2001 «Desarrollo sostenible en Europa para un mundo mejor: estrategia de la Unión Europea para un desarrollo sostenible (Propuesta de la Comisión ante el Consejo Europeo de Gotemburgo)» [COM (2001) 264 final–no publicada en el Diario Oficial]. Y también: UNIÓN EUROPEA. Comunicación de la Comisión de 13 de diciembre de 2005 relativa a la revisión de la Estrategia para un desarrollo sostenible - Plataforma de acción [COM (2005) 658 final– no publicada en el Diario Oficial].

2.2. Principios

2.2.1. Solidaridad

El principio de solidaridad tiene fundamento en la dignidad de la persona humana, en la medida que plasma la idea de construcción de una sociedad basada en el bien común. Según FENSTERSEIFER, «*la solidaridad expresa la necesidad fundamental del ser humano en el cuerpo social, formateando una red de relaciones intersubjetivas y sociales que se trazan en el espacio de la comunidad estatal*»[29]. Por lo tanto, la solidaridad, para alcanzar sus objetivos, estará siempre en interactuación con los principios de igualdad material, dignidad de la persona humana y justicia social.

Como bien explica REAL FERRER, «*la solidaridad ha funcionado como elemento cohesionador de los grupos, como vínculo que hace que los individuos sean partícipes, bien de la posición de otro u otros individuos, bien de los intereses colectivos del grupo*»[30]. A partir de la solidaridad se crea una relación de pertenencia común entre los grupos y los individuos haciendo efectivo los ideales de igualdad material y fraternidad. Este, incluso, es el sentido empleado por el actual Papa, en la Encíclica «*Laudato Sí*», sobre el cuidado de la Casa Común, considerando el medio ambiente como bien común a toda humanidad y exhortando la responsabilidad de todos en su preservación[31].

---

29 *Cfr*. FENSTERSEIFER, T. (2008). *Op. cit*. p. 114. (traducción propia).

30 *Cfr*. REAL FERRER, G. «El principio de Solidaridad en la Declaración de Río», en PRIEUR, M.; DOUMBE-BILLÉ, S. *Droit de l' Environnement et Déveleppement Durable*, Pulim, Limoges, 1994, p. 78.

31 En la Encíclica *Laudato Sí*, el Papa Francisco hace una llamada a la defensa del medioambiente. En el texto el pontífice enfatiza que «*nuestra casa común es también como una hermana, con la cual compartimos la existencia, y como una madre bella que nos acoge entre sus brazos*». *Sigue afirmando que* «*esta hermana clama por el daño que le provocamos a causa del uso irresponsable y del abuso de los bienes que Dios ha puesto en ella. Hemos crecido pensando que éramos sus propietarios y dominadores, autorizados a expoliarla. La violencia que hay en el corazón humano, herido por el pecado, también se manifiesta en los síntomas de enfermedad que advertimos en el suelo, en el agua, en el aire y en los seres vivientes*». La manifestación del Papa Francisco en dicha encíclica exhorta la solidaridad, como elemento esencial a la preservación del medio ambiente: «*Necesitamos una conversación que nos una a todos, porque el desafío ambiental que vivimos, y sus raíces humanas, nos interesan y nos impactan a todos. El movimiento ecológico mundial ya ha recorrido un largo y rico camino, y ha generado numerosas agrupaciones ciudadanas que ayudaron a la concientización. Lamentablemente, muchos esfuerzos para buscar soluciones concretas a la crisis ambiental suelen ser frustrados no sólo por el rechazo de los poderosos, sino también por la falta de interés de los demás. Las actitudes que obstruyen los caminos de solución, aun entre los creyentes, van de la negación del problema a la indiferencia, la resignación cómoda o la confianza ciega en las soluciones técnicas. Necesitamos una solidaridad universal nueva*».

Según la teoría de VASAK[32], desarrollada en la Conferencia del Instituto de Derechos Humanos de Estrasburgo de 1979, los derechos humanos estarían ordenados en tres generaciones que se relacionan con los principios de libertad, igualdad y fraternidad de la Revolución Francesa[33]. De esta manera, los derechos de primera generación son derechos de libertad (individuales, civiles y políticos); los derechos de segunda generación se identifican con los derechos de igualdad (sociales, culturales y económicos); y los derechos de tercera generación se conectan con los derechos de fraternidad, cuya titularidad es de la sociedad. Notamos, por lo tanto, una evolución en el rol de derechos humanos, de manera que podemos afirmar que la incorporación del principio de solidaridad en la comprensión de las relaciones entre los Estados, los distintos niveles de gobierno y la sociedad constituye, sin dudas, un avance importante en el progreso civilizatorio.

Las Constituciones de índole social democrática incorporan en sus textos estos derechos fundamentales de tercera dimensión que tienen una connotación más difusa y colectiva y tienen su base en el principio de solidaridad.

En la CFB/1988, el principio de solidaridad está presente en el preámbulo cuando se establece «*un Estado Democrático, destinado a garantizar el ejercicio de los derechos sociales e individuales, la libertad, la seguridad, el bien estar, el desarrollo, la igualdad y la justicia como valores supremos de una sociedad fraterna, plural y sin prejuicios*». Además, el principio de solidaridad tiene asiento en el art. 3.° de la Constitución, como uno de los objetivos de la República Federativa de Brasil. Por tanto, el Estado brasileño está direccionado a la construcción del bien común con apoyo en la idea de solidaridad. En materia medio ambiental, la solidaridad está recogida en el artículo 225.

La CE/1978 también contempla el principio de solidaridad. El artículo 2.° de la CE/1978, por ejemplo, la solidaridad es uno de los principios esenciales a la organización territorial del Estado, una vez que reconoce la solidaridad entre regiones y nacionalidades. Sobre el tema, el TC en la STC 135/192, de 5 de octubre, destaca que la solidaridad es «*un factor de equilibrio entre la autonomía de las nacionalidades o regiones y la indisoluble unidad de la Nación española*». El artículo 138.1 ratifica el principio de solidaridad territorial, en la medida que dispone que «*El Estado garantiza la realización efectiva*

32 Sobre la teoría de VASAK, véase: BELLVER CAPELLA, V. *Ecología: de las razones a los hechos.* Granada: Ecorama, 1994, p. 270.

33 En la doctrina, algunos autores rechazan la denominación generaciones de derechos humanos, una vez que dicha nomenclatura expresa la idea de aislamiento de los núcleos de derechos humanos. Por ello, BONAVIDES sostiene la utilización de la expresión «dimensiones» de los derechos humanos para transmitir una idea de indivisibilidad e interdependencia de dichos derechos. Tampoco podemos olvidar del reconocimiento de dicha indivisibilidad e interdependencia de los derechos humanos en distintos documentos internacionales como en la Declaración de Teherán de 1968, la Declaración sobre el Derecho al Desarrollo de 1986 y la Declaración y Programa de Acción de Viena de1993. Sobre el tema véase: BONAVIDES, P. *Curso de Direito Constitucional*, 7.ª ed., São Paulo: Malheiros, 1999.

del principio de solidaridad consagrado en el artículo 2 de la Constitución, velando por el establecimiento de un equilibrio económico, adecuado y justo entre las diversas partes del territorio español, y atendiendo en particular a las circunstancias del hecho insular». En materia medioambiental, la solidaridad está presente en los artículos 45.1 y 45.2.

El derecho al medio ambiente sano y adecuado al desarrollo digno de las personas constituye uno de estos derechos de tercera dimensión, que demanda el empleo de la solidaridad para su efectiva implementación. En materia medioambiental hay que tratar de la solidaridad bajo dos perspectivas: intergeneracional e internacional. Por ello, MARTÍN MATEO señala que *«este principio tiene intrínseca validez y operatividad por lo que debería razonablemente esperarse su efectividad en círculos sociales progresivamente ampliados. Su transcendencia para la tutela del medio ambiente opera en una doble dimensión: intercomunitaria e intergeneracional»*[34].

La solidaridad intergeneracional suele estar recogida en los os ordenamientos jurídicos que reconocen el Estado de Derecho Ambiental, significando el deber y el compromiso de las generaciones presentes en garantizar condiciones ambientales dignas para las generaciones futuras. Sin embargo, como bien advierte LEME MACHADO, la solidaridad intergeneracional debe estar calibrada por los principios de razonabilidad y proporcionalidad para evitar arbitrariedades en su aplicación[35].

La CFB/1988 y la CE/1978, por ejemplo, reconocen en sus textos la solidaridad intergeneracional en materia medio ambiental, en los artículos 225 y 45, respectivamente. El artículo 225 de la CFB/1988 dispone que *«todos tienen el derecho a un medio ambiente ecológicamente equilibrado, bien de uso común de las personas y esencial para una calidad de vida saludable, imponiendo al Poder Público y la comunidad el deber de defenderlo y preservarlo para las generaciones presentes y futuras»*. Ya el artículo 45.1 de la CE/1978 la trata en los siguientes términos: *«todos tienen el derecho a disfrutar de un medio ambiente adecuado para el desarrollo de la persona, así como el deber de conservarlo»*. En el artículo 45.2, la CE/1978 dispone que *«los poderes públicos velarán por la utilización racional de todos los recursos naturales, con el fin de proteger y mejorar la calidad de la vida y defender y restaurar el medio ambiente, apoyándose en la indispensable solidaridad colectiva»*.

Esta idea de solidaridad entre generaciones presentes y futuras para la protección y preservación del medio ambiente también está presente en documentos internacionales. La Declaración de Río, por ejemplo, en el Principio 3 que conforma la idea de desarrollo sostenible refrenda la necesidad de atendimiento equitativo de las demandas sociales, económicas y ambientales de las generaciones presentes y futuras. Es decir, la propia idea de desarrollo sostenible tiene como elemento fundamental la solidaridad entre generacio-

34 *Cfr.* MARTÍN MATEO, R. (2003). *Op. cit.* p. 44.

35 *Cfr.* LEME MACHADO, P. A. (2015). *Op. cit.* pp. 155-156.

nes, de manera que no se puede hablar de sostenibilidad si se compromete las necesidades de las generaciones futuras. La solidaridad intergeneracional está presente en otros documentos internacionales como la Convención marco sobre cambio climático, la Convención sobre diversidad biológica, la Agenda 21 y la Declaración de Principios de los Bosques.

Cuanto, a la perspectiva internacional, la solidaridad demanda una colaboración entre todos los países del globo. Esto porque las acciones realizadas en determinado país pueden repercutir más allá de la frontera de dicho país. Existe una interconexión entre los distintos ecosistemas, de manera que la solidaridad internacional se muestra necesaria a la protección del medio ambiente. Por ello, Martín Mateo destaca que «*más allá de los límites que se acotan las soberanías de los Estados nacionales, la solidaridad debe ser un imperativo no sólo ético, sino también práctico, impuesto por la base internacional de la mayoría de los sistemas naturales y por la necesidad de limitar, en aras del desarrollo sostenible, un excesivo uso de los recursos, lo que requiere obligadamente de asistencias transvases*»[36].

Esta idea de cooperación internacional que abarque a todos los Estados y las Organizaciones internacionales está puesta en la Declaración de Estocolmo de 1972 que dispone que «*todos los países grandes o pequeños deben ocuparse, con espíritu de cooperación y en pie de igualdad, de las cuestiones internacionales relativas a protección y mejoramiento del medio*». La Carta de los derechos y deberes económicos de los Estados también trata de la cooperación internacional desde esta perspectiva, en la medida que establece que «*todos los Estados deben cooperar en la elaboración de normas y reglamentaciones internacionales en la esfera del medio ambiente*».

La Agenda 2030 de la ONU es otro documento internacional que adopta este sentido de solidaridad internacional, en la medida que prevé en el ODS 17 la alianza mundial para el desarrollo sostenible. Por ello, la Agenda 2030 propone el establecimiento de alianzas globales para la acción orientada para combatir el cambio climático y reducir la pobreza y las desigualdades. Por lo tanto, para que sea posible lograr el reto de no dejar a nadie para atrás, hay que invertir en una solidaridad internacional.

La crisis generada por el COVID-19 demostró una dificultad con el reto de construcción de alianzas globales ya que los Estados se direccionaban para la solución de los problemas internos e inmediatos. Sin embargo, la pandemia también ha generado la oportunidad de cooperación internacional para hacer frente a esta crisis sanitaria[37]. Por ello, el secretario general de la ONU,

---

36 *Cfr.* Martín Mateo, R. (2003). *Op. cit.*, p. 44.

37 *Vid.* Serebrisky, T. *et al*. *Infraestructura sostenible y digital para impulsar la recuperación económica post COVID-19 de América Latina y el Caribe: un camino hacia más empleo, integración y crecimiento.* Banco Interamericano de Desarrollo, 2020. [en línea] [consulta: 21 enero 2021]. Disponible en: https://publications.iadb.org/publications/spanish/document/Infraestructura-sostenible-y-digital-para-impulsar-la-recuperacion-economica-post-COVID-19-de-America-Latina-y-el-Caribe-Un-camino-hacia-m%C3%A1s-empleo-integracion-y-crecimiento.pdf.

GUTERRES, se manifestó en los siguientes términos: «*y sin más demora tenemos que dejar de adoptar estrategias sanitarias a escala nacional, cada país por su cuenta, y en cambio garantizar, con total transparencia, una respuesta mundial coordinada, en la que también se ayude a los países menos preparados para hacer frente a la crisis*»[38].

El Acuerdo Marco sobre Medio Ambiente del Mercado Común del Sur (en adelante, MERCOSUR[39]), aprobado por la «XX Cumbre Presidencial de MERCOSUR celebrada en año de 2001, también fomenta la construcción de alianzas externas, en la medida que reconoce *"la importancia de la cooperación entre los Estados Parte con el objetivo de apoyar y promover la implementación de sus compromisos en materia ambiental"»*.

Hay también que considerar la solidaridad en un nivel más concreto, como bien registra FERREIRO[40]. Sería la solidaridad interterritorial, practicada entre las regiones de cada país. Exactamente como articulado en el art. 2.º de la CE/1978, que exhorta la solidaridad entre regiones y nacionalidades. Incluso, el TC ratifica la idea de solidaridad interterritorial en materia medioambiental, una vez que en un mismo espacio territorial pueden actuar distintas Administraciones[41]. Por ello, SÁNCHEZ SÁEZ exhorta que «*con base en la colaboración administrativa como hemos de construir el derecho ambiental del futuro, intentando articular mecanismos de aproximación de voluntades y de resolución paccionada de conflictos*»[42].

---

38 *Cfr*. GUTERRES, A. *Esta es, sobre todo, una crisis humana que llama a la solidaridad*. [en línea] [consulta: 08 noviembre 2021]. Disponible en: https://www.un.org/es/coronavirus/articles/humanitarian-crisis-coronavirus-solidarity.

39 El MERCOSUR constituye un proceso de integración regional de cual hacen parte Argentina, Brasil, Paraguay y Uruguay. Recientemente, se incorporarán Venezuela (que está suspensa por el Protocolo de Ushuaia) y Bolivia (en proceso de adhesión todavía). El objetivo principal del MERCOSUR es de naturaleza económica, en el sentido de facilitar un espacio que genere oportunidades comerciales y de inversiones, a través de la integración de las economías nacionales al mercado internacional. BLANCO ZUÑIGA y ARJONA HINCAPIÉ destacan que el MERCOSUR, a pesar de su carácter predominantemente comercial, ha abordado temas ambientales, a ejemplo de la Resolución 10/1994, que estableció Directrices Básicas en materia de Política Ambiental con el objetivo de armonizar la legislación de los Estados parte del proceso de integración. *Cfr*. BLANCO ZUÑIGA, G; ARJONA HINCAPIÉ, F. (2023). *Op. cit.*, p. 149.

40 *Vid.* FERREIRO, D. *Medio Ambiente y solidaridad*. [en línea] [consulta: 28 octubre 2021]. Disponible en: https://elpais.com/diario/1990/06/05/sociedad/644536804_850215.html.

41 *Vid.* STC 102/1995, de 26 de junio (RTC 1995, 102); STC 194/2004, de 10 de noviembre (RTC 2004, 194).

42 *Cfr*. SÁNCHEZ SÁEZ, A. «El Nuevo Derecho Ambiental: Cambios y posibilidades de Futuro en torno a las técnicas convencionales». [en línea]. *Revista Electrónica de Derecho Ambiental*, número 2, Universidad de Sevilla, 1999. [consulta: 19 noviembre 2021]. Disponible en: https://idus.us.es/bitstream/handle/11441/61786/el_nuevo_derecho_ambiental.pdf?sequence=1&isAllowed=y.

La CFB/1988 también trata de esta perspectiva de solidaridad en el párrafo único del artículo 23, cuando dispone que: «*las leyes complementarias establecerán normas de cooperación entre la Unión y los Estados, el Distrito Federal y los Municipios con el objetivo de equilibrar el desarrollo y el bienestar a nivel nacional*». Podemos vislumbrar esta necesidad claramente en los últimos desastres medioambientales que se pasaran en Brasil, como la inundación del Estado de Rio Grande do Sul y las quemadas en la región de la Amazonia, que todavía demandan la cooperación entre los entes federales[43].

Mesa Cuadros también se refiere a otra dimensión de la solidaridad, que sería la solidaridad subjetiva[44]. Esta implicaría en el reconocimiento de no humanos, como la Madre Tierra, los ríos o los bosques como sujetos de derechos y protección[45]. Esto es el sentido empleado por la Constitución de Ecuador que reconoce la Naturaleza *(Pachamama)* como sujeto de derechos, rompiendo el criterio antropocéntrico del Constitucionalismo clásico[46].

Como bien plantea Martín Mateo, para la defensa del medio ambiente es necesaria la voluntad de asociarse en la defensa del colectivo, para conservar un patrimonio enmarcado entre coordenadas interterritoriales e intergeneracionales[47]. Por tanto, el principio de solidaridad, en sus distintas perspectivas, es esencial a la estructuración del Estado de Derecho Ambiental, constituyendo el elemento esencial para la construcción de un modelo de justicia ambiental efectivo, inclusivo y sostenible.

---

43 Sobre las tragedias ambientales en Brasil véase: BBC NEWS. «A cronologia da tragedia no Rio Grande do Sul». [en línea]. *BBC NEWS*, 2024. [consulta: 01 septiembre 2024]. Disponible en: https://www.bbc.com/portuguese/articles/cd1qwpg3z77o; y Castro, M. *Com mais de 10 mil queimadas, Amazonas tem o pior mês de agosto dos últimos 26 anos*. [en línea]. Portal G1, 2024. [consulta: 01 septiembre 2024]. Disponible en: https://g1.globo.com/am/amazonas/noticia/2024/09/01/com-mais-de-10-mil-queimadas-amazonas-tem-pior-mes-de-agosto-dos-ultimos-26-anos.ghtml.

44 *Cfr*. Mesa Cuadros, G. *Derechos Ambientales en perspectiva de integralidad: concepto y fundamentación de nuevas demandas y resistencias actuales hacia el Estado de Ambiental de Derecho.* Cuarta edición. Primera reimpresión. Bogotá. Universidad Nacional de Colombia, 2019, p. 136.

45 *Cfr*. Mesa Cuadros, G. «Derechos Ambientales como Nueva Teoría Integral de los Derechos», en Nunes, C.A.R. *et al* (org.). *Anais Completos do IV Congresso Internacional de Direitos Humanos de Coimbra: uma visão transdisciplinar (2019)-Volume 1*. Jundiaí: Edições Brasil / Editora Fibra / Editora Brasílica, 2020, p. 53.

46 Braga explica que Pachamama «é a dinvindade que representa a vinculação à terra, a mãe, o feminino, o cuidado, a fertilidade e fecundidade, enfim a sustentação dos processos vitais». *Cfr*. Braga, D. L. «Organicismo, sustentabilidade e os "direitos da natureza"». *Revista Brasileira de Direito Animal*, Salvador, V.9, n.17, p-87-117, sep./dec. 2014, p. 115. Véase también: Melo, M. «Derechos de la Naturaleza, Globalización y Cambio climático». *Línea Sur*, v. 5, 2013, p. 43.

47 *Cfr*. Martín Mateo, R. *Nuevos instrumentos para la tutela ambiental*. Madrid. Editorial Trivium, 1994, p. 14.

2.2.2. Participación democrática

La democracia está centrada en la dignidad humana, de manera que, para garantizar la libertad, justicia e igualdad, hay que reconocer el derecho del ciudadano de participación en los asuntos públicos.

En la perspectiva medioambiental, el derecho de participación también está reconocido internacionalmente. La Declaración de Estocolmo de 1972 lanzó las primeras semillas sobre la necesidad de participación ciudadana en la protección ambiental. Esta idea fue desarrollada más adelante en la Declaración de Río sobre Medio Ambiente y Desarrollo de 1992, que constituye la norma internacional referente para la conformación del principio de participación en materia ambiental. El Convenio de Aarhus (1998) e el Acuerdo de Escazú (2018), por su vez, desarrollan los elementos del Principio 10 de la Declaración de Río (acceso a la información, participación pública y acceso a la justicia), que conforman la democracia ambiental. Otros documentos internacionales también incorporan la idea de participación en materia ambiental, como la Convención Marco de las Naciones Unidas sobre el Cambio Climático de 1992 y el Convenio sobre la Diversidad Biológica de 1992.

La participación ciudadana está directamente conectada con el principio democrático, por ello dicho principio también está albergado en las constituciones democráticas.

En Brasil, por ejemplo, la CFB/1988, establece en el artículo 1.º que la República Federativa de Brasil es un Estado democrático de derecho que tiene como fundamentos la ciudadanía, el pluralismo, la dignidad de la persona humana, la soberanía, los valores sociales del trabajo y la libre iniciativa. De este artículo, que consagra el principio democrático, se extrae el fundamento constitucional para la participación ciudadana en todos los sentidos. En el ámbito ambiental, el derecho de participación tiene que ser comprendido a la luz del artículo 225 de la Constitución brasileña, que dispone que: «*toda persona tiene el derecho a un medio ambiente ecológicamente equilibrado, bien de uso común de las personas y esencial para una calidad de vida saludable, imponiendo a los poderes públicos y la comunidad el deber de defenderlo y preservarlo para las generaciones presentes y futuras*». En este contexto, la participación ciudadana debe ser entendida no solamente como un derecho, sino como un deber inherente a la condición político-jurídica del ciudadano, lo que lleva a la construcción de una ciudadanía ambiental o ecológica, como bien indican SARLET y FENSTERSEIFER[48]. Ya que la participación es un deber fundamental atribuido a todos, hay que buscar medios para garantizarla[49].

---

48 *Cfr*. SARLET, I. W.; FENSTERSEIFER, T. *Direito Constitucional Ambiental: Constituição, Direitos Fundamentais e Proteção do Ambiente.* Quinta Edición. São Paulo. Editora Revista dos Tribunais, 2017, p. 345.

49 *Cfr*. TEIXEIRA MOREIRA, O. A. «Participação popular e a tutela jurídica do meio ambiente urbano», en PURVIN DE FIGUEREDO, G. J. (org.). *Estudos de Direito Ambiental: Em memória do jurista José Eduardo Ramos Rodrigues*. Primera Edición. São Paulo. IBAP, 2023, p. 194.

Por ello, esta participación de la ciudadanía en cuestiones ambientales también se acopla a la actuación del Poder público en la protección ambiental.

En España, el derecho a la participación está radicado en los artículos 9.2 y 23 de la CE/1978. No obstante, estos artículos no traten de la participación ambiental de manera específica, sirven de fundamento para ella, una vez que el artículo 45 acoge al máximo nivel de protección ambiental. Además, estos artículos constitucionales que tratan de participación deben ser leídos a la luz de la Declaración de Río para incluir la perspectiva ambiental. En el contexto español, la normativa comunitaria ha impulsado la legislación ambiental interna. En el ámbito estatal, debemos destacar el Texto Refundido de la Ley de Aguas (en adelante, TRLA) que dispone sobre la participación pública en todo el proceso de planificación hidrológica y la Ley 9/2006, de 28 de abril, sobre evaluación de los efectos de determinados planes y programas en medio ambiente, que establece la evaluación ambiental estratégica caracterizada por la información y participación en su formación. En el ámbito autonómico, merece destaque la Ley gallega 1/1995, de 2 de enero, de Protección ambiental de Galicia; la Ley valenciana de 2/1989, de 3 de marzo de Estudios de Impacto Ambiental; la Ley catalana 3/1998, de 27 de febrero de intervención integral de la Administración ambiental; la Ley vasca 3/1998, de 27 de febrero, de Protección del Medio Ambiente.

Tampoco podemos olvidar de la jurisprudencia del Tribunal Europeo de Derechos Humanos (adelante, TEDH), que no obstante la ausencia de disposición específica sobre medio ambiente en el Convenio Europeo de Derechos Humanos (adelante, CEDH), se ha mostrado sensible a la temática. Cuestiones relacionadas al derecho a la información ambiental, a la participación y al acceso a la justicia han sido estimadas por el TEDH[50].

Además, no podemos olvidar que en el marco del Estado de Derecho ambiental, se consolida una ciudadanía ambiental, en el sentido de la participación ciudadana en la protección del medio ambiente. Según Teixeira Moreira, solamente la interactuación de la ciudadanía posibilita la conducción del derecho como mecanismo de garantía del medio ambiente sostenible y equilibrado[51]. Esto porque la ausencia de participación ciudadana puede generar el trato de cuestiones ambientales solamente bajo la perspectiva económica, sin considerar aspectos sociales y culturales.

Sobre la participación ciudadana en materia ambiental, es necesario fijar que ella no se refiere solamente al ciudadano individualmente considerado, sino también a los colectivos, organizaciones no gubernamentales, movimientos sociales, pueblos indígenas, etc. Con relación a las Organización No

50 *Vid.* STEDH de 19 de febrero de 1988 [TED 1998,2], asunto Guerra contra Italia. SSTEDH de 20 de mayo de 1999 [TEDH 199,22] caso Tomso y Stensaas contra Noruega. STEDH de 8 de julio de 2003 [TEDH 2003,40], asunto Hattton y otros contra Reino Unido.

51 *Cfr.* Teixeira Moreira, O. A. (2023). *Op. cit.*, p. 195.

Gubernamental (en adelante, ONG), estas desarrollan un rol fundamental en la implementación de la democracia ambiental participativa, como reconocido en la Agenda 21 de la ONU. Por lo tanto, la participación ciudadana debe ser entendida con este espectro más amplio.

Según Fensterseifer, la participación democrática y ciudadana en la defensa del medio ambiente se basa en cuatro elementos fundamentales: participación popular; acceso a la información ambiental, educación ambiental y consumo sostenible[52]. A través de la conjugación de estos cuatros elementos, se facilita al ciudadano los mecanismos necesarios a la defensa y protección del medio ambiente, concretando una verdadera ciudadanía ambiental.

Para que el ciudadano pueda participar de forma efectiva de las cuestiones medio ambientales es imprescindible garantizar el derecho a la información ambiental. Solamente bien informado, el ciudadano podrá influir cualitativamente en el proceso de toma de decisión. Por ello, el Convenio de Aarhus establece que «*las autoridades públicas pongan a disposición del público, en el marco de su legislación nacional, las informaciones sobre el medio ambiente que les soliciten*» (art.4.1). La misma directriz es seguida por el Acuerdo de Escazú, que fija que los países parte deberán «*garantizar el derecho del público de acceder a la información ambiental que está en su poder, bajo su control o custodia, de acuerdo con el principio de máxima publicidad*» (art.5.1).

De hecho, el derecho a la información ambiental es esencial al ejercicio de la participación ambiental, por eso Martín Mateo destaca que dicho derecho busca perfeccionar los mecanismos participativos de los ciudadanos en las tareas del Estado[53]. Para una mejor comprensión del derecho a la información ambiental, es necesario examínalo bajo dos perspectivas.

Primero, relativamente al acceso a los datos e información ambiental, como enunciado en los artículos 4.1 e 5.1 del Convenio de Aarhus y Acuerdo de Escazú, respectivamente. En este sentido, Aguilera Vaqués y Cerrillo Martínez plantean que garantizar dicho acceso fortalece la participación ciudadana y exige nuevos modelos de relación entre los poderes públicos y la ciudadanía[54]. Esto también es el sentido empleado por la Directiva 2003/4/CE del Parlamento Europeo y Consejo, de 28 de enero de 2003 que considera que «*un mayor acceso del público a la información medioambiental y la difusión de tal información contribuye a una mayor concienciación en materia de medio ambiente, a un intercambio libre de puntos de vista, a una más efectiva*

52 *Cfr.* Fensterseifer, T. (2008). *Op. cit*. p. 121.

53 *Cfr.* Martín Mateo, R. (1994). *Op. cit*., p. 167.

54 *Cfr.* Aguilera Vaqués, M.; Cerrillo Martínez, A. «La Protección Estatal del Medio Ambiente», en Aguilera Vaqués, M., *et al*. *Derecho del Medio Ambiente–Material docente de la UOC*. Barcelona: Universitat Oberta de Catalunya, 2014, p. 42.

participación del público en la toma de decisiones medioambientales y, en definitiva, a la mejora del medio ambiente». Además, como bien señalan Razquin Lizarraga y Ruiz de Apodaca Espinosa «*la difusión de la información ambiental es aún más importante en una sociedad de riesgo como la actual, en la que no basta con reconocer un derecho a la información previa solicitud de los interesados, sino que además es necesario que las Administraciones difundan sin la necesidad de solicitud alguna toda aquella información ambiental de interés para los ciudadanos y de los riesgos que en algunos casos puedan derivarse de la misma*»[55].

Tampoco podemos olvidar de la conexión del derecho de acceso a la información ambiental a las políticas de gobierno abierto[56]. Dichas políticas exigen más transparencia del poder público, a través de la apertura de los datos públicos, como también un nuevo relacionamiento entre el Estado y la ciudadanía, facilitando la participación en los procesos de toma de decisión y control social[57]. Por ello, Lorenzetti y Lorenzetti señalan que «*el concepto de «Gobierno Abierto» aporta una nueva perspectiva al sistema democrático de convivencia, mediante el recurso de mecanismos que procuran la transparencia de los gobiernos, así como espacios permanentes de colaboración y participación de los ciudadanos*»[58]. No obstante,

55 *Cfr*. Razquin Lizarraga, J. A.; Ruiz De Apodaca Espinosa, A. *Información, Participación y Justicia en Materia de Medio Ambiente. Comentario sistemático a Ley 27/2006, de 18 de julio*. Navarra. Aranzadi, 2007, p. 181.

56 *Vid.* Ramírez-Alujas, A. V. «Open Government y Gobernanza Colaborativa: El (inevitable) camino hacia un nuevo paradigma de Gobierno y Gestión Pública». *Estado del arte, desafíos y propuestas, ponencia para el X Congreso de la Asociación Española de Ciencia Política y de la Administración (AECPA): «La política en la red».* Murcia, 2011. [en línea] [consulta 20 enero] 2019]. Disponible en: https://aecpa.es/files/view/pdf/congress-papers/10-0/555/; y Güemes, M. C.; Ramírez-Alujas, A. V. «Gobierno abierto, reforma del Estado y modernización de la gestión pública: alcances, obstáculos y perspectivas en clave Latinoamericana», en *La Promesa de Gobierno Abierto*. Hofman, A.; Ramíres-Alujas, A. V.; Bojórquez Pereznieto, J.A. (Coords.). Chile. Itapi Info Df, 2012, pp. 193-224.

57 Vernis Domènech y Mendoza Mayordomo destacan que la crisis del Estado de bienestar generó la búsqueda de un nuevo reparto de tareas y responsabilidades entre Estado y sociedad, de manera que el modelo de Estado Relacional significa un camino hacia esta dirección. Para dichos autores, con base en este modelo se busca nuevas maneras de dar respuesta a las necesidades y problemas sociales, basadas en la colaboración de la sociedad. *Vid.* Vernis Domènech, A.; Mendoza Mayordomo, X. Una aproximación a la conceptualización del nuevo rol del Estado: el Estado relacional. [en línea]. *Revista del CLAD Reforma y Democracia*, 2009, n. 44, júnio/2009, p. 115-144. ISSN: 1315-2378. [consulta: 25 enero 2021]. Disponible en: https://www.redalyc.org/articulo.oa?id=357533675004. Véase también: Santos Silva, R.F. *Acceso a la Justicia y Mediación Administrativa Extrajudicial en el Estado Relacional: Nuevas perspectivas en Brasil y España*. Colección Jóvenes Investigadores. A Coruña: Colex, 2023.

58 *Cfr*. Lorenzetti, L. R.; Lorenzetti, P. *Principios e instituciones de Derecho ambiental*. Madrid. Wolters Kluwer, 2019, p. 78.

la difusión en las AA PP. contemporáneas de los principios y objetivos de gobierno abierto, dichos autores también indican que en la praxis se nota mucha resistencia a la difusión informativa y a la participación en los casos de proyectos de inversión con impacto ambiental[59].

En España, el derecho de acceso a la información ambiental está garantizado y desarrollado en la Ley 27/2006, de 18 de julio[60]. Esta norma también trata del derecho de participación pública y de acceso a la justicia en materia de medioambiente. Dicha ley es una consecuencia de la obligatoria transposición de la Directiva 203/4/CE del Parlamento Europeo y Consejo, de 28 de enero de 2003[61], que establece como objetivo en el art. 1.° «*garantizar el derecho a recibir información sobre el medio ambiente y a acceder a la información ambiental que obre en poder de las autoridades públicas o en el de otros sujetos que la posean en su nombre, así como garantizar la difusión y puesta en a disposición del público de la información ambiental de manera paulatina y con el grado de amplitud, de sistemática y de tecnología lo más amplia posible*».

En Brasil, la Ley Federal n. 6.938, 31 de agosto de 1981, que dispone sobre la política nacional del medio ambiente, sus fines y mecanismos de formulación y aplicación, trata del derecho de acceso a la información pública ambiental en el art. 4.°, cuando dispone que la política nacional del medioambiente buscará la divulgación de datos e información ambiental. Este comando legal fue desarrollado posteriormente, de manera restricta, en la Ley Federal n. 10.650, de 16 de abril de 2003, que dispone sobre el acceso a los datos e información existente en los órganos o entidades del Sistema Nacional del Medio Ambiente (en adelante, SISNAMA). Es importante destacar que dicha ley (Ley Federal n. 10.650, de 16 de abril de 2003) no garantiza el derecho a la información ambiental por completo, ya que solamente trata de la información y datos de los órganos y entidades del SISNAMA. Sin embargo, no podemos dejar de considerar la Ley de Acceso a la Información Pública, Ley Federal n. 12.527, de 18 de noviembre de 2011[62], que tiene aplicación supletoria frente a la regulación especial. Por lo tanto, hay que integrar las dos normas para potenciar el derecho de acceso a la información ambiental.

---

59 *Ibid.*, p. 78.

60 Es importante destacar que la Ley 19/2013, de 9 de diciembre, de transparencia, acceso a la información pública y buen gobierno, tiene carácter supletorio frente a la Ley 27/2006, de 18 de julio, que es una regulación especial.

61 El derecho a la información ambiental fue tratado por primera vez, en el ámbito europeo, en la Directiva 90/313, del Consejo, que restringía dicho derecho a la información que dispusiese las Administraciones públicas. La Directiva 2003/4 del Parlamento Europeo y del Consejo derogó la Directiva 90/313 y expandiendo su ámbito de aplicación a «cualquier otra persona física o jurídica que asuma responsabilidades o funciones públicas o preste servicios públicos relacionados con medio ambiente bajo la autoridad de una Administración pública».

62 Sobre el tema véase: SALGADO, E. D. *Lei de Acesso à Informação (LAI).* São Paulo: Atlas, 2015.

Sobre el derecho de acceso a la información ambiental, el Superior Tribunal de Justicia (en adelante, STJ) ha fijado en el juicio del Incidente de Asunción de Competencia n.º 13 (IAC 13), las siguientes tesis: «*1. El derecho de acceso a la información en el derecho ambiental brasileño comprende: i) el deber de publicar, en Internet, documentos ambientales en poder de la administración que no estén sujetos a secreto (transparencia activa); ii) el derecho de cualquier persona y entidad de solicitar acceso a información ambiental específica no publicada (transparencia pasiva); y iii) el derecho de solicitar la producción de información ambiental no disponible para la administración (transparencia reactiva); 2. Se presume la obligación del Estado en favor de la transparencia ambiental, correspondiendo a la administración justificar su incumplimiento, siempre sujeto a control judicial, en los siguientes términos: i) transparencia activa, demostrando razones administrativas adecuadas para la opción de no publicarlo; ii) transparencia pasiva, enmarcando la información dentro de razones legales y estrictas de secreto; y iii) en la transparencia ambiental reactiva, la irracionalidad de la pretensión de producir información inexistente; 3. El régimen registral brasileño permite el registro de informaciones facultativas sobre el bien, de interés público, incluso informaciones ambientales; 4. La Fiscalía podrá solicitar directamente al funcionario registrador competente el registro de información relativa a sus funciones institucionales*». Esto es un importante precedente sobre el derecho de acceso a la información ambiental, una vez que fija el entendimiento de que el Estado tiene no solo el deber de suministrar la información ambiental que esté bajo su poder, sino también de producirla (transparencia reactiva).

Además, el derecho a la información ambiental también se refiere a la calidad de dicha información, hay que ser veraz y completa. No es suficiente suministrar la información ambiental, hay que garantizar integralmente su calidad. La CE/1978, por ejemplo, reconoce en el artículo 20.1.d el derecho de recibir libremente información veraz y esto debe incluir la información suministrada por el poder público en el ejercicio de la transparencia. Por ello, Blanes Climent plantea que «*el derecho fundamental a recibir información veraz no se circunscribe a recibir información a través de los medios de comunicación, de forma exclusiva y excluyente, sino que incluye el derecho de a ascender a la información en manos de los poderes públicos, tanto de forma activa como pasiva*»[63]. Esta comprensión tiene que ser trasladada para la información ambiental de manera a garantizar la libre y efectiva participación del ciudadano en las cuestiones medioambientales.

Otro elemento que conforma la participación ciudadana es la educación ambiental. Es necesario crear una conciencia pública para la protección del medio ambiente y esto solamente se muestra posible a través de la educación. Según Milaré, la educación ambiental constituye un derecho del ciudadano, similar a los derechos fundamentales, no obstante, estrictamente vinculado

63 *Cfr*. Blanes Climent, M. A. (2013). *Op. cit.*, p. 155.

a los derechos y deberes constitucionales de la ciudadanía[64]. Siguiendo la misma línea, JORDANO FRAGA enfatiza que «*en un Estado Ambiental ha de existir educación ambiental con carácter obligatorio (en todos los niveles educativos hasta el universitario, introduciéndose el derecho ambiental en los planes de estudio de la licenciatura de Derecho y en las carreras técnicas de los operadores ambientales*»[65].

La educación ambiental es un derecho componente del derecho de acceso a la información pública y por lo tanto esencial a la participación ciudadana. Por ello, el Libro Blanco de la Educación Ambiental en España (1999) registra que «*la educación ambiental, es antes de todo, educación para la acción*». Esta necesidad de fomento a la educación ambiental fue tratada en la Declaración de Estocolmo de 1972, que establece en el Principio 19 que «*es indispensable una labor de educación en cuestiones ambientales, dirigida tanto a las generaciones jóvenes como a los adultos y que preste la debida atención al sector de población menos privilegiado, para ensanchar las bases de una opinión pública bien informada y de una conducta de los individuos, de las empresas y de las colectividades inspirada en el sentido de su responsabilidad en cuanto a la protección y mejoramiento del medio en toda su dimensión humana*». La Agenda 21 también dedicaba todo un capítulo a la educación ambiental, elaborando una serie de propuestas para su desarrollo.

En Brasil, la educación ambiental está ubicada en la Ley de Directrices y Bases de la Educación (adelante, LDB), Ley Federal n. 9.394, de 20 de diciembre de 1996, que entrelaza la educación ambiental, en la enseñanza primaria y media, al concepto de ciudadanía. Al lado de la LDB, la Ley Federal n. 9.795, de 27 de abril de 1999, también dispone sobre la educación ambiental, en la medida que la considera un instrumento de la política ambiental.

En España, la educación ambiental direccionada al desarrollo sostenible ha ingresado en el sistema educativo en los años 90, con la Ley Orgánica 1/1990, de 03 de octubre, de Ordenación General del Sistema Educativo (adelante, LOGSE). El Libro Blanco de la Educación Ambiental en España de 1999 también constituye un marco jurídico importante sobre la materia, cuyo objetivo fuera potenciar la educación ambiental en los distintos ámbitos: en la actuación administrativa, en el sistema educativo, en la gestión empresarial y en las organizaciones ciudadanas. La Ley Orgánica 2/2006, de 3 de mayo, por su vez, derogó la LOGSE, pero mantuvo la idea de desarrollo sostenible en el artículo 2.° que trata de los fines del sistema educativo español.

---

64 *Cfr*. MILARÉ, E. *Direito do ambiente: A gestão ambiental em foco. Doutrina, jurisprudência, glossário*. Séptima edición, rev., atual., e reform. São Paulo: Editora Revista dos Tribunais. 2011, p. 548.

65 *Cfr*. JORDANO FRAGA, J. «El Derecho a disfrutar de un medio ambiente adecuado: elementos para su articulación expansiva». [en línea]. Medio Ambiente & Derecho: *Revista electrónica de derecho ambiental*, n.0, 1998. [consulta: 11 mayo 2022]. Disponible en: https://idus.us.es/bitstream/handle/11441/17294/file_1.pdf?sequence=1

Por tanto, la educación ambiental es el instrumento para efectivar la participación ciudadana, una vez que «*busca, por medio de la acción colectiva organizada, encontrar una comprensión de los problemas ambientales y la superación de las causas estructurales de estos conflictos o desigualdades*»[66]. Además, a través de la educación ambiental se fortifica la tutela preventiva, alcanzando la verdadera finalidad del Derecho ambiental. Por ello, CASTAÑÓN DEL VALLE plantea que «*la represión o el castigo a veces no son la solución para la adecuada protección del medio ambiente, pues éste debe conjugarse con grandes dosis de prevención, gestionada por eficaces órganos administrativos en los distintos niveles de gestión (municipal, autonómico, estatal, comunitario e internacional)*»[67].

El consumo sostenible también debe ser considerado para componer la noción de participación ciudadana. Según FENSTERSEIFER las prácticas de consumo sostenible también sirven de base para la participación y construcción de una ciudadanía ambiental[68]. Esto porque la actuación consciente del consumidor constituye un potente instrumento de control social. Por ello, JORDANO FRAGA sostiene la necesidad de mantener la ciudadanía bien informada en los actos de consumo, para que se pueda combatir eficazmente el daño ambiental[69]. El Principio 8 de la Declaración de Río nos conduce a esta conclusión en la medida que dispone que «*para alcanzar el desarrollo sostenible y una mejor calidad de vida para todas las personas, los Estados deberían reducir y eliminar las modalidades de producción y consumo insostenibles y fomentar políticas demográficas apropiadas*». VIEGAS DA COSTA y SOUSA TEODÓSIO también señalan la necesidad de construcción de puentes entre los distintos grupos, ya sea del gobierno, la sociedad civil y el mercado, para la satisfacción de las demandas de la sociedad por medio de la acción política y el ejercicio de la ciudadanía direccionado para las buenas prácticas de producción y consumo sostenibles[70].

La Agenda 2030 de la ONU también exhorta la producción y consumo sostenibles a través del Objetivo de Desarrollo Sostenible 12 (ODS12). La

---

66 *Cfr*. GODOY DOTTA, A. «El desarrollo de la política pública de educación ambiental en Brasil», en SÁNCHEZ BRAVO, A.; GABARDO, E. (Coeditores). *Estudios sobre desarrollo socioambiental*. España. Punto Rojo, 2015, p. 94.

67 *Cfr*. CASTAÑÓN DEL VALLE, M. «Responsabilidad Administrativa Ambiental», en VERCHER NOGUEIRA, A.; DÍEZ-PICAZO GIMÉNEZ, G.; CASTAÑÓL DEL VALLE, M. *Responsabilidad Ambiental: Penal, Civil y Administrativa*. Madrid. ECOIURIS, 2003, p. 179.

68 *Cfr*. FENSTERSEIFER, T. (2008). *Op. cit*. p. 131.

69 *Cfr*. JORDANO FRAGA, J. «La Administración en el Estado ambiental de Derecho». *Revista de Administración Pública*, n. 173, 2007, p. 141.

70 *Cfr*. VIEGAS DA COSTA, D.; SOUSA TEODÓSIO, A. D. S. «Desenvolvimento sustentável, consumo e cidadania: um estudo sobre a (des)articulação da comunicação de organizações da sociedade civil, do estado e das empresas», en *Revista de Administração Mackenzie*, v. 12, n. 3, p. 114, jun. 2011.

idea del ODS12 es fomentar la utilización eficiente de los recursos naturales, adoptando prácticas de producción y consumo que no generen daño al medio ambiente. Siguiendo la línea del desarrollo del consumo sostenible, la UE ha publicado el Reglamento de Ecodiseño para productos sostenibles *(Ecodesign for Sustainable Products Regulation–ESPR),* que deroga la Directiva 2009/125/CE y se establece los requisitos de diseño y desempeño ambiental para determinados productos con el objetivo de reducir su impacto ambiental durante su ciclo de vida y avanzar a una economía circular. Según este reglamento, los productos deberán cumplir requisitos de información de ecodiseño, como la durabilidad, reutilización, eficiencia energética y de los recursos, contenido reciclado, presencia de sustancias preocupantes, reducción de la huella de carbono. Por tanto, el pasaporte del producto será un instrumento importante para el desarrollo del consumo sostenible y fortalecimiento del control social.

Resta evidente que es necesario expandir la noción de participación ciudadana de forma que esta también alcance la actividad administrativa y genere más efectividad. Dicho de otra manera, la participación ciudadana, así concebida, es factor de fortalecimiento de las democracias y también la base de los nuevos métodos de gobernanza y gestión administrativa. Por lo tanto, urge la incorporación de una nueva visión de gobernabilidad basada en la articulación de los procesos de comunicación interna y externa.

Así, la clave para el incremento de la participación democrática en las cuestiones medioambientales es el desarrollo del modelo de Administración pública relacional[71]. A través de este modelo es posible la interactuación

---

71 Algunos autores utilizan otras expresiones para designar la AP que se relaciona con los diversos actores de la sociedad y asume una postura comunicativa y consensual. GARCÍA DE ENTERRÍA y FERNÁNDEZ la denomina de «*Administración concertada*». Dichos autores señalan que «*(...) la "Administración concertada" marca un camino que es forzoso recorrer o, por lo menos, explorar, puesto que ya no cabe seguir ignorando por más tiempo que la Administración negocia y que la negociación se ha convertido en un instrumento imprescindible en la tarea de administrar*». *Vid.* GARCÍA DE ENTERRÍA, E.; FERNÁNDEZ, T.R. *Curso de Derecho Administrativo*. Tomo 1, 11.ª edición. Madrid: Civitas, 2002, p. 678. Véase también: FERNÁNDEZ, T.R. *Panorama del Derecho Administrativo al comienzo de su Tercera Centuria*. Buenos Aires: Editorial La Ley, 2002. LOZANO CUTANDA también se refiere a la expresión «*Administración Concertada*» y la conceptúa como aquella en que «*la consecución de las finalidades que persigue la actuación pública se obtiene por medio de procedimientos negociados*». *Vid.* LOZANO CUTANDA, B. *Derecho Ambiental Administrativo*. Décima edición. Madrid. Dykison, 2009, pp. 153. MOLANO LOPEZ la denomina de «*Administración consensual*» y la define como aquella por la cual la técnica del diálogo, acuerdo y concertación sustituye algunos actos imperativos y unilaterales de la Administración pública. *Vid.* MOLANO LOPEZ, M. R. *Transformación de la función administrativa (Evolución de la Administración pública)*. Colección Profesores n. 37. Bogotá. Pontificia Universidad Javeriana, 2005. En Brasil, JUSTINO DE OLIVEIRA y SCHWANKA también utilizan la expresión «*Administración Consensual*» y la definen como una Administración pública que conduce su acción a través del diálogo con la sociedad. *Vid.* JUSTINO DE OLIVEIRA, G.; SCHWANKA, C. A «administração consensual como a nova face da Adminis-

interadministrativa permanente (entre los distintos niveles) y la aproximación colaborativa con los administrados. La gobernanza relacional busca involucrar distintos actores, estatales o no estatales, en la construcción y ejecución de políticas públicas, en un esquema de corresponsabilidad. Sin la participación y colaboración de todos no es posible fornecer respuestas eficaces a los retos de la contemporaneidad, sobre todo los que tratan del medioambiente en una sociedad de riesgo.

La tendencia actual es justamente la ampliación de la participación para la solución de las demandas complejas de la sociedad de la información y riesgo. Por ello, el Estado de Derecho Ambiental reclama una justicia ambiental eficaz y sostenible, y para esto es necesaria la adopción de instrumentos de tutela ambiental, basados en la participación y en el consenso, tanto en el ámbito judicial como extrajudicial.

2.2.3. Responsabilidad ambiental

Como ya destacado, el Estado de Derecho Ambiental busca alcanzar el fin de protección de los bienes ambientales y desarrollo humano sostenible. Para efectuar dicha protección los ordenamientos jurídicos disponen de normas ambientales de carácter preventivo y represivo, hábiles al cumplimiento de distintas funciones, entre ellas la responsabilidad ambiental. Por tanto, el daño o deterioro ambiental debe generar la correspondiente responsabilidad.

tração Pública no século XXI: fundamentos dogmáticos, formas de expressão e instrumentos de ação». [en línea]. *Revista de Direito Administrativo e Constitucional*, ano 08, n. 32, 2008. [consulta: 20 enero 2020]. Disponible en: http://dx.doi.org/10.21056/aec.v8i32.504.Entendemos que la expresión «Administración Relacional» exprime mejor la idea de interactuación de la AP con los distintos agentes y añade el diálogo y consenso en la ejecución de sus funciones, utilizada por ALGUACIL GÓMEZ. *Vid.* ALGUACIL GÓMEZ, J. «Administración relacional». *Eunomía-Revista en Cultura de la Legalidad*, n. 2, marzo – agosto 2012, p. 152-160. Véase también: CRIADO GRANDE, J; I.; RAMILO ARAUJO, M. C.; SALVADOR SERNA, M. «¿Administración electrónica o administración relacional? Hacia un nuevo modelo de relaciones interadministrativas y externas en el sector público». *VII Jornadas TECNIMAP*, p. 15-18, 2002; VERNIS DOMÈNECH, A.; MENDOZA MAYORDOMO, X. Una aproximación a la conceptualización del nuevo rol del Estado: el Estado relacional. [en línea]. *Revista del CLAD Reforma y Democracia*, 2009, n. 44, junio/2009, p. 115-144. ISSN: 1315-2378. [consulta: 25 enero 2021]. Disponible en: https://www.redalyc.org/articulo.oa?id=357533675004; SANTOS SILVA, R.F. *Acceso a la Justicia y Mediación Administrativa Extrajudicial en el Estado Relacional: Nuevas perspectivas en Brasil y España.* Colección Jóvenes Investigadores. A Coruña: Colex, 2023; y CASADO CASADO, L. «L'oportunitat de la mediació com a mecanisme d'obertura i flexibilitat del procediment administratiu en el context d'una Administració pública relacional», en *Revista Catalana de Dret Públic.* 82-107, 2023. [consulta: 01 septiembre 2024]. Disponible en: https://www.researchgate.net/publication/376444764_L%27oportunitat_de_la_mediacio_com_a_mecanisme_d%27obertura_i_flexibilitat_del_procediment_administratiu_en_el_context_d%27una_Administracio_publica_relacional.

En ámbito europeo, la responsabilidad ambiental está normatizada en la Directiva 2004/35/CE del Parlamento Europeo y Consejo, que especifica la prevención y reparación de daños ambientales. Según dicha directiva, la prevención y reparación de los daños medioambientales debe desarrollarse mediante el fomento del principio «quien contamina paga» y con base en el principio de desarrollo sostenible.

La Declaración de Río (1992) también trata de la responsabilidad medio ambiental en el principio 13, recomendando a los países que desarrollen «*la legislación nacional relativa a la responsabilidad y la indemnización respecto de las víctimas de la contaminación y otros daños ambientales*». También anima para que los países cooperen de manera más decidida en la elaboración de nuevas leyes internacionales sobre responsabilidad e indemnización por los efectos adversos de los daños ambientales.

La CE/1978 dispone en el artículo 45.2 que los poderes públicos velarán por la utilización racional de todos los recursos naturales de manera que existe para los poderes públicos un deber de protección al medio ambiente. Por ello, GALERA RODRIGO señala que la interpretación doctrinal y jurisprudencial de dicho artículo reconoce una obligación positiva, de actuación dirigida a los poderes públicos[72]. Este deber de protección conlleva para la AP la tarea de fiscalización y control con la utilización de herramientas preventivas y represivas. Debido a este deber, las AA. PP., en el ejercicio de sus competencias, deben buscar siempre la preservación del medio ambiente bajo pena de responsabilización. Además, el artículo 45.3 dispone sobre el sistema de reparación del medio ambiente, en los siguientes términos: «*para quienes violen lo dispuesto en el apartado anterior, en los términos que la ley fije se establecerán sanciones penales o, en su caso, administrativas, así como la obligación de reparar el daño causado*». Por tanto, la CE/1978 reconoce expresamente un sistema complejo de responsabilidad compuesto por los ámbitos civil, administrativo y penal.

La CFB/1988 también trae para los poderes públicos, en el artículo 225, el deber de protección del medio ambiente, conllevando a las tareas de control y fiscalización, como también a la responsabilización en caso incumplimiento del mandato constitucional. Dichos dispositivos constitucionales aún reconocen el deber de la sociedad de proteger al medio ambiente. Por lo tanto, la responsabilidad ambiental, en el contexto de la CFB/1988, alcanza las Administraciones públicas y los administrados. Además, en el § 5.º del artículo 225, la CFB/1988 también reconoce un sistema de responsabilidad en los ámbitos civil, penal y administrativo, en la medida que prescribe que «*las conductas y actividades consideradas nocivas para el medio ambiente someterá a los infractores, personas naturales o jurídicas, a sanciones penales y administrativas, independientemente de la obligación de reparar los daños causados*».

---

72 *Cfr*. GALERA RODRIGO, S. *La Responsabilidad de las Administraciones públicas em la prevención de daños ambientales*. Madrid. Editorial Montecorvo, 2001, pp. 28-29.

La responsabilidad ambiental, desde el punto de vista principiológico, extrae su fundamento de los principios de prevención, de precaución y de «quien contamina paga».

Según Betancor Rodríguez, el principio de prevención «*se traduce en la exigencia de una acción que ha de servir para evitar que el daño ambiental se produzca*»[73]. Es decir que el objetivo del principio de prevención es evitar la ocurrencia del daño ambiental a través de la evaluación de las actividades determinando sus peligros, como también por medio de la gestión de los riesgos asociados.

Este principio está recogido en la Declaración de Río que establece en el principio 17 que «*deberá emprenderse una evaluación del impacto ambiental, en calidad de instrumento nacional, respecto de cualquier actividad propuesta que probablemente haya de producir un efecto negativo o considerable al medio ambiente y que esté sujeta a la decisión de una autoridad nacional competente*». Para el alcance completo de la prevención es necesario no solo evaluar los riesgos y peligros, sino también gestionarlo para que sea posible eliminarlos o reducirlos.

El principio de precaución, por su vez, está relacionado con la incertidumbre y actúa como un refuerzo al principio de prevención[74]. El primer documento internacional que se refirió, aunque implícitamente, a la idea de precaución fue la Carta mundial de la naturaleza (1982), que dispone en su Principio 11 que «*se controlarán las actividades que pueden tener consecuencias sobre la naturaleza y se utilizarán las mejores técnicas disponibles que reduzcan al mínimo los peligros graves para la naturaleza y otros efectos perjudiciales*».

Dicho principio solamente fue incorporado expresamente en un documento internacional en 1990, en la Declaración ministerial de Bergen sobre desarrollo sostenible, que concretamente dispone que «*en orden a conseguir el desarrollo sostenible, las políticas deben basarse en el principio de precaución. Las medidas medioambientales deben anticipar, prevenir y atacar las causas de la degradación medioambiental. Cuando haya amenazas de daño serio e irreversible, la falta de completa certidumbre científica no debería ser utilizada como razón para posponer las medidas de prevención de la degradación medioambiental*».

73 *Cfr*. Betacor Rodríguez, A. *Instituciones de Derecho Ambiental*. Madrid. La Ley, 2001, p. 155.

74 Sobre el principio de precaución véase: Carrillo Donaire, J. A. «Derecho, técnica y riesgo: el principio de precaución en el ámbito medioambiental». *Revista de Fomento Social*, 2016, pp. 247-259; Esteve Pardo, J. «Principio de precaución. El derecho ante la incerteza científica». *Revista jurídica de Catalunya*, v. 102, n. 3, 2003, pp. 689-700; Cierco Seira, C. «El principio de precaución: reflexiones sobre su contenido y alcance en los derechos comunitario y español». *Revista de administración pública*, n. 163, 2004, pp. 73-126; Wedy, G. *O princípio constitucional da precaução como instrumento de tutela do meio ambiente e da saúde pública: (de acordo com o direito das mudanças climáticas e o direito dos desastres)*. Tercera edición. Belo Horizonte: Editora Fórum, 2020; Sarlet, I. W.; Fensterseifer, T. *Princípios do Direito Ambiental*. Segunda edición. São Paulo: Saraiva, 2017b.

Aunque exista una conexión con el principio de prevención, el principio de precaución tiene un contenido que va más allá de la prevención. Como hemos visto, la prevención se basa en la adopción de medidas destinadas a prevenir eventos supervenientes y probables. En la precaución, la adopción de medidas protección se acopla a la incertidumbre y el peligro. Por ello, COLAÇO ANTUNES señala que la importancia del principio de la precaución está en la idea de prevención de riesgos ambientales especialmente graves para el medio ambiente, tornándose una forma más exigente del principio de prudencia en la compleja relación entre derecho y ciencia[75]. Esto también es el planteamiento de JAQUENOD DE ZSÖGÖN cuando afirma que «*la falta de pruebas científicas firmes y concluyentes no debe ser obstáculo para la implementación y puesta en práctica de este Principio, sino que precisamente por elevado grado de emergencia ambiental global, éste debe significar paso previo a la aplicación del principio de prevención. De esta manera se anticipa en previo estadio y se prepara la vía preventiva, evitando que los resultados a que arribe la comunidad científica lleguen demasiado tarde, una vez que se ha producido el deterioro ambiental*»[76].

Este principio también está previsto en la Declaración de Río (1992), en el principio 15 que dispone que «*con el fin de proteger el medio ambiente, los Estados deberán aplicar ampliamente el criterio de precaución conforme sus capacidades. Cuando haya peligro de daño grave e irreversible, la falta de certeza científica absoluta no deberá utilizarse como razón para postergar la adopción de medidas eficaces en función de los costos para impedir la degradación del medio ambiente*». En la Convención sobre el Cambio Climático de 1992 también encontramos referencia a este principio cuando dispone que «*las partes deberán tomar medidas precautorias para anticiparse, prevenir o minimizar las causas del cambio climático y mitigar sus efectos adversos*»[77]. Por tanto, la incertidumbre no nos libera de la responsabilidad, al revés ella nos compromete aún más frente a la potencialidad de riesgo o de peligro al medio ambiente.

Por fin, el principio de «quien contamina paga más». Este es un principio que tiene su origen en la Organización para la Cooperación y el Desarrollo Económico (adelante, OCDE), reconocido a través de la Recomendación C (72) 128, de 26 de mayo de 1972, denominada de «*Guiding Principles Concerning International Economic Aspects of Environmental Policies*» cuyo objetivo era harmonizar los costos de la producción con la protección del medio ambiente. Como bien indican SANTANA GORDILHO y LYRIO PIMENTA, en un primero momento, el principio de «quien contamina paga más» buscaba

75 *Cfr.* COLAÇO ANTUNES, L. F. *Direito Público do Ambiente: Diagnose e Prognose da tutela processual da paisagem*. Coimbra. Almedina, 2008, p. 162.

76 *Cfr.* JAQUENOD DE ZSÖGÖN, S. *Derecho Ambiental*. 2.ª Edición. Madrid: Dykinson, 2013, p. 435.

77 *Ibid.*

atribuir al contaminador los costos de las medidas preventivas adoptadas por el Poder público[78]. Más adelante, hubo una ampliación del alcance del principio, de manera que los costos relativos a la reparación del daño y las indemnizaciones también pasaran a ser atribuidas al contaminador.

Una interpretación equivocada del principio de «quien contamina paga más» puede conducir a la comprensión de que dicho principio significa una autorización para contaminar. En realidad, el principio de «quien contamina paga más» constituye un mecanismo complejo de atribución de los costos de reparación, prevención y exclusión del daño ambiental. Por ello, Milaré plantea que el principio no busca tolerar la contaminación por un precio, ni limitarse solamente a la compensación de los daños causados, sino busca evitar el daño al medio ambiente[79].

En el ámbito internacional, el principio de «quien contamina paga más» está recogido en el principio 16 de la Declaración de Río (1992) que dispone que «*las autoridades nacionales deberían procurar fomentar la internalización de los costos ambientales y el uso de instrumentos económicos, teniendo en cuenta el criterio de que el que contamina debe, en PRINCIPIO, cargar con los costos de la contaminación, teniendo debidamente en cuenta el interés público y sin distorsionar el comercio ni las inversiones internacionales*».

En el contexto europeo, como hemos visto, dicho principio está reconocido en la Directiva 2004/35/CE del Parlamento Europeo y Consejo que fundamenta la responsabilidad ambiental, en el artículo 1.°, en el principio de «quien contamina paga más». Dicha directiva fue transpuesta en España a través de la Ley 26/2007, de 23 de octubre.

En Brasil, el fundamento para la aplicación del principio de «quien contamina paga más» está en la propia Constitución Federal que prevé en los §§ 2.° y 3.° del artículo 225 que «*aquel que explotar recursos minerales queda obligado a recuperar el medio ambiente degradado, según la solución técnica exigida por el órgano publico competente, en la forma de la ley*» y «*que las conductas y actividades consideradas lesivas al medio ambiente someterán a los infractores, personas físicas o jurídicas, a las sanciones penales y administrativas, independientemente de la obligación de reparar los daños causados*». Además, en el inciso VII del artículo 4° de la Ley federal n.° 6.938, de 31 de agosto de 1981, también se extrae dicho principio, una vez que dispone que «*la Política Nacional del Medio Ambiente bus-*

---

78 *Cfr.* Santana Gordilho, H. D.; Lyrio Pimenta, P. R. Fins do princípio do poluidor-pagador. [en línea]. *Revista Brasileira de Direito*, Passo Fundo, v. 14, n. 1, abr. 2018, p. 367. ISSN 2238-0604. DOI: https://doi.org/10.18256/2238-0604.2018.v14i1.2080. [consulta 05 noviembre 2011]. Disponible en: https://seer.imed.edu.br/index.php/revistadedireito/article/view/2080.

79 *Cfr.* Milaré, Edis. (2011). *Op. cit.*, pp. 771.

cará imponer al contaminador y al predador la obligación de recuperar y/o indemnizar los causados y al usuario la contribución por la utilización de los recursos ambientales con fines económicos».

Por tanto, la aplicación del principio de «quien contamina paga más» debe conducirnos a la efectuación de la prevención del daño ambiental, jamás deberá ser considerado un permiso para contaminar. La idea es que la actividad de preservación y conservación de los recursos naturales produzca menos cargos que su explotación.

Una vez sedimentada la base principiológica de la responsabilidad ambiental, avanzaremos para el examen de las distintas dimensiones de dicha responsabilidad.

Los daños ambientales pueden generar distintas lesiones, de manera que la responsabilidad ambiental podrá repercutir en tres ámbitos distintos: penal, civil y administrativo[80].

La responsabilidad penal tendrá lugar cuando el daño ambiental tenga origen en un hecho que constituya ilícito penal que, en general, también genera la obligación de reparación civil por el daño causado (responsabilidad civil *ex delicto*). En el ordenamiento jurídico español, la responsabilidad penal con relación al medio ambiente está recogida en Código Penal, en el título decimosexto («Los delitos relativos a la ordenación del territorio y la protección del patrimonio histórico y del medio ambiente»). En el ordenamiento jurídico brasileño, los delitos ambientales están previstos en la Ley federal n. 9.605, de 12 de febrero de 1998, que permite, incluso, la responsabilización penal de la persona jurídica[81]. Sea en

80 En Brasil, un mismo hecho puede generar la responsabilidad en los tres ámbitos simultáneamente, es decir las responsabilidades civil, penal y administrativa son independientes (*vid.* art. 92, I, del Código Penal y arts. 63 y 64 del Código Procesal Penal). Sin embargo, una resolución judicial penal repercutirá en los otros ámbitos cuando comprobada la negativa de autoría del hecho criminoso o la inexistencia del propio hecho (*vid.* art. 935 del Código Civil y art. 126 de la Ley Federal n. 8.112, de 11 de diciembre de 1990). En el caso de resolución penal absolutoria con fundamento en la escasez de pruebas de la culpabilidad, esta abolición no generará cualquier efecto en los ámbitos civil y administrativo. En España, el ordenamiento jurídico impone una clara preferencia a la jurisdicción penal frente a la civil y a la administrativa, como demuestra el art. 10.2 de la Ley Orgánica 6/1985, de 1 de julio. Además, el art. 133 de la LRJPAC dispone sobre la prohibición *del non bis in idem*, en la medida que no se podrá haber doble sanción (administrativa y penal) cuando haya identidad de sujeto y del fundamento. No obstante, el Tribunal Constitucional de España ha matizado la interpretación de dicho principio, comprendiendo que la resolución judicial penal absolutoria basada en la inexistencia del hecho, o en la negativa de autoría del acusado, o en la extinción de la responsabilidad penal, vincula la vía administrativa (STC de 27 de noviembre de 1985). Otra matice es en el sentido de la excepcionalidad de la doble sanción (penal y administrativa) cuando haya una relación de supremacía especial entre la Administración pública y el sancionado (SSTC 2/1981, de 30 de enero y STS 13/2006, de 20 de enero).

81 Es importante destacar que la responsabilidad penal de la persona jurídica es un tema todavía controvertido en la doctrina penal brasileña. No obstante, la Ley n. 9.605, de 12 de febrero de 1998, prevenga dicha responsabilidad, algunos autores entienden que no hay fundamento constitucional para ello. ANDRADE MOREIRA, por ejemplo, sostiene que el

el ordenamiento jurídico español o en el brasileño, la responsabilidad penal se basa siempre en un criterio de imputación subjetiva (dolo o culpa).

La responsabilidad civil, por su vez, busca que el responsable por el daño pague una indemnización por los gastos de su reparación. El fundamento de esta responsabilidad está en el principio de que todo aquel que comete un daño tiene el deber de repararlo. En el ámbito europeo, el Libro verde sobre reparación del daño ecológico, de 14 de mayo de 1995, fue el primer documento comunitario a tratar del tema de reparación civil de daños ambientales. Dicho libro verde apunta los puntos de deficiencia de este sistema de responsabilidad, como también busca soluciones para las fallas.

La Directiva 2004/35/CE del Parlamento Europeo y del Consejo, de 21 de abril de 2004, sobre responsabilidad medioambiental en relación con la prevención y reparación de daños medioambientales, busca tratar de la responsabilidad civil con vistas a la prevención del daño, solventando algunas de las deficiencias apuntadas en el Libro verde sobre reparación del daño ecológico. Dicha Directiva ha creado un sistema de responsabilidad de carácter administrativo, a la vez que atribuye a las AA. PP. nacionales la competencia para decidir sobre la determinación de los daños y las personas responsables, bajo ulterior control judicial. Frente dichas circunstancias, BELTRÁN CASTELLANOS plantea que el legislador europeo ha optado por un régimen administrativo para obtener una mayor efectividad y homogeneidad en la aplicación de dicha normativa[82]. Esta reparación del daño ecológico en la vía administrativa no impide la responsabilidad administrativa por infracción a la normativa administrativa.

En España, la responsabilidad civil por daño ambiental está recogida en la Ley 26/2007, de 23 de octubre[83], que transpone la Directiva 2004/35/CE

artículo 225, §5.° de la CFB/1988 no autoriza la responsabilidad penal de la persona jurídica, solamente la imputación de sanciones administrativas. Además, según dicho autor, la doctrina mayoritaria brasileña y extranjera, plantea la incompatibilidad de la teoría del delito y de la teoría de la pena con la responsabilidad penal de la persona jurídica. Véase en: ANDRADE MOREIRA, R. O STF e a Responsabilidade Penal da Pessoa Jurídica. Perdemos a batalha, mas não a guerra. [en línea]. *Revista Jus Navigandi*. Teresina, año 19, n. 3845, 10 de enero de 2014. [consulta: 2 noviembre 2021]. Disponible en: https://jus.com.br/artigos/26358. En la doctrina extranjera, BAIGÚN registra que «*son muchas las razones que históricamente se suman en contra de la recepción de la responsabilidad penal de las personas jurídicas, no sólo en el ámbito normativo sino también en el sociológico y político*». *Cfr*. BAIGÚN, D. *La Responsabilidad Penal de las Personas Jurídicas*. Buenos Aires. Depalma, 2000. En la doctrina brasileña, RÉGIS PRADO también se opone a la responsabilidad de la persona jurídica y plantea que «*falta ao ente coletivo o primeiro elemento do delito: a capacidade de ação ou omissão (típica)*». RÉGIS PRADO, L. *Curso de Direito Penal Brasileiro*. Vol. I, Octava edición. São Paulo: Editora Revista dos Tribunais, 2008. Sin embargo, la jurisprudencia del STF reconoce dicha responsabilidad, véase en HC83554/PR (Rel. Min.Gilmar Mendes) y RE548.181/PR (Rel. Min. Rosa Weber).

82 *Cfr*. BELTRÁN CASTELLANOS, J. M. *Instrumentos para la efectividad del Régimen de la Responsabilidad Medioambiental*. Navarra. Aranzadi, 2018, p. 94.

83 Véase también el Real Decreto 2090/2008, de 22 de diciembre que desarrolla parcialmente a Ley 26/2007, de 23 de octubre.

del Parlamento Europeo y Consejo. El objetivo de dicha ley es la prevención y reparación de los daños que recaigan sobre ciertos recursos naturales. El régimen de responsabilidad adoptado por la Ley 26/2007, de 23 de octubre, es doble, una vez que para las actividades económicas o profesionales enumeradas en el Anexo III la modalidad adoptada es la objetiva, basada en la teoría del riesgo; ya para las actividades que no se ajustan al Anexo III, la modalidad adoptada es la subjetiva, por la cual es necesaria la comprobación de dolo o culpa[84].

En Brasil, la responsabilidad civil por daño ambiental está recogida de manera general en la Ley federal n. 6.938, de 31 de agosto de 1981, que dispone en la primera parte del §1.º del artículo 14 que «*sin que ello impida la aplicación de las sanciones previstas en este artículo, el contaminador está obligado, independientemente de la existencia de culpa, a indemnizar o reparar los daños causados al medio ambiente y a los terceros afectados por su actividad*» *(traducción propia).* Por tanto, el legislador estableció el régimen de responsabilidad objetiva en ámbito civil. Algunos diplomas sectoriales también tratan de la responsabilidad civil por daño ambiental, como la Ley de Bioseguridad (Ley Federal n. 11.105 de 24 de marzo de 2005), la Ley de Residuos Sólidos (Ley Federal n. 12.305, de 2 de agosto de 2010) y el Código Forestal (Ley Federal n. 12.651, de 25 de mayo de 2012).

Cuanto, a la responsabilidad administrativa, esta ocurre cuando el hecho dañoso ambiental ocurre por infracción a la normativa administrativa, generando el ejercicio del poder sancionador de las AA. PP. Dentro del sector ambiental, la AP asume funciones de control y vigilancia que permite la imposición de sanciones administrativas por incumplimiento de la normativa ambiental.

Aguilera Vaqués y Cerrillo Martínez también destacan que, en general, la falta administrativa apurada en la actuación administrativa va a generar la responsabilidad civil y también la obligatoriedad de adoptar medidas para impedir o reducir el riesgo de cometimiento de nueva falta[85].

En España, la responsabilidad administrativa por daño ambiental está extremamente sectorizada, de manera que los diplomas legales que reglan las distintas actividades y recursos naturales traen una disposición específica sobre dicha responsabilidad. En Brasil, la base para la responsabilidad administrativa ambiental está en la Ley federal n. 9.605, de 12 de febrero de 1998, que la define la infracción administrativa, en el art. 70, como «*toda acción u omisión que vulnere las reglas jurídicas de uso, gozo, promoción, protección y recuperación del medio ambiente*». Dicha ley también disciplina el procedimiento y el sistema de sanciones. La jurisprudencia del STJ ha sedimentado

84 Sobre el tema véase: Lozano Cutanda, B. (Coord.). *Comentarios a la ley de responsabilidad medioambiental.* Pamplona: Aranzadi. 2008.

85 *Cfr.* Aguilera Vaqués, M.; Cerrillo Martínez, A. (2014). *Op. cit.* p. 65.

la orientación en el sentido de que la responsabilidad administrativa por daño ambiental está sometida al régimen subjetivo, de manera que es necesaria la comprobación de dolo o culpa[86]. No obstante, algunos autores sostienen la aplicación de la responsabilidad objetiva como regla general[87].

También es importante el registro de la posibilidad de responsabilidad de los agentes públicos por daño ambiental. Esto porque la actuación o la inactividad administrativa también puede generar daño ambiental[88]. No podemos olvidar que las AA. PP., sea en el ordenamiento jurídico brasileño o español, tienen el deber de actuar para la protección del medio ambiente. En este contexto, es posible la responsabilidad administrativa o penal del agente público, como también la responsabilidad civil del Estado.

Por lo tanto, la responsabilidad ambiental es otro principio fundamental a la configuración del Estado de Derecho Ambiental, debiendo ser tomada no solo en la perspectiva de reparación del daño ambiental, sino también en el marco de la prevención y precaución.

2.2.4. Sostenibilidad

De acuerdo con la Real Academia Española, la palabra sostenibilidad significa «la cualidad de sostenible», al paso que sostenible significa «que se puede sostener». En portugués la palabra sostenibilidad posee el mismo origen (sostenible), de manera que el significado no es distinto del castellano[89]. Desde el punto de vista etimológico, la palabra sostenible (sea en portugués o castellano) tiene su origen del latín «*sus tenere*» que significa defender. Con fundamento en el sentido y en el origen etimológico de la palabra sostenible, podemos comprender el principio de sostenibilidad como un mecanismo de defensa del bienestar humano permanente. Por ello, Freitas define la sostenibilidad como «*un deber ético y jurídico- político de facilitar el bienestar*

86 Véase: REsp 1.251.697/PR, AgRg no Agravo em REsp 62.584/RJ y REsp 1.318.051/RJ.

87 En este sentido véase: Leme Machado, P. A. (2015). *Op. cit.*, p. 405.

88 En la legislación brasileña, en los casos de inactividad estatal donde exista falta de precauciones de inspección que colaboran para la producción de daño ambiental, estará presente el nexo causal y por ello la responsabilidad objetiva y solidaria del Estado con fundamento en el § 3.° del artículo 3.° de la CFB/1988 y artículos 3.°, IV e 14, §1.° de la Ley Federal n. 6.938, de 31 de agosto de 1981, como bien señala Albuquerque Amore. *Cfr*. Albuquerque Amore, A. *Direito Ambiental: Aplicação dos princípios ambientais como fundamento das políticas públicas e entendimentos jurisprudenciais para a efetivação da proteção ambiental.* São Paulo. Dialética, 2023, p. 15.

89 Según el Diccionario Michaelis la palabra sostenibilidad *(sustentabilidade)* en portugués significa «*qualidade, característica ou condição de sustentável*». Además, la palabra «*sustentabilidade*» deriva de sostenible *(sustentável),* que tiene origen en el latim, «*sustentare*». *Cfr*. Da Cunha, A. G. Dicionário Etimológico Nova Fronteira da Língua Portuguesa. Segunda edición. Rio de janeiro: Nova Fronteira, 1996.

en el presente, sin prejuicio del bien estar futuro, propio o de terceros»[90]. En estos términos, la sostenibilidad se vincula a la existencia de condiciones de favorables para una vida humana digna para las generaciones presentes y futuras.

Por estos conceptos iniciales podemos concluir que comprender la sostenibilidad no es una tarea fácil. SACHS, por ejemplo, la examina bajo ocho dimensiones: social, económica, ecológica, espacial, territorial, cultural, política nacional y política internacional[91]. FREITAS, por su vez, vislumbra cinco dimensiones de la sostenibilidad: ambiental, social, ética, económica y jurídico-política[92]. Por tanto, la sustentabilidad es un concepto aún en construcción teórica. Sin embargo, la doctrina, de una manera general, apunta su tridimensionalidad: económica, social y ambiental[93]. SANZ LARRUGA apunta en la legislación española manifestaciones explicitas de estas otras dimensiones, destacando las cláusulas sociales de sostenibilidad previstas en la Ley 30/2007, 30 de octubre, de Contratos del Sector Público, que expresan la sostenibilidad social; el Real Decreto 13/2009, de 26 de octubre, del Fondo Estatal para el Empleo y la Sostenibilidad Local, que manifiesta la sostenibilidad económica y financiera[94]. No podemos olvidar de la Agenda 2030 de la ONU, que también considera la tridimensionalidad de la sostenibilidad: económica, social y ambiental. Por tanto, la sostenibilidad tiene un carácter multidimensional y no está restringida al ámbito ambiental. En otras palabras, para que se alcance la sostenibilidad es necesario buscar el equilibrio entre sus diversas dimensiones[95].

Otro elemento importante en la comprensión de la sostenibilidad es el principio de no regresión. El principio de no regresión tiene fundamento en la progresividad de la protección ambiental. Es decir, la no regresión significa no retroceder en los estándares de protección ambiental ya alcanzados. Por

---

90 *Cfr.* FREITAS, J. *Sustentabilidade: Direito ao futuro*. Cuarta edición. Belo Horizonte. Editora Fórum, 2020, p. 20 (traducción propia).

91 *Vid.* SACHS, I. *Caminhos para o Desenvolvimento Sustentável*. Rio de Janeiro: Garamond, 2002.

92 *Cfr.* FREITAS, J. (2020). *Op. cit.*, p. 25.

93 Sobre el tema véase: FERRANDIZ MARTÍNEZ, A. A propósito del desarrollo sostenible: origen, evolución y teorías alternativas. [en línea]. *Terra*, 2016, núm. 2, pp. 74-96. ISSN: 2386-9968. DOI: 10.7203/terra.2.8216. [consulta 16 abril 2022]. Disponible en: https://ojs.uv.es/index.php/TERRA/article/view/8216.

94 *Cfr.* SANZ LARRUGA, F.J. *Sostenibilidad ambiental y Derecho Administrativo: ¿nuevo remedio ante la crisis económica o una exigencia constitucional? A propósito de la nueva Ley de Economía Sostenible*. Actualidad Jurídica Ambiental, n. 2, mayo/2011, pp. 14-15.

95 *Vid.* LOPERENA ROTA, D. *Desarrollo Sostenible y Globalización*. Navarra: Thomson Aranzadi, 2003. Véase también: RAMIÓ, C. Una Administración pública de futuro sostenible económicamente e innovadora en el contexto de la globalización. *Cuadernos de Gobierno y Administración Pública*. Vol. 3, núm. 2. Ediciones Complutenses, 2016, pp. 103-122.

lo tanto, admitir la posibilidad de regresión ambiental implica en dificultar el desarrollo sostenible y la garantía de los derechos de las futuras generaciones.

Además, para la comprensión de dicho principio debemos considerar que el deber de protección del medio ambiente no permite que el Estado deje de actuar o actúe de manera insuficiente en el rol de protección del medio ambiente[96]. En este contexto, con fundamento en la proporcionalidad, el principio de no regresión significa la prohibición de insuficiencia de protección ambiental, debiendo el Estado garantizar un nivel mínimo de protección.

El reconocimiento internacional del principio de no regresión en el ámbito ambiental ocurrió en la Conferencia Rio+20, significando que la normativa y jurisprudencia ambiental no pueden retroceder, afectando negativamente los niveles de protección ya alcanzados. Por tanto, el principio de no regresión dialoga con el principio de sostenibilidad, como también otros principios que fundamentan el Estado de Derecho Ambiental. Este principio expresa, en realidad, el valor de la sociedad contemporánea: de mantenimiento del nivel de protección ambiental alcanzado. Por tanto, limita la actuación de los poderes públicos.

Sin embargo, no se debe adoptar una aplicación inflexible de dicho principio que puede, incluso, conducir a la insostenibilidad. No podemos olvidar que la sostenibilidad en la perspectiva multidimensional busca justamente el balance entre sus distintas dimensiones. Por ello, Amaya Arias sostiene que es necesario considerar los cambios y transformaciones de la vida económica, social y jurídica para que no se petrifique el ordenamiento jurídico sin otras consideraciones que no sea la protección del medio ambiente[97].

Esta noción de sostenibilidad, inicialmente desarrollada en la ecología, fue transpuesta para el ámbito económico. Los primeros estudios bajo esta perspectiva originaron el informe al Club de Roma denominado «Los límites del crecimiento», publicado en 1972, que ya alertaba para el ritmo de incremento de la población mundial, de la industrialización, de la producción de alimentos y la explotación de los recursos naturales.

Sin embargo, el primero documento oficial internacional a tratar de sostenibilidad y desarrollo fue el Informe Brundtland, de 1987. En este documento se detalla el concepto de desarrollo sostenible y asienta las premisas para el perfeccionamiento de teorías económicas desvinculadas de la idea de simple crecimiento económico. El enfoque dado por el Informe Brundtland generó la necesidad de creación de una agenda global más propositiva y direccionada

---

96 *Vid.* Sarlet, I. W.; Fensterseifer, T. «Breves considerações sobre o Princípio da Proibição de Retrocesso em matéria ambiental à Luz do atual cenário de flexibilização da Legislação Ecológica Brasileira», en Morato Leite, J.R.; Dinnebier, F. F. (org.). *Estado de Direito ecológico: Conceito, Conteúdo e Novas Dimensões para a Proteção da Natureza*. São Paulo: Instituto O direito por um planeta verde, 2017a, p. 424.

97 *Cfr.* Amaya Arias, A. M. *El principio de no regresión en el derecho ambiental*. Madrid: Iustel, 2016, p. 231.

para una economía más imaginativa y basada en el uso menos agresivo de los recursos naturales, en el control de los contaminantes y en la garantía del bienestar humano permanente[98].

Las directrices fijadas en el Informe Brundtland fueron desarrolladas más adelante en la Cumbre de la Tierra celebrada en la ciudad de Río de Janeiro en el año de 1992, oportunidad en que fueron aprobados cinco documentos: Declaración de Río, Agenda 21, Convenio sobre Diversidad Biológica, Convenio Marco sobre el Cambio Climático y la Declaración sobre los Bosques. Estos documentos internacionales desarrollan aspectos de la sostenibilidad, creando una agenda global basada en la idea de desarrollo sostenible y cooperación internacional.

Aunque la política internacional, en algunos momentos no ha cooperado para la obtención de resultados más eficientes con base en la sostenibilidad, el compromiso con la misma fue mantenido en la Cumbre del Milenio (2000), en la Cumbre de la Tierra de Johannesburgo (2002), en la Rio+20 (2012), en la Cumbre sobre el Clima de Nueva York (2014) y en la Cumbre de las Naciones Unidas sobre el Desarrollo Sostenible (2015).

Actualmente está vigente el compromiso firmado en la Cumbre de las Naciones Unidas sobre el Desarrollo Sostenible (2015), por el cual 193 países integrantes de la ONU firmaron el reto de desarrollo humano y sostenible a través de un plan de acción para el período de 2016 al 2030 denominado de AGENDA 2030. Este plan de acción desarrollado en el documento «*Transformar nuestro mundo: la Agenda 2030 para el Desarrollo Sostenible*» se sustenta en cinco elementos esenciales e interrelacionados: Personas, Planeta, Prosperidad, Paz y Alianza[99]. Como ya dicho, la noción multidimensional de sostenibilidad es aplicada en este documento internacional para la definición de los objetivos de desarrollo sostenible.

---

98 *Vid.* Correa, R. «A dimensão econômica e o desenvolvimento sustentável sob a ótica de Juarez Freitas». [en línea]. *Revista Direito à Sustentabilidade*, v. 1, n. 2, 2015. [consulta: 25 diciembre 2021]. Disponible en: https://e-revista.unioeste.br/index.php/direitoasustentabilidade/article/view/12354.

99 El elemento Personas busca erradicar la pobreza y el hambre en todas sus formas y dimensiones, como también garantizar que todos puedan desarrollar su potencial con dignidad e igualdad en un medio ambiente saludable; el elemento Planeta se enfoca en la protección del planeta de la degradación, principalmente mediante la producción y el consumo sostenibles, facilitando la gestión sostenible de los recursos naturales y medidas urgentes sobre el cambio climático para que el planeta pueda sustentar las necesidades de las generaciones presentes y futuras; el elemento Prosperidad busca asegurar que todos disfruten de una vida próspera y plena, y que el progreso económico, social y tecnológico se produzca en armonía con la naturaleza; el elemento Paz objetiva promover sociedades pacíficas, justas e inclusivas; y el elemento Alianza tiene la finalidad de movilizar los recursos necesarios para implementar la agenda 2030 a través de una alianza mundial revitalizada para el desarrollo sostenible, basada en un espíritu de mayor solidaridad mundial, centrada especialmente en las necesidades de los más pobres y vulnerables. Por medio de estos elementos, que en interacción recíproca conforman las dimensiones ambiental, social y económica del desarrollo sostenible, se busca lograr el propósito global de «no dejar a nadie atrás».

En el ámbito europeo, la sostenibilidad fue tratada en la Carta de Aalborg (1994), también denominada de Carta de las ciudades europeas hacia la sostenibilidad. Dicha carta desarrolla nociones y principios de sostenibilidad, comprendiéndola a través de su multidimensionalidad[100]. Otro documento comunitario importante es la Declaración de Hannover de los Líderes Municipales en el Umbral del Siglo XXI (2000), que establece un compromiso con la sostenibilidad, a través de la lucha contra la pobreza y la exclusión social, como también por medio del desarrollo de un medio ambiente sano y habitable. La Estrategia Territorial Europea hacia un desarrollo equilibrado y sostenible también es un documento comunitario que desarrolla la sostenibilidad en una perspectiva multidimensional, una vez que combina las políticas para el desarrollo sostenible desde el punto de medioambiental, económico y social.

España también posee una estrategia de desarrollo sostenible basada en la perspectiva multidimensional de sostenibilidad. En 2018, el Consejo de Ministros aprobó el Plan de Acción para la implementación de la Agenda 2030 denominado de «*Hacia una Estrategia Española de Desarrollo Sostenible*». Tres años después, el Consejo de Ministros aprueba la Estrategia de Desarrollo Sostenible 2030, articulada en ocho ejes: acabar con la pobreza y la desigualdad; hacer frente a la emergencia climática; cerrar la brecha de género y poner fin a la discriminación; superar las ineficiencias del sistema económico; poner fin a la precariedad laboral; revertir la crisis de los servicios públicos; poner fin a la injusticia global y a las amenazas a los derechos humanos y revitalizar el medio rural afrontando el reto demográfico. Por tanto, la sostenibilidad y los derechos de las personas están en el centro de la acción de la estrategia española. Además, la jurisprudencia española ya en los ochenta invocaba el desarrollo sostenible, como bien señala JORDANO FRAGA[101]. El TC, por ejemplo, consideró, en la STC 64/1982, de 4 de noviembre, que el medio ambiente y el desarrollo son bienes jurídicos constitucionalizados, de manera que «*el desarrollo sostenible es la forma de desarrollo constitucionalizado siendo bien, valor o principio directo o indirecto como*

---

100 De la Carta de las ciudades europeas hacia la sostenibilidad destacamos el siguiente fragmento que ilustra la concepción multidimensional de la sostenibilidad: «*Nosotras, ciudades, comprendemos que el concepto de desarrollo sostenible nos ayuda a basar nuestro nivel de vida en la capacidad transmisora de la naturaleza. Tratamos de lograr una justicia social, unas economías sostenibles y un medio ambiente duradero. La justicia social pasa necesariamente por la sostenibilidad económica y la equidad, que precisan a su vez de una sostenibilidad ambiental*».

101 En fundamento jurídico, dicha sentencia dispone que «*la conclusión que se deduce del examen de los preceptos constitucionales lleva a la necesidad de compaginar en la forma que en cada caso decida el legislador competente la protección de ambos bienes constitucionales: el medio ambiente y el desarrollo*». *Cfr*. JORDANO FRAGA, J. «Desarrollo sostenible: El reto del derecho ambiental». [en línea]. *Medio Ambiente & Derecho: Revista electrónica de derecho ambiental*, n. 38, 2021, p. 3. [consulta 16 abril 2022]. Disponible en: https://huespedes.cica.es/gimadus/.

consecuencia de la constitucionalización del derecho a un medio ambiente adecuado como principio rector de la política económica y social (art. 45 y 53.3 CE)»[102]. Por ello, Bustillo Bolado destaca que el desarrollo sostenible constituye parte del acervo jurídico de la jurisprudencia constitucional y de la contenciosa-administrativo española, «*configurándose (en la línea inicialmente marcada por las Naciones Unidas) como un equilibrio dinámico entre desarrollo económico y la conservación del medio ambiente*»[103].

En el ámbito autonómico no podemos dejar de mencionar la Ley 7/2007, de 9 de julio, de Gestión Integrada de la Calidad Ambiental de la Comunidad Autónoma de Andalucía. Dicha ley, según su exposición de motivos, busca «*dar respuestas a las tres dimensiones del concepto de desarrollo sostenible –ambiental, social y económica– superando las originarias normas sectoriales para la protección de un medio ambiente limpio, hoy insuficientes*». La norma andaluza intenta, con base en la sostenibilidad, ofrecer un marco normativo más adecuado a las nuevas formas de gestión y planificación, mejorando la calidad de vida de los ciudadanos y la protección del medio ambiente.

En el ámbito del MERCOSUR, la sostenibilidad está presente en el Acuerdo Marco sobre Medio Ambiente de MERCOSUR (2001), que en el artículo 4.° define que el objeto del acuerdo es «*el desarrollo sustentable y la protección del medio ambiente, mediante la articulación de las dimensiones económicas, sociales y ambientales, contribuyendo a una mejor calidad del ambiente y de la vida de la población*». Por tanto, el Acuerdo Marco también adopta esta comprensión multidimensional de desarrollo sostenible (ambiental, social y económico).

En Brasil, a través del Decreto federal n. 8.892, de 27 de octubre de 2016, fue creada la Comisión Nacional para los Objetivos de Desarrollo Sostenible, cuyo objetivo era internalizar, difundir y dar transparencia al proceso de implementación de la Agenda 2030 en el país. Ocurre que dicho decreto fue revocado por el Decreto Federal n. 10.179, de 18 de diciembre de 2019, extinguiendo la Comisión Nacional para los Objetivos de Desarrollo Sostenible sin la conclusión de los trabajos. En 2020, a través del Decreto Federal 10.531, de 26 de octubre de 2020, es instituida la Estrategia Federal de Desarrollo para Brasil en el período de 2020 a 2031.

Esta estrategia de desarrollo debería linearse a los documentos internacionales firmados por Brasil, que crean el compromiso de desarrollo sostenible en una perspectiva multidimensional. No obstante, dicha estrategia está sostenida en parámetros casi que exclusivos de crecimiento económico, repre-

---

102 *Cfr*. Jordano Fraga, J. Loc. cit.

103 *Cfr*. Bustillo Bolado, R. O. «El desarrollo sostenible como concepto jurídico y como principio constitucional», en Bustillo Bolado, R. O.; Gómez Manresa, M. F. (dir). *Desarrollo sostenible: análisis jurisprudencial y de políticas públicas.* Navarra: Aranzadi, 2014, p. 42.

sentando un retroceso para el país. Además, la estrategia deja de contemplar de forma significativa la participación de los gobiernos subnacionales en el esfuerzo para el alcance de los objetivos y metas. Por tanto, dicho documento desviase de los objetivos de desarrollo sostenibles fijados en la Agenda 2030 como también del concepto multidimensional de sostenibilidad construido por la doctrina ambientalista y reafirmado por la jurisprudencia.

En 2023, la Comisión Nacional para los Objetivos de Desarrollo Sostenible fue reestablecida a través del Decreto Federal n.º 11.704, de 14 de septiembre, con la finalidad de contribuir para la internalización de la Agenda 2030 en el país, estimular su implementación en todos los ámbitos de gobierno del país y junto a la sociedad civil, como también acompañar, difundir y dar transparencia a las acciones realizadas para el alcance de los ODS y sus metas. El restablecimiento de la Comisión Nacional para los Objetivos de Desarrollo Sostenible fue un paso importante para la retomada de la agenda de sostenibilidad en sus diversos ámbitos, pero debería estar acompañada de cambios en la Estrategia Federal de Desarrollo, principalmente para fijar la perspectiva multidimensional de sostenibilidad y de promoción de la participación de los gobiernos subnacionales en este propósito.

De todo que hemos visto, podemos concluir que la sostenibilidad en el paradigma del Estado de Derecho Ambiental debe ser concebida en una perspectiva multidimensional, englobando, básicamente, los aspectos económicos, sociales y ambientales. El Estado de Derecho Ambiental busca el equilibrio de estas dimensiones de sostenibilidad, de manera a garantizar los derechos de las generaciones presentes y futuras.

2.3. Mecanismos jurídicos de tutela ambiental

Para que se garantice el medio ambiente, es necesario desarrollar mecanismos eficientes de tutela ambiental[104]. Tenemos que considerar para la tutela del medio ambiente la mutabilidad inherente a estas cuestiones. Por ello PÉREZ MORENO destaca que «*las técnicas de tutela ambiental tienen un carácter relativo e histórico*»[105]. Esto porque el desarrollo tecnológico ha contribuido tanto para la superación de determinados factores de riesgos, como para el surgimiento de nuevos factores que demandan la reformulación o la construcción de otros mecanismos de tutela.

---

104 Según CANOTILHO, al lado del derecho al medio ambiente está el derecho de protección al medio ambiente, que se expresa en el deber del Estado de combatir los peligros sobre el medio ambiente y de protección de la calidad de vida del ciudadano. *Cfr*. CANOTILHO, J. J. G. «O direito ao ambiente como direito subjetivo», en CANOTILHO, J. J. G. *Estudos sobre direitos fundamentais.* Coimbra: Coimbra Editora. 2004, p. 188.

105 *Cfr*. PÉREZ MORENO, A. Instrumentos de tutela ambiental. [en línea]. *Revista Electrónica de Derecho Ambiental,* número 1, Universidad de Sevilla, 1998, pp. 01-08. [consulta: 19 noviembre 2021]. Disponible en: http://hdl.handle.net/11441/17295.

Tratándose de tutela ambiental, podemos concebirla en distintas perspectivas: política, económica, social, cultural y jurídica. Sin embargo, en este epígrafe, centráremos nuestros estudios en la perspectiva jurídica.

En este contexto, el Estado de Derecho Ambiental exige la construcción de normas, políticas públicas y mecanismos de tutela para que se posibilite la efectiva protección del medio ambiente. Por ello, SARLET y FENSTERSEIFER destacan que el Estado tiene el rol de desarrollar medidas que garanticen la efectiva protección del medio ambiente, de manera que el Estado-Legislador tenga que adoptar medidas legislativas; el Estado-Administrador tenga que ejecutar las medidas de forma adecuada y suficiente a la tutela ambiental; y el Estado-Juez pueda ser llamado para impedir y corregir vulneraciones a los parámetros de protección constitucionalmente establecidos[106].

En el ámbito europeo, el artículo 37 de la CDFUE establece que las políticas de la UE deben integrar un alto nivel de protección del medio ambiente y la mejora de su calidad. En complemento, el art. 47 de la CDFUE protege los derechos de acceso a la justicia en relación con todos los derechos garantizados por el Derecho de la UE. Además, el TEDH confirma que determinados derechos de la CEDH están afectados en cuestiones ambientales reclamando protección en dicha jurisdicción, como el derecho a la vida (art.2.º) y el derecho al respeto de la vida privada y familiar (art. 8.º). Por tanto, la efectiva tutela del medio ambiente es un objetivo perseguido por la UE no sólo en la perspectiva jurídica.

Sobre la tutela ambiental jurídica, MELLO MONTEIRO plantea que estos mecanismos pueden tener el carácter represivo– buscando la reparación del daño y garantizando que los daños inminentes no ocurran; o preventivo– buscando prevenir el daño[107].

La tutela represiva se efectiva cuando ya existe un daño ambiental y se concreta por medidas administrativas promovidas por órganos con competencia para la protección de los intereses ambientales y por medidas judiciales, incluso en el ámbito penal. En general, la tutela represiva tiene lugar cuando las medidas de carácter preventivo fallan. Así, frente a la ineficiencia de la prevención, la tutela represiva debe ser accionada.

Las medidas administrativas de carácter represivo tienen fundamento en el poder sancionador del Estado, en especial, en el ejercicio de las actividades de fiscalización ambiental. Las medidas judiciales de carácter represivo, por su vez, son adoptadas frente a la inactividad administrativa o cuando las medidas administrativas no son suficientes para evitar que el daño ambiental

106 *Cfr.* SARLET, I. W.; FENSTERSEIFER, T. (2017a). *Op. cit.*, p. 420.

107 *Cfr.* MELLO MONTEIRO, A. L. S. *Métodos Consensuais e Tutela Ambiental Efetiva*. Curitiba: Alteridade Editora, 2021, p. 38.

ocurra. Como bien señala Mello Monteiro, la vía judicial debe constituir la última alternativa para alcanzar el reto de protección del medio ambiente[108]. Sin embargo, no podemos ignorar el potencial preventivo de las medidas judiciales represivas, en la medida que pueden inducir comportamientos y abstenciones.

La tutela preventiva tiene su fundamento en los principios de prevención y precaución, constituyendo el núcleo central de la protección ambiental. Esto porque reaccionar una vez realizado el daño no garantiza la recomposición de los ecosistemas afectados, ni la debida reparación a las víctimas del daño ambiental. Actuar preventivamente significa adoptar una postura sostenible frente a las cuestiones ambientales. Dicha tutela es efectivada con la actuación extrajudicial de órganos administrativos y de regulación, como también puede ser accionada en la vía judicial, a través de las medidas cautelares[109]. El objetivo de la tutela preventiva sea en el ámbito extrajudicial o judicial es justamente evitar que el daño al medio ambiente ocurra, en especial aquellos de naturaleza gravosa e irreversible.

En este ámbito de la tutela ambiental, preventiva o represiva, observamos cada vez más la utilización de mecanismos más flexibles y prácticas consensuales. Por ello, Pérez Moreno señala que la participación ingresa como fundamento de los instrumentos de tutela ambiental componiendo el Estatuto del «contaminador-colaborador»[110]. En este sentido deben avanzar las AA. PP. y el Poder Judicial en el rol de protección del medio ambiente, incorporando la participación y colaboración de los administrados en este proceso.

Una vez fijadas las premisas de la tutela ambiental, haremos una panorámica de las medidas judiciales y extrajudiciales de tutela ambiental en Brasil y España.

2.3.1. Medidas de tutela judicial

Como hemos visto en el epígrafe anterior, la tutela ambiental judicial es predominantemente represiva, pero también es posible la utilización de medidas preventivas de naturaleza cautelar. En seguimiento examinaremos los principales instrumentos judiciales de protección ambiental presentes en los ordenamientos jurídicos de Brasil y España.

---

108 *Ibid.*, p. 55.

109 Sobre el tema véase: Mirra, A. L. V. *Tutelas jurisdicionais de prevenção e de precaução no processo coletivo ambiental. Revista do Advogado: Direito Ambiental*. N. 133, mar./2017, p. 09.

110 *Cfr.* Pérez Moreno, A. (1998). *Op. cit.* p. 04.

2.3.1.1. En Brasil

La CFB/1988 dispone de dos instrumentos judiciales, de carácter colectivo, para la defensa del medio ambiente y efectividad del contenido del art. 225: la Acción Popular (en adelante, APO), la Acción Civil Pública (en adelante, ACP) y el «*Mandado de Segurança Coletivo*» (en adelante, MSC). Sin embargo, la tutela de intereses individuales afectados por daños ambientales también está garantizada en la vía judicial, a través de las acciones civiles de reparación de daño, el «*Mandado de Segurança Individual*», las acciones declaratorias de nulidad, la tutela cautelar y otras acciones ordinarias.

La APO está prevista en el inciso LXXIII del art. 5.° de la CFB/1988 y en la Ley Federal n. 4.717, de 29 de junio 1965. Este tipo de acción permite que cualquier ciudadano ingrese con demanda buscando proteger el patrimonio público, los principios administrativos y los bienes jurídicos de naturaleza difusa, como el medio ambiente y el patrimonio histórico y cultural. Dicha acción es idónea para promover la anulación o la declaración de nulidad del acto lesivo al patrimonio público de carácter ambiental, como también la reparación oriunda de dicha anulación o declaración de nulidad (tutela represiva).

La ACP está prevista expresamente en el inciso III del artículo 129 de la CFB/1988, como una de las competencias de la Fiscalía. Según el texto constitucional la ACP objetiva proteger el patrimonio público y social, el medio ambiente y otros intereses difusos y colectivos. Además, esta acción colectiva tiene disciplina en la Ley federal n. 7.347, de 24 de julio de 1985, que permite la apuración de la responsabilidad por daño patrimonial y moral causado al medio ambiente.

Un punto de la ACP que merece destaque es la legitimación para proponerla. Según la Ley Federal n. 7.347, de 24 de julio de 1985, no solo la Fiscalía detiene legitimación para proponer dicha acción, sino también la Defensoría Pública, los entes federados, las entidades de la Administración indirecta y la asociación que esté constituida por el mínimo de un año y que su finalidad institucional sea una de las indicadas en el art. 5.°, V, b. En cuanto al objeto de acción, de acuerdo con el art. 3.° de la Ley Federal n. 7.347, de 24 de julio de 1985, la condena en dinero o el cumplimiento de obligación de hacer o no hacer pueden constituirlo (tutela represiva). Sin embargo, el Código de Defensa del Consumidor (Ley Federal n. 8.078, de 11 de septiembre de 1990) ha expandido el objeto de la ACP, admitiendo no sólo acciones condenatorias como también de conocimiento, ejecución y cautelares[111].

Otra acción constitucional colectiva es el MSC que está previsto en el inciso LXX del art. 5.° de la CFB/1988 y en la Ley Federal n.° 12.016, de 07 de agosto de 2009. Esta acción constitucional colectiva se destina a combatir un acto practicado por agente público o por quien esté en el ejercicio

111 Sobre el tema véase: MILARÉ, E. (2011). *Op. cit.* p. 511.

de una función típicamente pública que vulnere derecho subjetivo colectivo[112]. Esta medida judicial proporcionará una determinación correctiva o impeditiva de la ilegalidad que debe ser cumplida pela autoridad infractora (tutela preventiva).

Cuanto a la legitimación para proponer el MSC, de acuerdo con el artículo 21 de la Ley Federal n. 12.016, de 07 de agosto de 2009, son legitimados los partidos políticos con representación en el Congreso Nacional e los sindicatos, entidades de clase y asociaciones que estén en funcionamiento en el país por el mínimo de un año y para la defensa de sus miembros y asociados. Además, la doctrina y jurisprudencia también incluyen la Fiscalía y la Defensoría Pública, debido a sus funciones institucionales. En la protección del medio ambiente, derecho de carácter difuso, la ventaja del MSC es la garantía de un procedimiento preferente y más célere, una vez que si exige la demostración documental del derecho vulnerado.

A las acciones constitucionales colectivas es posible la tutela cautelar lo que permite la utilización preventiva de estas medidas judiciales. En se tratando de cuestiones vinculadas al medio ambiente en que el daño puede ser irreversible o de difícil reparación, las medidas cautelares son esenciales para el refuerzo de la tutela preventiva.

Aunque existan en Brasil mecanismos judiciales propios para la tutela ambiental colectiva en la vía judicial, algunos factores de índole procesal dificultan la tutela ambiental efectiva. Mello Monteiro señala que el costo de la producción de la prueba técnica, la inadecuación de algunos mecanismos procesuales a los conflictos colectivos y las dificultades con la carga de la prueba son ejemplos de factores procesales que vulneran la tutela ambiental efectiva en la vía judicial[113]. Por ello, la autora brasileña plantea la necesidad de investigar otros medios para la solución de los conflictos ambientales.

2.3.1.2. En España

En el ordenamiento jurídico español, la vía judicial es utilizada predominantemente para la protección de derechos individuales afectados por daños ambientales. La protección judicial en el ámbito individual puede ocurrir en la vía contencioso-administrativa, por medio de acciones de reparación de daños basada en la responsabilidad extracontractual y otras acciones en

112 Sobre el tema véase: Meirelles, H. L. *Mandado de segurança, Ação Popular, Ação Civil Pública, Mandado de Injunção, Habeas Data, Ação direta de Inconstitucionalidade, Ação declaratória de constitucionalidade e Arguição de descumprimento de preceito fundamental*. São Paulo: Malheiros, 2003.

113 *Cfr.* Mello Monteiro, A. L. S. (2021). *Op. cit.*, p. 65.

este ámbito; como también en la vía civil, a través de acciones civiles para la defensa de derechos privados. La vía del recurso de amparo también es posible para esta defensa individual, siempre que sea posible relacionar el derecho al medio ambiente con otros derechos fundamentales que gocen del recurso de amparo[114].

En el ámbito colectivo, las opciones para la defensa del medio ambiente son más reducidas. Es posible accionar la vía contencioso-administrativo en las cuestiones que impliquen las AA. PP., a ejemplo de las acciones para la declaración de nulidad de un acto administrativo, para el cese de actividad administrativa dañosa y para la protección de derechos debido a la inactividad administrativa[115]. Sin embargo, conforme explica Lozano Cutanda, la vía contencioso-administrativa no reconoce de manera general las acciones públicas, dicha acción solamente ocurrirá en las hipótesis previstas en ley, debido al dispuesto en el artículo 19.1.h de la LJCA. Por tanto, algunas normas autonómicas poseen previsión para la utilización de la acción pública para la defensa de su ordenación, como también algunas normas sectoriales de la legislación estatal básica[116].

---

114 *Cfr.* Lozano Cutanda, B. (2009). *Op. cit.*, p. 267. Véase también: Apodaca Espinosa, A. R. D. El Acceso a la Justicia Ambiental a nivel comunitario y en España veinte años después del Convenio de Aarhus. [en línea]. *Revista Catalana de Dret Ambiental*, Vol. IX, n.1, 2018, p. 01-53. DOI: https://doi.org/10.17345/rcda9.1 [consulta: 16 abril 2022]. Disponible en: https://www.semanticscholar.org/paper/El-acceso-a-la-justicia-ambiental-a-nivel-y-en-a%C3%B1os-Espinosa/595984bc78890cc8267acf71a08ed212123a4fae.

115 *Vid.* Martín Diz, F. *Mediación en el ámbito contencioso-administrativo*. Navarra. Editorial Arazandi, 2018; y Martín Diz, F. *Diez claves para la mediación en el proceso contencioso-administrativo.* Ponencia presentada en el IV Congreso Internacional para el Estudio de la Mediación y el Conflicto (Conferencia Universitaria para el Estudio de la Mediación y el Conflicto (CUEMYC), realizado en los días 03, 04 y 05 de octubre de 2019, en la Universidad de Murcia. [en línea]. [consulta: 14 julio 2021]. Disponible en: https://eventos.um.es/_files/_event/_28085/_editorFiles/file/Documentaci%C3%B3n/Ambito/Comunicacion_Diez_claves_mediacion_c_a__FMD__Congreso_CUEMYC__Murcia__Octubre_2019.pdf.

116 Son ejemplos de normas autonómicas con previsión de utilización de acción pública para la protección de su ordenación: Ley de la Región de Murcia de Protección Ambiental (Ley 1/1995, de 8 de marzo); Ley de la Comunidad Autónoma de Castilla y León de Intervención Ambiental (Ley 11/2003, de 8 de abril); Ley de Intervención para la Protección Ambiental de Navarra (Ley 4/2005, de 22 de marzo); Ley de la Comunidad Valenciana de prevención a la contaminación y calidad ambiental (Ley 2/2006, de 5 de mayo); y Ley General de Protección al Medio Ambiente del País Vasco (Ley 3/1998, de 27 de febrero). En el ámbito estatal, algunas normas ambientales también proveen la acción pública como: Texto Refundido de la Ley de Suelo y Rehabilitación Urbana (art. 5.e), aprobado por el Real Decreto Legislativo 07/2015 de 30 de octubre; Ley de Costas (Ley 22/1998, de 28 de julio– art. 109); Ley de Caza (Ley 1/1970, de 4 de abril – art. 47.b); Ley del Patrimonio Histórico Español (Ley 16/1985, de 25 de junio – art. 8.º) y Ley de la Red de Parques Nacionales (Ley 30/2014, de 3 de diciembre–art. 39). Es importante destacar el comentario de Lozano Cutanda referente a la previsión de acción pública en la legislación autonómica: «*La acción pública se inserta claramente en el ámbito de la legislación procesal por lo que no puede entenderse,*

En complemento, la Ley 27/2006, de 18 de julio, reconoce en el artículo 3.º la acción popular[117] en asuntos medioambientales referentes al acceso a la justicia y la tutela administrativa para denunciar actos y omisiones imputables a las autoridades públicas que constituyan vulneraciones de la legislación ambiental en los términos de dicha ley. En lo que toca a la vulneración a las normas indicadas en el artículo 18.1, la Ley 27/2006, de 18 de julio, establece que las personas jurídicas sin ánimo de lucro que reúnan los requisitos establecidos en el artículo 23 podrán interponer acción popular. Dicha acción popular es denominada por Lozano Cutanda de «acción pública de carácter corporativo», una vez que restricta a las corporaciones que cumplan el requisito legal. Por ello, Jordano Fraga afirma que el régimen establecido en la Ley 27/2006, de 18 de julio, no fija «*una verdadera acción popular/pública que, por definición, supondría la desaparición de los requisitos legitimación*»[118]. Según dicho autor español, la previsión de la Ley 27/2006, de 18 de julio, establece «*una legitimación restringida a sujetos colectivos y no a todos los sujetos colectivos*»[119]. Carbonell Porras también llama la atención para este punto cuando afirma que esta acción popular «*no es equiparable a los otros supuestos de acción pública ya que no incluye a las personas físicas, sólo las jurídicas que cumplan los requisitos legalmente establecidos*»[120]. Sin embargo, algunas normas sectoriales regulan la acción popular de manera más amplia, permitiendo la legitimación del ciudadano. Es lo que ocurre en el artículo 109 de la Ley 22/1988, de 28 de julio, de Costas; en el artículo 8 de

---

a nuestro juicio, que su reconocimiento, donde la legislación básica no la prevea responda al concepto de «normas adicionales de protección» y pueden plantearse dudas sobre su constitucionalidad, puesto que estamos en una materia que es de competencia exclusiva estatal (ex. art.149.1. 6.º CE)». *Cfr*. Lozano Cutanda, B. (2009). *Op. cit*., p. 271. Sobre el tema, Jordano Fraga explica que es posible cuestionar la competencia de las CC. AA. para legislar sobre este tema, una vez que la acción popular es tema de derecho procesal de competencia exclusiva del Estado, como también es posible sostener que la acción popular es una medida adicional de protección al medio ambiente con base en el artículo 149.1 de la CE/1978. *Cfr*. Jordano Fraga, J. «El Contencioso Ambiental: la larga marcha por el *standing to sue* en el Estado Ambiental de Derecho», en López Ramón, F.; Valero Torrijos, J. (Coords.). *20 años de la Ley de lo Contencioso-Administrativo*. Madrid. Instituto Nacional de Administración Pública (INAP), 2019, p. 44.

117 Jordano Fraga destaca que las leyes estatales y autonómicas ambientales utilizan indistintamente las expresiones «acción pública y acción popular» y esto podría generar dudas en su aplicación. Sin embargo, el autor español sostiene con fundamento en la jurisprudencia del Tribunal Supremo (STS de 28 de enero, 9 y 24 de febrero de 1888) que los términos «publica» y «popular» son sinónimos, con el mismo valor técnico. Por lo tanto, no hay relevancia en la distinción entre acción pública y acción popular. *Vid*. Jordano Fraga, J. (1995). *Op. cit*., p. 304.

118 *Ibid*., p. 34.

119 *Cfr*. Jordano Fraga, J. Loc. cit.

120 *Cfr*. Carbonell Porras, E. «Los intereses colectivos en la jurisdicción contenciosa-administrativa», en Carbonell Porras, E. (Dir.). Cabrera Mercado, R. (Coord.). *Intereses colectivos y legitimación activa.* Navarra. Aranzadi, 2014, p. 94.

la Ley 16/1985, de 25 de junio, de Patrimonio Histórico; y el artículo 5, f del Real Decreto Legislativo 7/2015, de 30 de octubre, por el que se aprueba el texto refundido de la Ley de Suelo y Rehabilitación Urbana[121].

También tenemos que señalar la previsión del artículo 20 de la Ley 27/2006, de 18 de julio, que permite interponer recurso contencioso-administrativo para combatir acto u omisión de autoridad pública que vulnere los derechos de información y participación reconocidos en dicha ley. Destacamos que el recurso contencioso-administrativo puede ser manejado en el ámbito de la tutela individual y colectiva, una vez que dicho artículo se refiere «al público» como sujeto activo del recurso.

También es posible, en el ámbito de la tutela judicial colectiva, interponer recurso de amparo siempre que sea posible relacionar el derecho al medio ambiente con otro derecho fundamental que goce de recurso de amparo. Así, con fundamento en el artículo 162.1.b de la CE/1978, los particulares, las asociaciones civiles, el Defensor del Pueblo y el Ministerio Fiscal pueden hacer uso de esta vía para la defensa de los derechos difusos establecidos en el artículo 45.5 de la CE/1978.

Como bien destaca Salazar Ortuño, en el ámbito de la tutela ambiental, cobra especial relevancia la adopción de medidas cautelares que garanticen la efectividad de una sentencia estimatoria de la demanda en defensa de intereses colectivos ambientales[122]. La legislación española no contempla reglas específicas de tutela cautelar para la protección del medio ambiente, de manera que se aplican las reglas del sistema general. Jordano Fraga destaca que uno de los problemas de la Ley 27/2006 ha sido no establecer una regulación expresa sobre las fianzas y cauciones en medidas cautelares[123]. Esta circunstancia dificulta el acceso a la justicia ambiental, en especial a la prevención del daño ambiental.

No obstante, exista en el ordenamiento jurídico español algunos mecanismos para la tutela ambiental colectiva en la vía judicial, Figueruelo Burrieza señala la necesidad reconocer nuevos instrumentos procesales para la defensa de dichos intereses, como ocurre en los Estados Unidos con las «Class Actions», en Brasil con las distintas acciones colectivas y en Argentina con el amparo colectivo[124]. Además, en el ámbito de la tutela en la vía judi-

121 En el ámbito autonómico, podemos observar que algunas normas reconocen la acción popular para las cuestiones ambientales, como la a Ley Vasca 3/1998, de 27 de febrero y la Ley Foral 17/2020, de 16 de diciembre, reguladora de las actividades de incidencia ambiental en Navarra.

122 *Cfr*. Salazar Ortuño, E. El acceso a la justicia ambiental a partir del Convenio de Aarhus: Justicia ambiental de la transición ecológica. Primera edición. Navarra: Editorial Aranzadi, 2019, p. 197.

123 *Cfr*. Jordano Fraga, J. (2019). *Op. cit.*, p. 54.

124 *Cfr*. Figueruelo Burrieza, A. «Aspectos constitucionales del Derecho al Medio Ambiente», en Bujosa Vadell, L. (Dir.); Bueno Da Mata, F. *Drones, Investigación y Medio Ambiente.* Barcelona: Atelier Libros Jurídicos, 2021, p. 27.

cial, Salazar Ortuño destaca la necesidad de atención al costo del proceso que representa un gran obstáculo a la tutela ambiental colectiva, sea por las tasas, por la asistencia letrada, por la necesidad de contratación de expertos o por las fianzas o cauciones[125]. Esta es una preocupación que de cierta manera está plasmada en la COM (2016) 316 final de la Comisión Europea, de 27 de mayo de 2016, que destaca la necesidad de adopción de medidas para garantizar que el coste de las acciones legales referentes a la legislación ambiental de la UE no sea prohibitivo y de acuerdo con el Derecho de la UE y Convenio de Aarhus.

La reducción de los costes del proceso colectivo mitiga las desigualdades del acceso a la justicia en los distintos sectores sociales, fortaleciendo el pluralismo y la participación en las cuestiones ambientales. Por fin, la restricción de la legitimación ante la jurisdicción contenciosa-administrativa también se presenta como un problema, ya que la busca por reparación del daño ambiental no puede quedar exclusivamente en las manos de las AA. PP. o de las asociaciones. Por ello, Jordano Fraga sostiene la necesidad superación de los límites actuales del sistema de legitimación ante la jurisdicción contencioso-administrativa con fundamento en el derecho a un medio ambiente adecuado, de manera que la acción popular sería un mínimo para combatir las decisiones de las AA. PP.[126].

Sea en Brasil o España, la tutela ambiental, en el ámbito judicial, presenta muchas dificultades. Como hemos visto, algunos de estos problemas están relacionados con los mecanismos procesales puestos en disponibilidad para la tutela ambiental. La cuestión de los costos del proceso colectivo (tasas, contratación de expertos, pericias, fianzas, etc.), por ejemplo, es un problema que dificulta el acceso a la justicia y es común a los dos países, aunque con pequeños matices.

Además, no podemos dejar de considerar que la naturaleza de los bienes e intereses ambientales también impacta en el sistema procesal de tutela ambiental. Como bien indica, Mello Monteiro estes intereses son caracterizados por la complejidad, una vez que implican grupos indeterminados o indeterminables de personas, autoridades e instituciones públicas y privadas, como también pueden involucrar múltiples ecosistemas[127].

Todo esto dificulta la efectividad de la tutela ambiental en el ámbito judicial. Por ello es necesario desarrollar otros mecanismos para perfeccionarla, considerando sus peculiaridades y dificultades.

---

125 *Cfr*. Salazar Ortuño, E. (2019). *Op. cit.*, pp. 209-210. Véase también: Apodaca Espinosa, A. R. D. (2018). *Op. cit.*, pp. 01-53.

126 *Vid.* Jordano Fraga, J. (1995). *Op. cit.* pp. 337-342.

127 *Cfr*. Mello Monteiro, A. L. S. (2021). *Op. cit.*, p. 70.

2.3.2. Medidas de tutela extrajudicial

La tutela ambiental también es desarrollada en la vía extrajudicial. En realidad, con base en el principio de prevención y precaución esta debería ser primera vía para hacer frente a los riesgos y amenazas al medio ambiente y garantizar la tutela ambiental efectiva. Por ello, BAÑO LEÓN registra que «*la mejora en los instrumentos preventivos y de planificación rendirá siempre mucho mejores frutos que el recurso a los tribunales, que es, al cabo, un reconocimiento del fracaso de la normativa o de la escasa aceptación social de las decisiones administrativas*»[128].

Por tanto, en el próximo epígrafe pasaremos a examinar las principales medidas de tutela ambiental extrajudicial adoptadas en Brasil y España.

2.3.2.1. En Brasil

En Brasil, la política medioambiental es llevada a cabo por los órganos que componen el SISNAMA, que además de otras atribuciones, tienen como función el control y fiscalización de las actividades que pueden causar deterioro ambiental. Es decir que una de las medidas extrajudiciales prevista en la legislación ambiental brasileña es la imposición de penalidades administrativas por infracción a las normas ambientales.

La Ley federal n. 9.605, de 12 de febrero de 1998, además de otros temas, también disciplina las reglas generales referentes a las infracciones administrativas de naturaleza ambiental. Dicha norma trae, en el párrafo 4.° del artículo 72, la posibilidad de conversión de la multa simples en servicios de preservación, mejora y recuperación de la calidad del medio ambiente, que refuerza el carácter no solo represivo de la sanción administrativa, sino también preventivo y consensual, ya que se trata de medida educativa y que demanda dialogo entre el infractor y el órgano de fiscalización, posibilitando la reparación integral del daño sin recoger al Poder Judicial.

El procedimiento para la apuración administrativa de las infracciones a la legislación ambiental está disciplinado en el Decreto Federal n.° 6.514, de 22 de julio de 2008, que también regla el procedimiento de conversión de las multas. No podemos dejar de registrar los cambios en el procedimiento de conversión de las multas proporcionados por el Decreto federal n.° 11.373, de 1.° de enero de 2023 en el Decreto federal n.° 6.514, de 22 de julio de 2008. El decreto del año de 2023 restableció la sistemática prevista en el Decreto federal n.° 9.179, de 23 de octubre de 2017, de manera que la solicitud de conversión de la multa sólo podrá realizarse hasta que se presenten

---

128 *Cfr.* BAÑO LEÓN, J. M. «La Tutela Judicial del Medio Ambiente y la Defensa de los Intereses Municipales», en ESTEVE PARDO, J. (Coord.). *Derecho del Medio Ambiente y Administración Local.* 2.ª ed. Barcelona: Fundación Democracia y Gobierno Local, 2006, p. 384.

los alegatos finales[129]. Además, el Decreto federal n.° 11.373, de 1.° de enero de 2023, modificó los porcentajes de descuento, considerando el momento de la solicitud y la modalidad elegida (directa o indirecta)[130].

Hasta el año de 2022, el Decreto federal n. 6.514, de 22 de julio de 2008 modificado por los Decretos federales n.° 9.760, de 11 de abril de 209 y 11.080, de 24 de mayo de 2022, disponía sobre la conciliación en el ámbito del procedimiento administrativo sancionador ambiental federal. Aunque la inserción de mecanismos consensuales sea la tendencia para la solución de conflictos ambientales, podemos indicar dos problemas en esta disposición legal.

Primero, el decreto federal no disponía sobre la limitación de los asuntos o infracciones ambientales que podrían ser objeto de conciliación. Es decir que infracciones ambientales graves también podrían ser sometidas a la sesión de conciliación. Segundo, la falta de estructuración del órgano ambiental responsable por la realización de las conciliaciones que podría generar la impunidad de los infractores ambientales[131]. ALVES GOMES también señala que en las sesiones de conciliación no había un debate sobre el mérito del auto, sino la oferta de las posibilidades legales de resolución del procedimiento, de manera que en la práctica se tenía una prórroga desnecesaria del procedimiento[132].

Es cierto que los mecanismos consensuales deben ser utilizados para ampliar el dialogo entre la Administración y el administrado, para facilitar la

---

129 *Vid.* Decreto federal n.° 6.514, de 22 de julio de 2008, modificado por el Decreto federal n.° 11.373, de 1.° de enero de 2023: «*Art. 142 - O autuado poderá requerer a conversão de multa de que trata esta Seção até o momento da sua manifestação em alegações finais, na forma estabelecida no art. 122*»

130 *Vid.* Decreto federal n.° 6.514, de 22 de julio de 2008, modificado por el Decreto federal n.° 11.373, de 1.° de enero de 2023: «*Art. 142-A - O autuado, ao pleitear a conversão de multa, deverá optar pela: I - conversão direta, com a implementação, por seus meios, de serviço de preservação, de melhoria e de recuperação da qualidade do meio ambiente, no âmbito de, no mínimo, um dos objetivos previstos no caput do art. 140; ou II- conversão indireta, com adesão a projeto previamente selecionado pelo órgão federal emissor da multa, na forma estabelecida no art. 140-B, observados os objetivos previstos no caput do art. 140«. »Art. 143 [...] §2.° - A autoridade ambiental, ao deferir o pedido de conversão, aplicará sobre o valor da multa consolidada o desconto de: I- quarenta por cento, na hipótese prevista no inciso I do caput do art. 142-A, se a conversão for requerida juntamente com a defesa; II - trinta e cinco por cento, na hipótese prevista no inciso I do caput do art. 142-A, se a conversão for requerida até o prazo das alegações finais; III - sessenta por cento, na hipótese prevista no inciso II do caput do art. 142-A, se a conversão for requerida juntamente com a defesa; ou IV - cinquenta por cento, na hipótese prevista no inciso II do caput do art. 142-A, se a conversão for requerida até o prazo das alegações finais*».

131 Sobre el tema véase: https://www.hrw.org/news/2020/05/22/375153. [en línea] [consulta: 22 noviembre 2021].

132 *Vid.* ALVES GOMES, M.C.R. *O Decreto 11.373/2023 e as alterações no Decreto 6.514/2008., 03 de febrero de 2023.* [en línea]. Artigo. [consulta: 09 octubre 2024]. Disponible en: https://milare.adv.br/o-decreto-11-373-2023-e-as-alteracoes-no-decreto-6-514-2008/.

reparación y prevenir el daño ambiental, pero, jamás deberán ser utilizados como herramienta de retraso de los procedimientos administrativos sancionatorios y de promoción de la impunidad.

Con el cambio del gobierno en el año de 2023, el Decreto federal n.° 11.373, de 1.° de enero, revocó las disposiciones del Decreto federal n. 6.514, de 22 de julio de 2008, referentes a la conciliación. Dicho decreto, en su redacción actual, mantuvo la posibilidad del infractor elegir una de las posibilidades legales de resolución del procedimiento, pero debe hacer el requerimiento en el plazo de presentación de la defensa[133].

Los «*Termos de Ajustamento de Conduta*» (en adelante, TAC) también constituyen mecanismos extrajudiciales de tutela ambiental previstos en la Ley Federal n. 7.347, de 24 de julio de 1985, que disciplina la Acción Civil Pública de responsabilidad por daños causados al medio ambiente, al consumidor, a los bienes y derechos de valor artístico, estético, histórico, turístico y paisajístico.

Según Panicacci, el compromiso de ajustamiento de conducta constituye un «*acertamiento consensual y extraprocesal de obligaciones preexistentes, oriundas de vulneraciones (o amenaza de vulneración o riesgo de vulneración) de deberes referentes a intereses supraindividuales o individuales indisponibles, tomados por órgano público legitimado a interposición de la acción civil pública (tomador), e instrumentalizado en título ejecutivo extrajudicial que se denomina de "termo de ajustamiento de conduta"*»[134].

Assis Rodrigues explica que «el TAC enlaza tres elementos fundamentales: la tutela de los derechos transindividuales; la solución extrajudicial de los conflictos; y la preservación del principio democrático en la definición

133 *Vid.* Brasil. Decreto federal n. 6.514, de 22 de julio de 2008, modificado por el Decreto federal n. 6.514, de 22 de julio de 2008.

«Art. 95-A. A adesão a uma das soluções legais previstas no inciso II do § 5.° do art. 96 será estimulada pela administração pública federal ambiental, com vistas a encerrar os processos administrativos federais relativos à apuração de infrações administrativas por condutas e atividades lesivas ao meio ambiente. Art.95-B. O procedimento para a adesão a uma das soluções legais previstas no inciso II do § 5.° do art. 96 será estabelecido em regulamento do órgão ou da entidade ambiental responsável pela apuração da infração ambiental. § 1.° A adesão de que trata o caput será admitida somente na hipótese de multa ambiental consolidada. § 2.° O pagamento da multa ambiental consolidada será interpretado como adesão a solução legal e implicará o encerramento imediato do processo administrativo, observadas as condições previstas em regulamento do órgão ou da entidade ambiental responsável pela apuração da infração ambiental». «Art. 96. [....]. § 5.° [...]: I - apresentar defesa ou impugnação contra o auto de infração; ou II - aderir a uma das seguintes soluções legais possíveis para o encerramento do processo: a) pagamento da multa com desconto; b) parcelamento da multa; ou c) conversão da multa em serviços de preservação, de melhoria e de recuperação da qualidade do meio ambiente».

134 *Cfr.* Panicacci, F. L. *Compromisso de ajustamento de conduta: teoria, prática, vantagens da solução negociada e meio ambiente.* São Paulo: Saraiva, 2017, p. 39.

de las decisiones políticas»[135]. Por lo tanto, el TAC consiste en una alternativa a la intervención judicial en el contexto de la acción civil pública, que objetiva ajustar la conducta del infractor a la legalidad, constituyendo más un mecanismo consensual de tutela ambiental[136]. Este también es el sentido empleado por FERRAZ cuando plantea que el TAC objetiva «*aplicar el consenso en las relaciones administrativas, tornando la resolución de los conflictos con la AP y la corrección de las actuaciones más pragmáticas y efectivas*»[137].

Aunque en Brasil existan mecanismos extrajudiciales de tutela ambiental, algunos incluso basados en la tendencia de consensualidad, entendemos que es necesario invertir más en consenso y participación, sobre todo por medio de la utilización de los medios adecuados de resolución de conflictos en cualquier fase del procedimiento administrativo. Estos mecanismos son útiles no solo en el ámbito de la reparación civil del daño, sino también en el ámbito administrativo sancionador como herramientas de prevención y precaución del daño ambiental. Además, dichas herramientas permiten el diálogo colectivo, ampliando el pluralismo de ideas y soluciones, como también la responsabilidad por la protección del medio ambiente.

2.3.2.2. En España

En el derecho español, las sanciones administrativas son el principal medio de tutela ambiental en el ámbito extrajudicial[138]. Aunque se trate de medida de carácter represivo, la penalización administrativa tiene también una perspectiva preventiva. Según LOZANO CUTANDA, dichas medidas cumplen el rol de prevención general, en la medida que disuade aquellos que estén próximos de transgredir la norma ambiental; como también, el rol de prevención especial, ya que busca que el sujeto transgresor no vuelva a infringir nuevamente la norma ambiental[139].

En el sistema español, la potestad sancionadora está regulada en la LRJPA, que trae en el Título IX los principios básicos de sometimiento de dicha potes-

135 *Cfr*. ASSIS RODRIGUES, G. D. *Ação Civil Pública e termo de ajustamento de conduta: teoria e prática*. Rio de Janeiro: Forense, 2002, p. 3.

136 MORATO LEITE sostiene que el TAC constituye un nuevo instrumento de tutela de los intereses transindividuales, de carácter preventivo e inhibitorio, en concepción distinta de los institutos de derecho civil, no obstante, represente una renovación de ellos. *Vid*. MORATO LEITE, J. R. *Dano ambiental: do individual ao coletivo extrapatrimonial*. (Tesis doctoral). [en línea]. Florianópolis: Universidade Federal de Santa Catarina, 1999, p. 270-272. [consulta: 17 abril 2022]. Disponible en: https://repositorio.ufsc.br/handle/123456789/80511.

137 *Cfr*. FERRAZ, L. (2019). *Op. cit*., p. 173.

138 También son mecanismos de tutela ambiental extrajudicial la potestad de inspección y la de restitución del orden jurídico perturbado propia del Derecho urbanístico.

139 *Cfr*. LOZANO CUTANDA, B. (2009). *Op. cit*., p. 491.

tad. Algunas CC. AA. han procedido a la regulación de la potestad sancionadora en el ámbito de sus competencias, como Cataluña, Asturias, Madrid y Extremadura. La medida sancionadora más aplicada para reprimir las infracciones ambientales en los procedimientos administrativos sancionatorios es la multa. La legislación también prevé la aplicación de sanciones complementares o accesorias como la suspensión o clausura de estabelecimiento o actividad, la publicidad de las sanciones impuestas y la exclusión de la posibilidad de obtener ayudas o subvenciones, que son medidas también poseen un carácter preventivo.

En el ámbito del procedimiento sancionador, es importante registrar la posibilidad de utilización de los mecanismos adecuados de resolución de conflictos como forma de terminación convencional del procedimiento administrativo, con fundamento en artículo 86.1 de la LPACAP, como también como medida sustitutiva del recurso de alzada o de reposición, en la forma del artículo 112.2 de la misma norma[140].

La utilización de mecanismos consensuales de resolución de conflictos en el procedimiento sancionador permite la realización de la justicia restaurativa, facilitando incluso la reparación del daño sin la necesidad de intervención judicial[141]. Este es el sentido empleado por la Ley 3/2022, de 24 de febrero, de convivencia universitaria, cuya exposición de motivos señala que «*las normas de convivencia pacífica consensuadas en la comunidad universitaria son un elemento para la mejora del sistema universitario en su conjunto*».

En materia medioambiental, algunas normas autonómicas proveen la utilización de herramientas consensuales, en la forma de los artículos 86.1 y 112.2 de la LPACAP[142], como la Ley 3/1998, de 27 de febrero, General de

---

140 *Vid.* Etxeberria Guridi, J. F. «Últimas novedades respecto de la mediación en el orden contencioso-administrativo», en Barona Vilar, S. (editora). *Justicia Civil y Penal en la era Global.* Valencia: Editorial Tirant lo Blanch, 2017; Ezeizabarrena Saéz, X. La terminación convencional del procedimiento de evaluación del impacto ambiental. *Revista de Administración Pública*, núm. 160, pp. 251-282; Delgado Piqueiras, F. *La terminación convencional del procedimiento administrativo*. Pamplona: Editorial Aranzadi, 1995; y Hernández González, F. L. «La terminación del procedimiento administrativo», en Gamero Casado, E. (Dir.). *Tratado de Procedimiento Administrativo Común Y Régimen Jurídico Básico del Sector Público.* Tomo II. Valencia: Tirant lo Blanch, 2017, pp. 1713-1754.

141 *Vid.* Parejo Alfonso, L. *Crisis y renovación en el Derecho Público*. Madrid: Centro de Estudios Políticos y constitucionales (España), 1991; y también: Parejo Alfonso, L. *Lecciones de derecho administrativo,* 9ª edición revisada, actualizada y ampliada. Valencia: Tirant lo Blanch, 2018.

142 Debemos señalar que el art. 85 de la LPACAP dispone sobre la terminación en los procedimientos sancionatorios sin tratar de la utilización de los mecanismos adecuados de solución de conflictos para este fin. Por ello, es posible comprender que en el ámbito sancionatorio sería necesaria normativa específica, como ocurre en la Ley de Convivencia Universitaria, para la aplicación de los mecanismos adecuados de solución de conflictos. Sin embargo, entendemos que el art. 86.1, que trata de la terminación convencional, posibilita su utilización sin la necesidad de regulación sectorial específica. Además, las normas

Protección del Medio Ambiente del País Vasco, que regula en el artículo 19 la terminación convencional del procedimiento a través de acuerdos ambientales, en los siguientes términos: «*Los procedimientos administrativos derivados de la aplicación de esta ley, exceptuando, en todo caso, aquellos que versen sobre materias no sujetas a transacción, podrán concluir mediante acuerdo entre el solicitante y la Administración competente. A tal fin, podrá optarse por la negociación directa o a través de mediadores o conciliadores nombrados de común acuerdo*».

Aún en el procedimiento administrativo sancionador, la adopción de medidas provisionales también conforma la tutela ambiental extrajudicial. Estas medidas pueden ser adoptadas en cualquier momento del procedimiento con el objetivo de garantizar la eficacia de la resolución final y cesar los efectos de la actividad infractora, en la forma del art. 136 de la LRPJA. Como explica LOZANO CUTANDA, dichas medidas provisionales son ejecutadas directamente por la propia AP y en el caso de incumplimiento la AP podrá utilizar los medios de ejecución forzosa previstos en la LRPJA[143].

sectoriales podrían disponer sobre la terminación convencional, tratando de sus efectos y del alcance de dichos procedimientos. Así también plantea SÁNCHEZ SÁEZ, al examinar el art. 88 de la revocada Ley 30/1992, de 26 de noviembre, cuando afirma que por dicho artículo no es «*necesaria una norma sectorial que expresamente permita la terminación convencional de cada concreto procedimiento, lo que ocurre también con los convenios de colaboración*». *Cfr*. SÁNCHEZ SÁEZ, A. J. Los convenios administrativos para la protección ambiental. Sevilla: Instituto Andaluz de Administración Pública, 2004, p. 178. También siguen este entendimiento RAMS RAMOS y CARBALLO MARTÍNEZ. *Vid.* RAMS RAMOS, L. «La terminación anticipada del procedimiento sancionador con reducciones en la cuantía de la sanción ¿una verdadera forma de terminación del procedimiento administrativo?», en GUILLÉN CARAMÉS, J; LAVILLA RUBIRA, J. J.; JIMÉNEZ DE CISNEROS CID, F. J. (Aut.). *Los nuevos desafíos del Derecho. Homenaje al profesor José Manuel Sala Arquer.* Madrid: Congreso de Diputados, 2019, pp. 1173-1221. Y también: CARBALLO MARTINEZ, G. «La mediación administrativa sancionadora como instrumento de convivencia de la ciudadanía en la Administración local», en LLORIA GARCÍA, P. (Dir.). *Convivencia ciudadana: mediación, conciliación y técnicas de prevención y resolución del conflicto ciudadano.* Madrid. Iustel, 2018, pp. 25-55. En la jurisprudencia, dicho entendimiento es avalado por la SSTSJ de Castilla la Mancha de 22 de noviembre de 2018 (n.° rec. 384/2017), que dispone: «*Con las debidas cautelas dado el ámbito de derecho público en que nos movemos, debe invocarse el espíritu del principio pacta sunt servanda y la prohibición de que el cumplimiento y eficacia de los acuerdos queden al arbitrio de una de las partes (arts. 1256, 1258 Cc). En un ordenamiento jurídico que contempla la conformidad incluso en materia penal para determinados delitos, no es desencaminado afirmar que la figura del art. 85 incorpora un elemento de concierto de voluntades que, aunque la materia pareciera no ser en principio apta para la transacción (art. 86 LPAC) sí implica una real y efectiva transacción en este caso sencillamente porque así la permite la Ley, y en la forma y con los límites en que la Ley así lo permite. Siendo así, y llamemos o no a esta figura, con mayor o menor propiedad, negocio jurídico, y afirmemos o no que, si es tal, es o no bilateral, es lo cierto que, en cualquier caso, la figura incorpora indudablemente un elemento de ofrecimiento y aceptación que reclama que se le apliquen principios generales propios del ámbito negocial como los que hemos señalado*».

143 *Cfr*. LOZANO CUTANDA, B. (2009). *Op. cit*., p. 523.

La Ley 27/2006, de 18 julio, trae dos mecanismos de tutela ambiental extrajudicial en los artículos 20 y 21. En el artículo 20, dicha ley reconoce «al público» el derecho a recurrir en la vía administrativa para combatir cualquier acto u omisión que vulnere los derechos de participación y a la información ambiental. Aquí, también entendemos que es posible la tutela colectiva, una vez que el legislador se refiere «al público», lo que no excluí las asociaciones y organizaciones. En el artículo 21, por su vez, regula una reclamación específica para las vulneraciones realizadas por sujetos privados sometidos al deber legal de suministrar información medioambiental.

En España también es necesario desarrollar más mecanismos extrajudiciales de tutela ambiental, sobre todo en la perspectiva colectiva. Como hemos señalado, para que tengamos la tutela ambiental efectiva es necesario invertir en medidas preventivas. La sanción penal, no obstante, tenga un rol de prevención, es una medida predominantemente represiva que poco evita el daño ambiental. Lo mismo debe ser dicho sobre la potestad sancionadora de las AA. PP. españolas que predominantemente imputan solamente la multa a los infractores ambientales. Hay que buscar mecanismos de diálogo y consenso para que se llegue a la protección ambiental efectiva.

Los medios adecuados de solución de conflictos pueden contribuir para la renovación de la tutela ambiental extrajudicial, incluso en la perspectiva colectiva, induciendo el diálogo y consenso. Esta perspectiva debe ser fomentada también en la actuación de las AA. PP. Por ello, PÉREZ MORENO, ya en los años noventa, planteaba que la cuestión ambiental obliga al avance de los Poderes públicos «*en las actitudes abiertas a la colaboración en la gestión, basándose en la concurrencia de esfuerzos públicos y privados, en las fórmulas paccionadas y consensuadas, en la utilización de los acuerdos-normativos, en la mediación y en arbitraje que se vislumbran como una nueva dimensión para la eficaz composición de intereses en el Derecho Público*»[144]. Así, entendemos que los ADR, en especial la mediación, son mecanismos que deben ser adoptados por Brasil y España para la renovación y fortificación de la tutela ambiental extrajudicial.

144 *Cfr*. PÉREZ MORENO, A. (1998). *Op. cit.*, p. 07.

CAPÍTULO SEGUNDO

LA RENOVACIÓN DE LA TUTELA AMBIENTAL A TRAVÉS DE LOS ADR

1. Introducción

El derecho de acceso a la justicia constituye una de las conquistas del Estado social y Democrático de Derecho e impone una serie de obligaciones a los Estados. Así, en la actualidad es necesario comprender dicho derecho en una perspectiva más amplia, de carácter sustantivo, de forma que permita la apertura de la justicia a otros tipos de soluciones, incluso, aquellas que están fuera del aparato judicial[145].

Para la adecuada interpretación del acceso a la justicia, es necesario considerar los requerimientos de una sociedad compleja, plural y de riesgo, enmarcada por los influjos de la globalización y de las nuevas tecnologías. Por ello, CURY registra que «*la sociedad moderna y la evolución tecnológica presentan nuevos deseos que no pueden o no son adecuadamente tratados por el modelo convencional de proceso judicial*»[146] (traducción propia). Entonces, el Estado moderno debe adaptarse a estas nuevas realidades sociales, económicas, culturales y jurídicas. Dichas circunstancias afectan no sólo la percepción de justicia, sino también los mecanismos para su obtención[147].

---

145 *Vid.* DALLA BERNARDINA DE PINHO, H. A Releitura do Princípio do Acesso à Justiça e o Necessário Redimensionamento da Intervenção Judicial na Resolução dos Conflitos na Contemporaneidade. *Revista EMERJ*, Rio de Janeiro, v. 21, n. 3, t. 1, set.-dez., 2019, pp. 241-271.

146 *Cfr.* CURY, C. F. «Mediação», en: *Justiça Multiportas: Mediação, Conciliação, Arbitragem e outros meios adequados de solução de conflitos.* ZANETI JÚNIOR, H.; XAVIER CABRAL, T. N. (Coords.). Salvador: JusPodivm, 2018, p. 485.

147 *Vid.* MARTÍN DIZ, F. (2018). *Op. Cit.*, p. 37.

Urge interpretar el acceso a la justicia y la tutela judicial efectiva en un contexto más amplio que la sencilla comprensión de derecho de acceso al Poder Judicial[148]. Según la doctrina CAPPELLETTI y GARTH las técnicas procesales tienen funciones sociales y los tribunales no son el único medio que se debe tomar en consideración para la resolución de disputas[149]. Por tanto, dichos derechos deben ser identificados con el efectivo ejercicio del contradictorio y todo lo que sea necesario para eliminar cualquier insatisfacción[150]. En este contexto, los mecanismos extrajudiciales de resolución de conflictos son considerados como una manera de garantizar el efectivo acceso a la justicia y a la tutela judicial efectiva.

En el ámbito de las cuestiones medioambientales, la celeridad en la adopción de medidas de protección y prevención es determinante para garantizar la efectiva tutela ambiental. Como hemos visto, en la sección anterior, la prevención es el elemento clave para la efectiva protección del medio ambiente, una vez que muchas veces el daño ambiental es de difícil o imposible reparación.

Además, los problemas vividos por la sociedad de riesgo demandan no sólo soluciones céleres, sino también más flexibles y participativas. En este escenario, de baja efectividad de los órganos judiciales para la solución de los conflictos ambientales, sea por su formalidad, rigidez excesiva o por la inexistencia de un espacio para amplios debates entre los afectados, urge reflexionar sobre la utilización de los ADR para la solución de este tipo de disputa.

Los ADR representan un cambio en la forma de comprender las relaciones y los conflictos que puede añadir más efectividad y sostenibilidad a la justicia medioambiental. Para reflexionar sobre la aplicabilidad de los ADR para la solución de conflictos medioambientales, examinaremos, en las secciones siguientes, las peculiaridades del conflicto ambiental, la tutela de los derechos difusos relacionados al medio ambiente, la aplicación de los ADR en el mundo, como también sus ventajas y obstáculos.

2. El conflicto ambiental

La palabra conflicto significa combate, lucha, pelea, enfrentamiento. Por tanto, el conflicto presupone el acto de relacionarse y en consecuencia tratase de un fenómeno natural y humano. Por ello, RODRÍGUEZ CAMARENA y BARBOSA MUÑOZ explican que el conflicto es resultado de la diversidad y debe

---

148 *Vid.* MARTÍN DIZ, F. Del derecho a la tutela judicial efectiva hacia el derecho a una tutela efectiva de la justicia. *Revista europea de derechos fundamentales*, n. 23, 2014, pp. 161-176.

149 *Cfr.* CAPPELETTI, M.; GARTH, B. (1996). *Op. Cit.*, p. 13.

150 *Vid.* CINTRA, A.; PELLEGRINI GRINOVER, A.; DINAMARCO, C. R. *Teoria Geral do Processo*. Vigésima Novena edición. São Paulo: Malheiros, 2013, p. 42. Veáse también: STF. Recurso Extraórdinário n. 158.655/PA. Relator Ministro Marco Aurélio de Mello, 20.08.1996, publicación: DJ de 02.05.1997.

siempre ser visto desde una perspectiva positiva, una vez que la tensión inherente a él lleva al diálogo, a la negociación o a la solución del problema[151]. Por lo tanto, podemos decir que el conflicto, es un fenómeno propio de sociedades democráticas y plurales[152], de manera que ni siempre será algo negativo que necesita ser eliminado. Este también es el sentido empleado por SILVA que señala que los conflictos pueden ser transformados en situaciones de diálogo y concertación de propósitos[153].

Para que podamos indicar mecanismos apropiados para la solución de un conflicto, es necesario conocer el origen y las especificidades de la disputa. Por ello, pasaremos al examen de estas peculiaridades del conflicto ambiental.

Según el Libro Blanco de Mediación de Cataluña, el conflicto ambiental se refiere a la controversia que versa sobre la calidad de vida de las personas o sobre las condiciones ambientales que afecta, al menos, dos grupos interdependientes. En este contexto, los conflictos medioambientales tienen matices que generan más complejidad a su gestión y solución. Para MILARÉ, dichos conflictos tienen su origen básicamente en la conjugación de dos factores: la disputa de los bienes ambientales que son, por naturaleza, limitados; y la necesidad humana que es siempre ilimitada[154]. Así, en el contexto de una sociedad compleja y de riesgo, este binomio es potencializado, ya que los conflictos son ampliados en número y grado de complejidad[155].

---

151 *Cfr*. RODRÍGUEZ CAMARENA, C. S.; BARBOSA MUÑOZ, P. A. La solución de conflictos ambientales fuera del ámbito judicial. Una aproximación teórica. *Revista de investigación en Derecho, Criminología y Consultoría Jurídica*, año 13, n. 26, octubre 2019-marzo de 2020, ISSN 1870-6924 2594 p. 214. Véase también: FERNANDÉZ-RÍOS, M. «Aspectos positivos y negativos del conflicto», en MORALES, J.F.; YUBERO JIMÉNEZ, S. (Coords.). *El grupo y sus conflictos*. Cuenca. Universidad de Castilla de la Mancha, 1999, pp. 25-46.

152 FISHER y URY también sostienen que el conflicto no constituye un fenómeno negativo, sino una oportunidad para la transformación del conflicto. Por ello, el conflicto integra las sociedades democráticas. Dichos autores explican que «*democracies surface ratter tan suppress conflict, which is why democracies often seem so quarrelsome and turbulent when compared with more authoritarian societies. The goal cannot or should not be to eliminate the conflict. Conflict is inevitable– and useful– part of life*». *Cfr*. FISHER, R.; URY, W. (2011). *Op. cit*., p. XI.

153 *Cfr*.SILVA, M. Prefácio, en HUFF THEODORO, S. *Mediação de Conflitos Socioambientais*. Río de Janeiro: Garamond, 2005, p. 12.

154 *Cfr*. MILARÉ, E. (2011). *Op. cit*., p. 33.

155 Este también es el sentido empleado por SUSSKIND y WEINSTEIN que plantean que «*at the same time that the number and intensity of environmental disputes-controversies in which the use of natural resources or the choice of appropriate standards for environmental protection are involved-have been growing, the ability of our social, political, and legal institutions to resolve these disputes in a timely, efficient, and decisive manner has diminished*». *Cfr*. SUSSKIND, L.; WEINSTEIN, A. Towards a theory of environmental dispute resolution. [en línea]. *Boston College Environmental Affairs Law Review, vol.* 9, 1980, p. 312. [consulta: 19 noviembre 2021]. Disponible en: https://lawdigitalcommons.bc.edu/ealr/vol9/iss2/4/.

No obstante, podemos indicar algunos matices importantes para la comprensión del conflicto ambiental.

Primero, el carácter multi partes de dichos conflictos, sea por la pluralidad de actores o por las consecuencias de naturaleza transindividual. Sobre la transindividualidad, es importante señalar que el conflicto ambiental hui de la comprensión individual de conflicto basada exclusivamente en la oposición de intereses individuales y en la mentalidad adversarial[156]. Por ello, JORDANO FRAGA sostiene que los conflictos ambientales han impactado los sistemas jurídicos procesales de los distintos ordenamientos, una vez que dichos sistemas fueron pensados y diseñados para la protección de derechos clásicos y relaciones jurídicas basadas en los derechos subjetivos, no alcanzando las nuevas relaciones jurídicas y generaciones de derechos[157]. Este también es el sentido de la reflexión de PÉREZ CONEJO cuando afirma que «*las estructuras procesales tradicionales se muestran insuficientes o inadecuadas, al estar concebidas sobre la base de esquemas individualistas, por lo que no están preparadas para procurar la tutela de los intereses plurisubjetivos, en su doble modalidad de intereses colectivos y difusos, rigiendo entre aquéllos y éstos una relación de género-especie, entre los que destacan los intereses (legítimos-plurisubjetivos-grupales-difusos)*»[158]. En complemento, COSTA MOREIRA plantea que esta categoría de conflictos supera no sólo la noción tradicional de interés individual y derechos subjetivos, sino también la noción de grupo, clase o categoría, frente a la indeterminación del sujeto y la indivisibilidad del objeto[159].

Segundo, el carácter policéntrico de dichos conflictos, puesto que una única situación de conflicto ambiental se extrae una multiplicidad de obje-

156 La doctrina de CARNELUTTI influenció no sólo el sistema procesal italiano sino también el sistema de otros países, a ejemplo de Brasil en el Código Procesal de 1973. La concepción de proceso de CARNELLUTTI se vincula a la idea de conflictos de intereses bajo una perspectiva individual. Así, para el mantenimiento de la paz social y de las estructuras del Estado, la resolución del conflicto se muestra imprescindible. Pero la resolución de conflictos, en la perspectiva de CARNELLUTTI, es de carácter binario, o sea, la solución reconoce la razón de un de los lados de la disputa (win – lose), lo que se muestra incompatible con los conflictos ambientales de carácter policéntrico e intertemporal. Sobre la teoría de CARNELUTTI véase: CARNELUTTI, F. *Lezioni di Diritto Processuale Civili*. V. 1. Padova: CEDAM, 1986.

157 *Cfr*. JORDANO FRAGA, J. «El Contencioso Ambiental: la larga marcha por el *standing to sue* en el Estado Ambiental de Derecho», en LÓPEZ RAMÓN, F.; VALERO TORRIJOS, J. (Coord.). *20 años de la Ley de lo Contencioso-Administrativo.* Madrid: Instituto Nacional de Administración Pública (INAP), 2019, p. 30.

158 *Cfr*. PÉREZ CONEJO, L. *La defensa judicial de los intereses ambientales*. Valladolid. Lex Nova, 2022, p. 19.

159 *Cfr*. COSTA MOREIRA, R. M. *Acordos Ambientais e os limites do inegociável*. Londrina. Editora Thoth, 2021, p. 101.

tivos y posiciones, como bien elucida MARQUES CEBOLA[160]. Además, como sostiene DA SILVA JÚNIOR esta categoría de conflictos son incompatibles con juicios dicotómicos y no pueden ser comprendidos por la sencilla análisis de pruebas y argumentos aportados por las partes[161]. En este ambiente de multiplicidad de posiciones y objetivos también suele ocurrir relaciones desequilibradas de poder, sea debido a desigualdad económica o con relación al acceso a la información, por ejemplo.

Tercero, el contenido multi e interdisciplinar del conflicto ambiental que exige intervención e interconexión entre las distintas disciplinas para su gestión y solución[162]. El conflicto ambiental implica en especificidades técnicas y científicas complejas, de manera que otras ramas del conocimiento científico son llamadas ayudar a solventar este tipo de disputa. Por ello, URIBE SANTOS destaca que en el conflicto ambiental «*no se trata sólo de definir qué normas se violaron y qué sanciones se deben aplicar, como sucede con la mayoría de las acciones legales que se postulan ante la administración de justicia, sino, ante todo, comenzar por ordenar, organizar y sistematizar la mucha información que concurre a este conflicto, para luego saber, tras las evaluaciones correspondientes, qué aspectos tienen relevancia jurídica y precisan ser llevados ante la presencia de un juez y qué aspectos no*»[163]. Concluye apuntando que «*muchas veces la participación de un abogado es mínima, quedando la responsabilidad de tales evaluaciones en manos de otros profesionales, que si bien precisan la asistencia del conocimiento legal, sin embargo su carencia no obstaculiza el trabajo de aquellos*»[164]. Por lo tanto, la multi e interdisciplinariedad es un factor importantísimo para la adecuada gestión y solución de los conflictos ambientales, que puede ser alcanzada más fácilmente con la adopción de los ADR.

Cuarto, la urgencia en el empleo de medidas preventivas o precautorias para impedir o mitigar el daño ambiental irreversible o significativo, también

---

160 *Cfr*. MARQUES CEBOLA, C. «La Mediación ambiental: un nuevo método de resolución de conflictos urbanísticos y ambientales» (Ponencia). [en línea]. *VIII Conferencia Internacional Foro Mundial de Mediación*, Valencia, España, octubre 2012, p. 177. [consulta 10 abril 2022]. Disponible en: http://hdl.handle.net/10400.8/763. Véase también: MARQUES CEBOLA, C.; LOPES, D.; VASCONCELOS, L.; CASER, U. *Mediação Ambiental Da Lei à Prática: À luz dos princípios da Lei n. 29/2013*. Coimbra: GestLegal, 2020.

161 *Cfr*. DA SILVA JÚNIOR, S.R. «A mediação e o interesse público ambiental», en *Revista Eletrônica de Direito Processual, [S. l.]*, v. 3, n. 3, 2016, p. 6. [consulta 26 octubre 2024]. Disponible en: https://www.e-publicacoes.uerj.br/redp/article/view/22178.

162 *Vid.* MONDÉJAR PEDREÑO, R. *Los conflictos ambientales y su tratamiento a través de la mediación.* Madrid: Editorial Dykinson, 2015, p. 59.

163 *Cfr*. URIBE SANTOS, G. «El acceso a la justicia ambiental. Hacia un nuevo modelo», en REI, F; SANTOS URIBE, G. (Org.). *A efetividade do Direito Ambiental e a gestão do meio ambiente na América Ibérica. Balanço de Resultados das Quatro Décadas da Conferência de Estocolmo*. Santos. Editora Universitária Leolpodianum, 2012, p. 214.

164 *Ibid.*

es una nota importante en este tipo de disputa. Por ello, MONDÉJAR PEDREÑO señala que dicha categoría de conflicto exige rápida respuesta para evitar males mayores y viabilizar la pronta reparación del daño[165].

Por fin, la intergeneracionalidad inherente a esta categoría de disputas, una vez que el conflicto ambiental transciende el presente, generando repercusiones al bienestar de las futuras generaciones. Por ello, la sostenibilidad cumple un importante rol, en la medida que impone la necesidad de garantizar el equilibrio de bienestar entre las generaciones presentes y futuras.

La junción de estos factores potencializa la complejidad del conflicto ambiental, dificultando no solo su solución, sino su gestión.

Tampoco podemos olvidar del alto contenido social del conflicto ambiental que genera, en determinadas ocasiones, la intervención de las AA. PP. Según SUSSKIND y WEINSTEIN, la intervención del Poder público en los conflictos ambientales suele ser poco satisfactoria, sea porque el Estado muchas veces es parte del conflicto o debido a la postura de reacción por parte del Estado frente a las demandas de los administrados[166]. En este contexto, observamos la confrontación entre interés público e interés privado que exige un abordaje en el sentido del equilibrio de los intereses a la luz de los valores constitucionales implicados.

Por tanto, en el conflicto ambiental están presentes múltiplos actores con diferentes objetivos e intereses. Podemos destacar los siguientes actores del conflicto ambiental: el Estado, que como poder público tiene el deber de protección del medo ambiente, de manera que deberá fiscalizar la actuación privada, promover políticas públicas y también podrá figurar como parte del conflicto; las empresas, que también tienen el rol de protección del medio ambiente, de manera que deben actuar con observancia a las normas medioambientales, como también colaborar junto a los demás actores en la protección del medioambiente; el ciudadano, que tiene no solo derecho al medioambiente sano, sino también tiene el deber de protegerlo en colaboración con los demás actores; las asociaciones y organizaciones, que al lado del ciudadano luchan en favor de los derechos difusos y colectivos relacionados a la protección del medio ambiente.

Estas características demuestran que la tutela judicial no puede ser considerada como la única forma de garantizar el acceso a la justicia y la protección ambiental efectiva. Por ello, MELLO MONTEIRO plantea que la solución adjudicada muchas veces trae más dificultades que resultados de protección de los bienes ambientales[167]. Esta también es la línea

165 *Cfr*. MONDÉJAR PEDREÑO, R. *Mediación Ambiental: Recursos y experiencias*. Madrid. Editorial Dykinson, 2015, p. 06.

166 *Cfr*. SUSSKIND, L.; WEINSTEIN, A. (1980). *Op. cit*., p. 312.

167 *Cfr*. MELLO MONTEIRO, A. L. S. (2021). *Op. cit*., pp. 84-85.

empleada por VALENZUELA RENDÓN en la defensa de la conciliación para la solución de controversias medioambientales. Según la autora mexicana las partes implicadas en una controversia medio ambiental conocen mejor el conflicto y el daño que se está ocasionando al medio ambiente, de manera que generan una solución mucho más apropiada a la controversia que aquella proporcionada por un tercero ajeno[168]. Además, en la hipótesis de solución pactada, por lo menos en teoría, las partes estarían más satisfechas con ella que en la hipótesis de una solución impuesta, sea en la vía judicial o administrativa, por lo tanto, sería más fácil implementar la solución pactada.

Los conflictos ambientales, dada su naturaleza, reclaman soluciones flexibles, participativas y adaptables en el transcurso del tiempo, lo que no es posible con una tutela individual y exclusivamente judicial. En este contexto, los ADR representan una alternativa de refuerzo a la tutela ambiental preventiva, ampliando el acceso a la justicia ambiental.

3. El medio ambiente como derecho humano y difuso: especificidades de su tutela

Los intereses de carácter difuso tienen su origen en las conquistas sociales y por ello implican una multiplicidad de personas. Aunque estos intereses sean enmarcados por la multiplicidad de personas, parte de la doctrina brasileña suele distinguirlos de los intereses colectivos[169]. Según PELLEGRINI GRINOVER, dicha categoría de intereses comprende aquellos «*que no están apoyados en una base bien definida, reduciéndose el vínculo entre las personas a factores conjeturales o extremamente genéricos, a datos de facto fre-*

168 *Cfr.* VALENZUELA RENDÓN, A. I. Ventajas y Desventajas de la Conciliación en la Resolución de Conflictos Sobre Reparación del Daño al Medio Ambiente. [en línea]. *Revista Internacional Consinter de Direito*, año II, v. 3, 2016. DOI: 10.19135/revista.consinter.00003.05. [consulta: 16 abril 2022]. Disponible en: https://revistaconsinter.com/es/revistas/ano-ii-volume-iii/parte-1-direito-e-sustentabilidade/ventajas-y-desventajas-de-la-conciliacion-en-la-resolucion-de-conflictos-sobre-reparacion-del-dano-al-medio-ambiente/.

169 En este sentido veáse: BASTOS, C. «A tutela dos interesses difusos no direito constitucional brasileiro», en Revista de Processo, n.23, São Paulo: RT, jul-sept. 1981; BARBOSA MOREIRA, J. C. «A proteção jurisdicional dos interesses coletivos e difusos», en PELLEGRINI GRINOVER, A. *A tutela dos interesses difusos*. São Paulo: Editora Max Limonad, 1984; MANCUSO, R. D. C. *Interesses Difusos: conceito e legitimação para agir.* 7.ª edición. São Paulo: Editora Revista dos Tribunais, 2011. Además, el derecho positivo brasileño ha incorporado dicha distinción, a ejemplo de la CFB/1988 en el art. 129, III; la Ley de la Acción Civil Pública, en el art. 1., IV; la Ley 10.741, de 1 de octubre de 2003, en el art. 78; y la Ley 12.153, de 22 de diciembre de 2009. Esta distinción también está presente en la doctrina italiana, Massimo Severo Giannini afirma que «gli interessi diffusi no sono però interessi nè pubblici nè collettivi: sono interessi adespoti, cioè interessi che non hanno un loro portatore». *Cfr.* SEVERO GIANNINI, M. «La tutela degli interessi colletivi nei procedimenti amnistrativi». *Rivista di Diritto Processuale*, 1974. En la doctrina española véase: CARBONELL PORRAS, E. (2014). *Op. cit.*, pp. 33-99.

cuentemente accidentales o mutables»[170]. Por tanto, los intereses difusos son aquellos que pertenecen a todos sin pertenecer a alguien en particular, de manera que pueden ser invocados por cualquier individuo o por todos los afectados[171].

Villone señala que la característica básica de los derechos difusos parece estar en su carácter meta individual, no obstante, ni todo derecho meta individual sea considerado difuso[172]. Por lo tanto, se trata de una figura compleja que exige una tutela adecuada para la solución de los problemas de hoy.

En una sociedad globalizada y de masas, como la contemporánea, esta categoría de interese se aflora. Por ello, Mancuso señala *que «la vida moderna resalta la importancia de dichos derechos que no tienen titular cierto, pero repercuten decididamente sobre el bienestar o asimismo a la sobrevivencia de los individuos en los distintos segmentos sociales que pertenecen»*[173].

Los intereses difusos son dotados de algunas características básicas. Mancuso señala las siguientes: la indeterminación del sujeto, la indivisibilidad del objeto, la intensa litigiosidad interna y la transición o mutación en el tiempo y en el espacio.

Sobre la primera característica, Mancuso destaca que los intereses difusos son aquellos invocados por cualquier individuo o por todos los individuos por ellos afectados, de manera indistinta y al mismo tiempo. Son intereses que no son susceptibles de apropiación exclusiva y por esto se vinculan a un número indeterminable de sujetos.

La segunda característica de los intereses difusos es una consecuencia de la primera. Dicha categoría de intereses es indivisible, en el sentido de que no es posible establecer fragmentos de su objeto a determinados individuos o colectividades. Por ello, Barbosa Moreira plantea que la satisfacción de un individuo implica en la satisfacción de todos los afectados[174].

La tercera característica es señalada por la doctrina italiana, que considera que los intereses difusos tienen una *«intrinseca conflittualità»*[175]. Es decir

---

170 *Cfr*. Pellegrini Grinover, A. «A problemática dos interesses difusos», en Pellegrini Grinover, A. (coord). *A tutela dos interesses difusos*. São Paulo: Editora Max Limonad, 1984. p. 30.

171 Ferraz destaca que los intereses difusos no son «res nullius», sino constituyen «res ómnium» —cosa que pertenece a todos—. *Cfr*. Ferraz, S. Responsabilidade civil por dano ecológico. *Revista de Direito Público*, n.49-50. São Paulo: RT, 1979, p. 34.

172 *Cfr*. Villone, M. «La collocazione istituzionale dell'interesse diffuso: considerazioni sul sistema statunitense», en Gambaro, A. (org.). *La tutela degli interessi difusi nel diritto comparato: con particolare riguardo alla protezione dell'ambiente e dei consumatori*. Milano: Giuffrè, 1976, p. 73.

173 *Cfr*. Mancuso, R. D. C. (2011). *Op. cit.*, p. 91.

174 *Cfr*. Barbosa Moreira, J. C. «A legitimação para a defesa dos interesses difusos no direito brasileiro». *Revista Forense*, v. 276, 1981, p. 1.

175 *Vid.* Villone, M. (1976). *Op. cit.*, p. 81.

que en esta categoría hay un choque entre intereses de masas, en una contraposición de segmentos que no permite la adopción de las herramientas tradicionales de solución individual de conflictos. Esta conflictividad interna ocurre porque dichos intereses están siempre vinculados a la ejecución de políticas públicas. Por ello, MANCUSO plantea que en el caso de los intereses difusos que conllevan a una elección política no existe una evaluación axiológica preliminar sobre la posición correcta o equivocada. Por tanto, las soluciones adjudicadas son poco efectivas para la solución de esta categoría de conflictos. Por ejemplo, una expropiación que objetiva la construcción de una usina hidroeléctrica. Dicha obra proporcionará el abastecimiento de energía eléctrica, pero afectará la fauna y la flora local. En este ejemplo, hay fundamento para la pretensión de protección del medio ambiente, como también para la realización de la obra. Otras cuestiones de naturaleza no jurídica deben ser consideradas para la solución de la controversia.

Por fin, la cuarta característica de los intereses difusos, la transición o mutación en el tiempo o espacio. Es decir que los intereses difusos siguen las transformaciones fáticas que les fundamentan, de manera una de las consecuencias de la violación de dichos intereses es la imposibilidad de reparación integral del daño. Por ello, para la protección de los intereses difusos es imprescindible garantizar la tutela de urgencia para evitar la perpetuación del daño o para acautelarse de su amenaza. Por eso que SALAZAR ORTUÑO, examinando el acceso a la justicia ambiental, registra que la dificultad de obtención de medidas cautelares constituye una barrera efectiva a la protección ambiental[176].

La infungibilidad de los intereses difusos también constituye una de las causas de la imposibilidad de su reparación integral, como bien apunta MANCUSO cuando plantea que dichos intereses no son fungibles y por ello el derecho debe buscar mecanismos compensatorios[177]. Por eso, ZANUTTIGH, cuando examina el sistema estadounidense, sostiene que la irreversibilidad del daño en un interés difuso debe ser compensada con la utilización de las formas ordinarias de indemnización[178].

Los intereses difusos, como intereses que transcienden al individuo, integran la tercera dimensión de los derechos humanos, enmarcada por los principios de fraternidad y solidaridad[179]. Por ello, CAPPELLETTI y GARTH explican que

176 *Cfr*. SALAZAR ORTUÑO, E. (2019). *Op. cit.*, p. 197.

177 *Cfr*. MANCUSO, R. D. C. (2018). *Op. cit.*, p. 107.

178 *Cfr*. ZANUTTIGH, L. «Proceso e tutela dell'ambiente nell'esperienza nordamericana», en GAMBARO, A. (org.). *La tutela degli interessi difusi nel diritto comparato: con particolare riguardo alla protezione dell'ambiente e dei consumatori*. Milano: Giuffrè, 1976, p. 427.

179 DA SILVA JUNIOR comentando la inserción de la protección del medio ambiente entre los derechos humanos de tercera dimensión destaca que «*la complejidad permeada por la cuestión ambiental se inserta en el mismo contexto de las demás temáticas presentadas en esta nueva generación de derechos, propiciando la aparición de derechos destinados a regular la relación de los individuos con el medio ambiente, de esencia claramente universal y transcendental*». *Cfr*. DA SILVA JÚNIOR, S. R. (2019). *Op. cit.*, p. 131.

la segunda ola de reformas para garantizar el acceso a la justicia tiene foco en la protección de dichos intereses[180]. En este contexto, el derecho al medio ambiente sano ingresa en este conjunto de derechos de tercera dimensión, de carácter esencialmente transindividual y basado en el deber de solidaridad.

Los sistemas internacionales de derechos humanos han reconocido, aunque indirectamente, el derecho al medio ambiente sano como derecho humano. No obstante, el CEDH no tenga disposiciones relacionadas al medio ambiente, El TEDH ha interrelacionado los temas ambientales a las disposiciones del CEDH, como el derecho a la vida y a la propiedad[181]. El Sistema Africano de Derechos Humanos (adelante, SADH) también ha desarrollado esta orientación de interconexión entre los temas ambientales y las normas de derechos humanos[182]. La Comisión Interamericana de Derechos Humanos, (adelante, CIDH), por su vez, reconoce en el artículo 11 del Protocolo Adicional a la Convención Americana sobre Derechos Económicos, Sociales y Culturales (Protocolo de San Salvador), la protección y preservación del medio ambiente como derecho humano relacionado al derecho a la vida digna[183]. En casos relacionados a temas medioambientales, la CIDH ha destacado que «*no son admisibles enfoques restrictivos al derecho a la vida. En esencia, este derecho comprende no sólo el derecho de todo ser humano de no ser privado de la vida arbitrariamente, sino también el derecho a que no se generen condiciones que le impidan o dificulten el acceso a una existencia digna*»[184].

En la doctrina, algunos autores consideran el derecho al medio ambiente como un derecho humano[185]. UREÑA, por ejemplo, considera que el derecho al medio ambiente integra «*el conjunto de normas que tienden a proteger los derechos y libertades fundamentales del ser humano en el ámbito internacional*», así la autora española concluye que el derecho al medio ambiente sería uno de estos derechos del hombre[186].

---

180 *Cfr*. CAPPELETTI, M.; GARTH, B. (1996). *Op. Cit*., p. 24.

181 Sobre la jurisprudencia del TEDH sobre el tema véase, por ejemplo, el caso de López Ostra Vs. España, N. 16798/90. Sentencia de 9 de diciembre de 1994, párrs. 51, 58.

182 Sobre la jurisprudencia de la Comisión Africana de Derechos Humanos y de los Pueblos sobre el tema véase, por ejemplo, el caso de Ogoni vs. Nigeria, Comunicación N. 155/96. Sentencia de 13-27 de octubre de 2001, párr. 57.

183 Sobre la jurisprudencia de la CIDH sobre el tema véase, por ejemplo, el caso Comunidad indígena Yakye Axa, párr. 163; el caso Comunidad Indígena Xákmok Kásek, párr. 187; y el Caso Pueblos Kaliña y Lokonos Vs. Suriname. Fondo, Reparaciones y Costas. Sentencia de 25 de noviembre de 2015, Serie C N. 309, párr.172.

184 *Cfr*. CIDH. Caso de la Comunidad Indígena Yakye Axa, párr. 161.

185 Veáse: MADDALENA, P. Il danno ambientale. *I Tribunalli Amministrativi Regionali*, n.12, diciembre de 1988, pp. 433-439; y también: KROMAREK, P. «Quel droit à l'environnement ? Historique et développements», en KROMAREK, P. (Dir.). Environnement et Droits de l'Homme. Paris: UNESCO, 1987, pp. 113-150.

186 *Cfr*. UREÑA, M. R. «El derecho a un medio ambiente sano como derecho humano», en *Problemas Internacionales del Medio Ambiente: VIII Jornadas, Barcelona, 2 a 5 de julio de 1984*. Bellaterra: Universitat Autónoma de Barcelona, 1985, p. 221.

Tampoco podemos olvidar que los derechos humanos dichos de cuarta dimensión también repercuten en la tutela del medio ambiente. Como bien diagnostica DA SILVA JUNIOR los conceptos de democracia directa, información y pluralismo conllevan a la tendencia de incremento de mecanismos de participación para la creación y regulación de cuestiones medioambientales bajo el paradigma de la sostenibilidad[187].

No podemos dejar de registrar que en la doctrina se debate si el derecho al medio ambiente sería un derecho humano o un derecho fundamental. PÉREZ LUÑO señala que se emplea «*el termino de derechos fundamentales para designar los derechos positivizados a nivel interno, en tanto que la formula derechos humanos sería la más usual para denominar los derechos naturales positivados en las declaraciones y convenciones internacionales, así como aquellas exigencias básicas relacionadas con la dignidad, libertad e igualdad de la persona que no han alcanzado un estatuto jurídico positivo*»[188]. Por lo tanto, en el ámbito de análisis de esta investigación podemos decir que el derecho al medio ambiente es un derecho humano y también un derecho fundamental consagrado en las CFB/1988 y CE/1978.

Por tanto, los derechos relacionados a los bienes e intereses ambientales[189] pueden tener carácter difuso[190], implicando grupos indeterminados o indeterminables de personas que se ubican en un o en varios ecosistemas[191]. Por ello, BOBBIO plantea que «*junto a los derechos sociales, que se denominaron derechos de segunda generación, hoy surgen los llamados derechos de tercera generación, que constituyen una categoría, a decir verdad, todavía excesivamente heterogénea y vaga, que nos impide de comprender lo que efectivamente se trata. Lo más importante es lo que es revindicado por los movimientos ecológicos: el derecho de vivir en un ambiente no contaminado*»[192].

---

187 *Cfr*. DA SILVA JÚNIOR, S. R. (2019). *Op. cit*., pp. 237-238.

188 *Cfr*. PÉREZ LUÑO, A. E. *Los derechos fundamentales*. 11ª ed. Madrid: Tecnos, 2013, p. 40.

189 Es cierto que una lesión al medio ambiente puede afectar derechos individuales, resultando en una lesión concreta individual. En este apartado estamos tratando de lesiones que afectan intereses ambientales difundidos en la sociedad, de manera actual o futura.

190 MORATO LEITE explica que el interés jurídico medioambiental puede tener carácter difuso, colectivo o individual. Cuando el medioambiente tenga el significado de macro bien, es decir, significando un derecho fundamental de toda la colectividad, tendremos el carácter difuso. Por otro lado, cuando el medioambiente está conectado a la idea de propiedad, tendremos el significado de micro bien y estaremos frente a intereses individuales o colectivos. Ocurre que en los conflictos ambientales podemos encontrar concomitantemente los intereses difusos, colectivos e individuales, que exigen tutelas jurídicas procesales distintas. *Cfr*. MORATO LEITE, J. R. (1999). *Op. cit*., pp. 228-229.

191 *Cfr*. MELLO MONTEIRO, A. L. S. (2021). *Op. cit*., p. 70.

192 *Cfr*. BOBBIO, N. *A era dos direitos*. COUTINHO, C. N. (traducción). Rio de Janeiro: Campus, 1992, p. 6. (traducción nuestra).

Además, la intergeneracionalidad, propia de dichos derechos, refuerzan este carácter difuso. Por tanto, si estamos frente a un derecho que pertenece a todos, su tutela también debe estar afectada a todos, de manera que cualquier ciudadano pueda hacerlo. Por otro lado, el Estado tiene un rol especial en la tutela del medio ambiente, en la medida que tiene el deber de promover políticas públicas para la efectividad de su protección, como también el rol de siempre buscar la preservación del medio ambiente en la ejecución de sus tareas. Por tanto, podemos decir que este deber estatal de protección del medio ambiente también extrae su fundamento del deber de buena administración[193].

193 Según RODRÍGUEZ-ARANA, la buena administración constituye «*el derecho básico que permite, por su dimensión vehicular, que se realicen debidamente todas las acciones positivas del Estado en orden a la realización de los derechos fundamentales de la persona*». *Cfr.* RODRÍGUEZ-ARANA, J. *Derecho Administrativo y Derechos Sociales Fundamentales*. Sevilla: INAP/Global Law Press-Editorial Derecho Global, 2015, p. 77. Véase también: RODRÍGUEZ-ARANA, J. La buena administración como principio y como derecho fundamental en Europa. *Misión Jurídica: Revista de derecho y ciencias sociales,* v. 6, n. 6, 2013, pp. 23-56; El Derecho Fundamental a la Buena Administración en la Constitución Española y en la Unión Europea. *Revista Eurolatinoamericana de Derecho Administrativo*. Argentina: v. 1, n. 2, 2014a, pp. 117-149; y RODRÍGUEZ-ARANA, J. Sobre la Carta Iberoamericana de derechos y deberes del ciudadano. *Anuario de la Facultad de Derecho de la Universidad de A Coruña–AFDUC*. España, N.18, 2014b, ISSN: 1138-039X, pp. 17-30. De acuerdo con FREITAS, el concepto de buena administración es multidimensional, en los siguientes términos: «*o direito fundamental à boa administração é lídimo plexo de direitos, regras e princípios, encartados numa síntese, ou seja, o somatório de direitos subjetivos públicos. No conceito proposto, abrigam-se, entre outros, os seguintes direitos: (a) o direito à administração pública transparente, que supõe evitar a opacidade (salvo nos casos em que o sigilo se apresentar justificável, e ainda assim não-definitivamente), com especial destaque para o direito a informações inteligíveis, inclusive sobre a execução orçamentária e sobre o processo de tomada das decisões administrativas que afetarem direitos; (b) o direito à administração pública sustentável, que implica fazer preponderar, inclusive no campo regulatório, o princípio constitucional da sustentabilidade, que determina a preponderância dos benefícios sociais, ambientais e econômicos sobre os custos diretos e indiretos (externalidades negativas), de molde a assegurar o bem-estar multimensional das gerações presentes sem impedir que as gerações futuras alcancem o próprio bem-estar multidimensional. (c) o direito à administração pública dialógica, com amplas garantias de contraditório e ampla defesa é dizer, do respeito ao devido processo, com duração razoável e motivação explícita, clara e congruente; (d) o direito à administração pública imparcial e o mais desenviesada possível, isto é, aquela que, filtrando os desvios cognitivos, não pratica nem estimula discriminação negativa de qualquer natureza e, ao mesmo tempo, promove discriminações inversas ou positivas (redutoras das desigualdades iníquas); (e) o direito à administração pública proba, que veda condutas éticas não-universalizáveis ou a confusão entre o legal e o moral, uma vez tais esferas se vinculam, mas são distintas; (f) o direito à administração pública respeitadora da legalidade temperada, ou seja, que não se rende à 'absolutização' irrefletida das regras; (g) o direito à administração pública preventiva, precavida e eficaz (não apenas economicamente eficiente), eis que comprometida com resultados compatíveis com os indicadores de qualidade de vida, em horizonte de longa duração*». *Cfr.* FREITAS, J. As Políticas Públicas e o Direito Fundamental à Boa Administração. *Revista do Programa de Pós-Graduação em Direito da UFC,* v. 35.1, ene. /jun. 2015, pp. 199. Véase también: FREITAS, J. *Discricionariedade administrativa e o direito fundamental à boa Administração Pública.* São Paulo: Malheiros, 2007. Es importante destacar que la Carta Iberoamericana de los Derechos y Deberes del Ciudadano en relación con la Administración Pública, conforme explica

Esta multiplicidad de sujetos, vinculados al ámbito público y privado, amplían la complejidad de la tutela de los intereses y bienes ambientales. Así, es necesario más participación ciudadana, pluralidad, flexibilidad y celeridad. Por ello, la tutela tradicional (basada en la protección de derechos individuales) no se muestra efectiva para estas categorías de derechos, lo que determina la busca por nuevos tipos de tutela que puedan atender a estos derechos que transcienden a la dimensión individual[194].

Desde una perspectiva extrajudicial, los ADR constituyen una vía posible para la protección de los derechos ambientales de carácter difuso, una vez que permiten la flexibilidad del procedimiento y la pluralización del debate, tanto en el ámbito represivo como preventivo. Además, la buena administración demanda la utilización de recursos de gestión flexibles y consensuales, más compatibles para las relaciones complexas que son desarrolladas en la actualidad. Por lo tanto, los ADR son métodos que seguramente plantean una nueva concepción de justicia necesaria para la satisfacción de las demandas contemporáneas.

En la próxima epígrafe pasaremos al estudio de los ADR, destacando su origen, concepto y tipología.

Rodríguez-Arana, establece la «*caracterización de la buena Administración Pública como obligación de los Poderes Públicos, una caracterización más amplia y completa que la establecida en el artículo 41 de la Carta Europea de los Derechos Fundamentales de la Persona de 8 de diciembre de 2000*». *Cfr*. Rodríguez-Arana, J. Sobre la Carta Iberoamericana de derechos y deberes del ciudadano. *Anuario de la Facultad de Derecho de la Universidad de A Coruña–AFDUC*. España, N.18, 2014b, ISSN: 1138-039X, p. 19. Sobre el tema véase también: Carrillo Donaire, J. A. «Buena Administración, ¿un principio, un mandato o un derecho subjetivo?», en Santamaría Pastor, J. A. *Los Principios Jurídicos del Derecho Administrativo.* 1.ª. edición. Madrid: La Ley, 2010, p. 1137-1165; Escuín Palop, V. «En torno a la buena administración», en Fernández Carballal, A.; Del Guayo Castiella, I. (Coord.). *Los desafíos del derecho público en el siglo XXI. Libro conmemorativo del XXV Aniversario del acceso a la Cátedra del Profesor Jaime Rodríguez-Arana Muñoz*. Madrid: Instituto Nacional de Administración Pública (INAP), 2019, p. 325-344, Melián Gil, J. L. El paradigma de la buena administración. *Anuario da Facultade de Dereito da Universidade da Coruña*. España, N.17, 2013, ISSN: 1138-039X, p. 233-258; MENÉNDEZ SEBASTIÁN, E. M. Función Consultiva Administrativa efectiva: Procedimiento Administrativo y Buena Administración. Revista Española de la Función Consultiva, n. 32, 2019, pp. 105-127; Lírio Do Valle, V. R. *Direito Fundamental à Boa Administração e Governança*. Belo Horizonte: Editora Fórum, 2011; Ponce Solé, J. «Procedimiento administrativo, globalización y buena administración», en Ponce Solé, J. (Coord.). *Derecho administrativo global: organización, procedimiento, control judicial.* Madrid: Marcial Pons Ediciones Jurídicas y Sociales, 2010, p. 79-190; Prats i Catalá, J. «Derecho al buen gobierno», en SEVILLA, Jordi. (Dir.) *La Reforma de Administración General del Estado*. Madrid: LID Editorial Empresarial, 2010, pp. 15-74; y Sanz Larruga, F. J. El ordenamiento europeo, el derecho administrativo español y el derecho a una buena administración. [en línea]. *Anuario da Facultade de Dereito da Universidade da Coruña*, n.13, 2009, pp. 729-751. [consulta: 11 mayo 2022]. Disponible en: http://hdl.handle.net/2183/7510.

194 Sobre el tema véase: Bujosa Vadell, L. *La protección jurisdiccional de los intereses del grupo*. Barcelona: Bosch, 1995.

4. Los ADR: origen, concepto y tipología

La expresión «*Alternative Dispute Resolution*» es atribuida al Profesor Frank Sander, que la había utilizado en 1976 juntamente con la idea del «sistema multipuertas»[195]. Posteriormente, el «*Alternative*» empezó a ser comprendido como «*Appopriate*», para indicar la idea de complementariedad del sistema judicial. Entonces, la expresión «*Alternative Dispute Resolution*» puede ser traducida como «Métodos Adecuados de Solución de Conflictos» (en adelante, MASC)[196].

Estos ADR surgieron como una respuesta a los problemas de acceso a la justicia y representaron una transformación en la manera de entender las relaciones, los conflictos y la propia Administración de la Justicia[197]. La

195 El «sistema multipuertas» propone la creación de un tribunal con múltiples puertas de solución de conflictos. Esta estructura permite elegir el método de solución más adecuado a las peculiaridades de cada demanda. Profesor Frank Sander expos la idea del «*multi-door-Justice System*» en una conferencia denominada «*The Pound Conference*», en el año de 1976, en Minnesota. *Vid.* MARQUES CEBOLA, C. *La mediación: un nuevo instrumento de la Administración de la Justicia para la solución de conflictos.* (Tesis Doctoral). [en línea]. Salamanca: Universidad de Salamanca, 2011, p. 67. [consulta: 15 febrero 2019]. Disponible en: http://hdl.handle.net/10400.8/761. Veáse también: *Cfr*. JOHONSOM DI SALVO, S. H. P. G. «Arbitragem de conflitos na Administração Pública brasileira e o sistema multipuertas de resolução de disputas: um olhar revisitado e uma perspectiva para o futuro», en JÚDICE MOREIRA, A.; FRANCO NASCIMBENI, A.; BEYRODT, C.; MORAIS TONIN, M. (Coord.). *Mediação e Arbitragem na Administração Pública: Brasil e Portugal.* São Paulo: Almedina, 2020, pp. 343-344; DE MORAIS SALES, L. M.; ALMEIDA DE SOUSA, M. «O sistema de múltiplas portas e o judiciário brasileiro». *Revista Brasileira de Direitos Fundamentais & Justiça*, v. 5, n. 16, p. 204-220, 2011; GRAY, E. B. Creating History: The Impact of Frank Sander on ADR in the Courts. [en línea]. *Negotiation Journal*, October 2006, p. 445-454. [consulta: 10 abril 2021]. DOI: 10.1111/j.1571-9979.2006.00113. x. Disponible en: https://onlinelibrary.wiley.com/doi/abs/10.1111/j.1571-9979.2006.00113.x; XAVIER CABRAL, T. N. «Justiça Multiportas e Inovação», en *Tecnologia e Justiça Multiportas*. FUX, L.; ÁVILA, H.; XAVIER CABRAL, T. N. (coords.). Indaiatuba: Editora Foco, 2021, pp. 261-274.

196 BARONA VILAR comenta este cambio en el entendimiento de los ADR cuando afirma que «desde que surgiera como movimiento de solución de conflictos la denominada ADR, se ha acogido estas siglas para englobar a las distintas vías o técnicas que vienen siendo habitualmente utilizadas en la sociedad americana para resolver cuantas cuestiones no pretendan ser abordadas por los tribunales. En estos últimos tiempos, sin embargo, ha cambiado el término "alternativas" por "adecuadas", en gran medida porque la alternatividad no siempre respondía a la verdadera naturaleza de la técnica o medio empleado». *Cfr*. BARONA VILAR, S. *Solución extrajudicial de conflictos – «Alternative dispute resolution» (ADR) y Derecho Procesal*. Valencia: Tirant lo Blanch alternativa, 1999, p. 69. Véase también: MACHO GÓMEZ, C. Origen y evolución de la mediación: el nacimiento del «movimiento ADR» en Estados Unidos y su expansión a Europa. *ADC*, tomo LXVII, 2014, fasc. III, p. 931-996

197 *Vid.* MORALES FERNÁNDEZ, G. *Los sistemas alternativos de resolución de conflictos: La Mediación. Sistemas complementares al proceso. Nuevo enfoque constitucional del derecho a la tutela judicial efectiva*. Sevilla: HISPALEX, 2014, p. 73.

idea central de estos métodos es de flexibilización de los procedimientos para llegar a soluciones pactadas que gestionen o pongan fin al conflicto.

El movimiento de los ADR, según BARONA VILAR, tenía como fundamento la idea de garantizar el «libre acceso a la justicia» con base en la defensa de que todos tuviesen la posibilidad de acceder a un medio, cualquiera que éste sea, para solucionar una controversia[198]. Esto fue un movimiento que no quedó aislado en el medio académico, en realidad, produjo muchos efectos en la normativa norteamericana. Los siguientes diplomas legales fueron editados por influencia del movimiento de los ADR en los Estados Unidos: «*Federal Rules of Civil Procedure*» (1983); «*Civil Justice Reform Act*» *(1990)*; «*Administrative Dispute Act*» *(1990)*; «*Civil Rights Act*» *(1991)*; «*Alternative Resolution Dispute Act (1998)*»[199].

En la perspectiva del «sistema multipuertas», los conflictos pueden ser resueltos por distintas formas, cuya aplicación depende del grado de implicación de las partes, de la intervención o no de terceros y del grado de participación del tercero en la construcción de la solución. De esta manera, las disputas pueden ser resueltas o gestionadas por autocomposición o heterocomposición[200]. Según MORENO CATENA, la autocomposición es definida como la renuncia total o parcial a las posiciones defendidas inicialmente, a través de la cesión voluntaria de las pretensiones iniciales, generando la pacificación del conflicto[201]. Ya la heterocomposición, en las palabras del mismo autor «*consiste en que la solución resulta impuesta por un tercero, que por esa razón está colocado en una posición superior a las partes, y es quien decide definitivamente la cuestión controvertida.*»[202].

Por ello, en el ámbito de los ADR, vamos a encontrar métodos autocompositivos y heterocompositivos, como también métodos que mezclan en sus etapas la autocomposición y heterocomposición, y por eso son

198 *Cfr*. BARONA VILAR, S. (1999). *Op. cit.*, p. 49.

199 *Ibid.*, pp. 931-996.

200 En los tiempos primitivos, los conflictos eran resueltos a través de la autotutela o autodefensa, que según MARQUES CEBOLA consiste en «*la resolución del conflicto por acción del propio titular del interés*». Con los romanos la autodefensa fue prohibida y otros sistemas de solución de conflictos fueron desarrollados. En la actualidad, la autodefensa solamente es admitida en situaciones excepcionales y debidamente justificadas, como en la legítima defensa del derecho penal y en la defensa posesoria inmediata en el ámbito civil. *Vid.* MARQUES CEBOLA, C. (2011). *Op. cit.* pp. 60-61.

201 *Cfr*. MORENO CATENA, V. *Introducción al derecho procesal*. Decimoprimera edición. Valencia: Tirant lo Blanch, 2021, p. 40.

202 *Cfr*. MORENO CATENA, V. *Introducción al derecho procesal*. (2021). *Op. cit.*, p. 42.

denominados de híbridos[203]. En los ADR, podemos destacar los siguientes métodos: el arbitraje, la conciliación, la negociación y la mediación[204].

El arbitraje, según Díez-Picazo Giménez es «*aquella institución consistente en que dos o más personas pacten entre sí que un tercero resuelva un litigio ya surgido o que pueda surgir entre ellas, excluyendo que los tribunales conozcan del mismo*»[205]. Por tanto, podemos decir que el arbitraje es un método heterocompositivo de solución de conflictos, por lo cual las partes someten la cuestión a un tercero (que no tiene carácter público) que dictará la solución[206].

---

203 Los tipos híbridos de ADR tienen utilización más frecuente en los países asiáticos, pero empiezan a ganar popularidad en países como Canadá, Estados Unidos y Unión Europea. Sobre el tema véase: Ross, D. «Med-Arb/Arb-Med: A More Efficient ADR Process or an Invitation to a Potential Ethical Disaster?», en Rovine, Arthur W. (Coord.). *Contemporary Issues in International Arbitration and Mediation*. New York: Brill, 2013, pp. 354-355. Sobre la aplicación de los tipos híbridos en España véase: Lalaguna Holzwarth, M. La aplicación en España de Med-Arb, Arb-Med y variantes como alternativa a los ADR tradicionales. *La Ley. Mediación y Arbitraje*, n.4, (Arbitraje y mediación en Texto Refundido de la Ley Concursal: el secretario del Tribunal arbitral), octubre-diciembre 2020, ISSN-e 2660-7808. Véase también: Nigmatullina, D. The Combined Use of Mediation and Arbitration in Commercial Dispute Resolution: Results from an International Study. *Journal of International Arbitration,* vol. 33, 2016, pp. 37-82; Ferreira Lemes, S. «Cláusula escalonada ou combinada: mediação, conciliação e arbitragem», en Finkelstein, C.; Vita, J. B.; Filho, N. C. (Coords.). *Arbitragem internacional, UNIDROIT, CISG e Direito Brasileiro*. São Paulo: Quartier Latin, 2010; Lack, J. Appropriate Dispute Resolution (ADR): The Spectrum of Hybrid Techniques Available to the Parties. *ADR in Business. Practice and issues across countries and cultures*, v. 2, 2011; Sussman, E. «Combinations and Permutations of Arbitration and Mediation: Issues and Solutions». *ADR in Business. Practice and issues across countries and cultures*, v. 2, 2011, pp. 381-398; y Valiño Ces, A. «Más allá de los métodos alternativos clásicos al proceso judicial: otras formas de resolución de conflictos». *Cadernos de Dereito Actual*, n. 11, número ordinário, 2019, pp. 201-224.

204 *Vid.* Tornos Mas, J. «Los medios alternativos de resolución de conflictos en los que es parte la Administración Pública. Últimas novedades», en Lopez Menudo, Francisco. (Coord.). *Derechos y Garantías del ciudadano. Estudios en homenaje al Profesor Alfonso Pérez Moreno*. Madrid: Iustel, 2011. pp. 1085-1103.

205 *Cfr.* Díez-Picazo Giménez, I. «El Arbitraje y la Mediación», en *Curso de Derecho Procesal Civil II – Parte Especial*. Oliva Santos, A. D. L. et. al. (Coord.). Madrid: Editorial Universitaria Ramón Areces, 2014, p. 586.

206 *Vid.* Barona Vilar, S. «Arbitraje en España: A la búsqueda de un lugar adecuado en el marco de la justicia», en Barona Vilar, S. (Dir.). *Arbitraje y Justicia en el siglo XXI*. Navarra: Aranzadi, 2007, pp. 25-58; Lopez Menudo, F. «Arbitraje y Derecho Público». *Revista Justicia Administrativa*. Valladolid: Editorial Lex Nova, 1999, pp. 05-22; García Pérez, M. «El arbitraje y la Constitución española de 1978: una reflexión desde el Derecho público. Los retos del Poder Judicial ante la sociedad globalizada», en Pérez-Cruz Martín, A.J.; Ferreiro Baamonde, X. (Dir). *Actas del IV Congreso Gallego de Derecho Procesal (I Internacional), realizado en A Coruña, 2 y 3 de junio de 2011.* [en línea]. A Coruña: Universidade Da Coruña, 2012, p. 438. ISBN: 978-84-9749-501-1. [consulta: 15 abril 2022]. Disponible en: http://hdl.handle.net/2183/9170; y Esplugues Barona, C. *Arbitraje y Derecho Administrativo. Teoría y Realidad.* Valencia: Tirant lo Blanch, 2018.

La negociación, según Barona Vilar, consiste en «*una técnica mediante la cual se comunican entre sí dos o más personas que se encuentran involucradas en la disputa o conflicto, realizando un esfuerzo con mayor o menor intensidad por aproximar sus posiciones en aras de satisfacer necesidades e intereses de todas ellas, siendo que en ocasiones los intereses pueden ser concurrentes en una misma dirección*»[207]. Es decir, la negociación es un método autocompositivo que las partes, en general, llegan solas a un acuerdo que pone fin al conflicto[208].

La conciliación también es un método autocompositivo de solución de conflictos, en que las partes ponen fin al litigio con la ayuda de un tercero imparcial[209]. La Ley modelo sobre Conciliación Comercial Internacional de la Comisión de las Naciones Unidas para el Derecho Mercantil Internacional, la conceptúa como un procedimiento voluntario bajo el control de las partes y con la asistencia, por lo menos, de un tercero neutral. No obstante, el concepto de conciliación genera mucha controversia, una vez que es muy cercano del concepto de mediación. Por ello, parte de la doctrina adopta como criterio distintivo el grado de participación del tercero en el procedimiento, a ejemplo de Bujosa Vadell y Palomo Velez que plantean lo siguiente: «*En realidad, consideramos que diferenciaciones entre la conciliación y la mediación basadas en si se permite o no al tercero la aportación de sugerencias, o incluso de soluciones, a tomar en cuenta o no por las partes en conflicto, aportan poco a la realidad práctica: el sujeto que ayuda a la resolución del conflicto debe acercar las posiciones y estar atento a la oportunidad de sugerir, cuando lo vea prudente, posibilidades de acuerdo que lleven a la autocomposición. Que lo haga o no, no debe depender de etiquetas, sino de las circunstancias concretas y, en especial, de la disposición de las partes hacia un eventual acuerdo*»[210].

---

207 *Cfr*. Barona Vilar, S. «Ordenanzas de convivencia ciudadana: mediación y medidas sustitutivas ¿dónde están los límites?». En: Lloria García, Paz (Dir.). *Convivencia ciudadana: mediación, conciliación y técnicas de prevención y resolución del conflicto ciudadano*. Iustel, 2018. p. 47.

208 Monteiro Gabbay señala la posibilidad de negociación asistida, que requiere la presencia de otra parte que intervenga y ayude a que la negociación se lleve a cabo. *Cfr*. Monteiro Gabbay, G. *Mediação & Judiciário: condições necessárias para a institucionalização dos meios autocompositivos de solução de conflitos*. [en línea]. (Tesis Doctoral). São Paulo: Universidade de São Paulo, 2011. [consulta: 01 marzo 2020]. Disponíble en: www.teses.usp.br/teses/disponiveis/2/.../Daniela_Monteiro_Gabbay.pdf.

209 *Vid.* Pérez Moreno, A. Procedimientos de conciliación, mediación y arbitraje como alternativa a la vía administrativa de recurso. *Revista Andaluza de Administración Pública*, n.° 37, enero-febrero-marzo/2000. Sevilla: Instituto Andaluz de Administración Pública–IAAP, pp. 11-38.

210 *Cfr*. Bujosa Vadell, L.; Palomo Vélez, D. «Mediación electrónica: Perspectiva europea». [en línea]. *Ius et Praxis*, vol. 23, núm. 2, 2017, Universidad de Talca, Chile, p. 54. [consulta: 13 junio 2021]. Disponible en: http://www.redalyc.org/articulo.oa?id=19754349003.

La mediación, en las palabras de MEJÍAS GÓMEZ, es un «*procedimiento pacífico de resolución de conflictos basado en el acuerdo alcanzado por las partes, que sacrifican equitativamente sus pretensiones iniciales para llegar a un punto que recoge el interés común de las mismas, con la ayuda de una persona que facilita la consecución del mismo*»[211]. El CGPJ la define como «*un procedimiento voluntario, ágil y flexible, en que a través de la asistencia de un tercero neutral –el mediador– se intenta que sean los propios interesados quienes alcancen la solución para su conflicto*»[212]. Debemos tener claro que la mediación es un procedimiento diseñado con la centralidad en el conflicto, que no tiene por finalidad exclusiva la solución de la disputa, sino su gestión en todas las dimensiones[213].

Es importante señalar que los sistemas constitucionales brasileño y español no presentan cualquier óbice a la utilización de la mediación, incluso en el ámbito administrativo. Primero porque la mediación administrativa no implica en violación al principio de legalidad, una vez que los principios y las reglas constitucionales les da el soporte necesario para su aplicación en el ámbito administrativo. Es necesaria una lectura actualizada del principio de legalidad para que sea posible producir una reintegración de la justicia administrativa a los propios ciudadanos. Bajo esta perspectiva, hay que comprender que el sistema de control de la legalidad de los actos de la administración no se agota en la previsión del art.106.1 de la CE/1978, otros mecanismos de control lo complementan, como la mediación. Además, la propia legislación hace referencia, aunque indirecta, a la mediación en el ámbito administrativo (v.g., LRJCA y LPACAP). En Brasil, podemos decir lo mismo, una vez que el inciso XXXV del artículo 5.° de la CFB/1988 debe ser interpretado de manera sistémica, considerando otros mecanismos de solución de conflicto para la ampliación del acceso a la justicia. Por ello, la legislación brasileña adopta expresamente la mediación en el ámbito administrativo en distintos diplomas, como: la Ley federal 13.867, de 26 de agosto de 2019; y la Ley federal n. 13.140, de 26 de junio de 2015[214].

Además del principio de legalidad, otros principios constitucionales también sirven de fundamento para la aplicación de la mediación en el ámbito adminis-

---

211 *Cfr.* MEJÍAS GÓMEZ, J. F. *La mediación como forma de tutela judicial efectiva*. Madrid. Editorial El Derecho, 2009, p. 17.

212 *Vid.* ESPAÑA. CGPJ. Disponible en: www.poderjudicial.es/cgpj/es/temas/mediación. [en línea] [consulta: 06 mayo 2020].

213 *Vid.* ZAPPARROLLI, C. R.; KRAHENBUL, M. C. *Negociação, Conciliação, Mediação, Facilitação Assistida, Prevenção, Gestão de Crises nos Sistemas e suas Técnicas*. São Paulo: LTR, 2012, p. 38.

214 Sobre el tema véase: : SANTOS SILVA, R.F. *Acceso a la Justicia y Mediación Administrativa Extrajudicial en el Estado Relacional: Nuevas perspectivas en Brasil y España*. Colección Jóvenes Investigadores. A Coruña: Colex, 2023.

trativo, como: democracia, pluralismo, eficiencia y subsidiariedad[215]. Por tanto, estos principios constitucionales direccionados al interés general conforman la aplicación de la mediación en el ámbito administrativo, transformándola en «*un vehículo eficaz, corrector y cooperador de la actividad administrativa*»[216].

Justino De Oliveira hace otra reflexión importante. Según dicho autor, de la tutela administrativa efectiva desaguan tres deberes: 1. Deber Administrativo de Efectividad de los Derechos tutelados por la Administración; 2. Deber Administrativo de Resolución de Conflictos; 3. Deber Administrativo de Autocomposición de Conflictos[217]. Esta comprensión representa una revolución en la gestión administrativa, que empieza a considerar una Política de Gestión de los Conflictos Públicos. Aún según Justino De Oliveira, dicha política puede ser desarrollada a través de técnicas y métodos de *Dispute System Design*, que integra los distintos ADR para la prevención, gestión y resolución de disputas[218].

Tampoco podemos dejar de hacer notas sobre los «*Online Dispute Resolutions*» (en adelante, ODR). Los ODR representan la evolución de los ADR, porque se traducen en los métodos extrajudiciales de resolución de conflictos

215 Sobre estos temas véase: Sánchez Sáez, J.A. J. *Descentralización y subsidiariedad: Hacia una Nueva Configuración del Estado.* Sevilla: Instituto Andaluz de Administración Pública (IAAP), 2005; Rodríguez-Arana, J. *Cuatro estudios de derecho administrativo europeo:(-derechos fundamentales, subsidiariedad, subvenciones y administraciones públicas).* Granada. Comares, 1999; Nascimento Gonçalves, V. M. *Estado, Sociedade Civil e Princípio da subsidiariedade na era da Globalização*. Rio de Janeiro: Renovar, 2003; Muñoz Machado, S. Las concepciones del Derecho administrativo y la idea de participación en la Administración. *Revista de Administración Pública,* núm. 84, Septiembre/Diciembre 1977, pp. 519-535; Pérez Moreno, A. Crisis de la participación administrativa. *Revista de Administración Pública*, n. 119, mayo-agosto, 1989, pp. 91-132; Parejo Alfonso, L. «La eficacia como principio jurídico de la actuación de la Administración Pública». *Documentación Administrativa*, n. 218-219, 1989, pp. 15-66; y Gabardo, E. *Princípio Constitucional da Eficiência Administrativa*. São Paulo: Dialética, 2002.

216 *Cfr*. Rodríguez-Arana, J. «La mediación en el derecho administrativo». [en línea]. *Revista de Derecho Público*, n.74, 2015b, p. 117. DOI:10.5354/0719-5249.2015.37538. [consulta: 24 marzo 2019]. Disponible en: https://revistaeggp.uchile.cl/index.php/RDPU/issue/view/3820. Véase también: Moreira Neto, D. D. F. Novos institutos consensuais da ação administrativa. [en línea]. *Revista de Direito Administrativo,* Rio de Janeiro, v. 231, jan. 2003. ISSN 2238-5177, pp. 129-156. [consulta: 20 marzo 2018]. DOI: http://dx.doi.org/10.12660/rda.v231.2003.45823. Disponible en: <http://bibliotecadigital.fgv.br/ojs/index.php/rda/article/view/45823/45108>. En sentido opuesto véase: VUČETIĆ, D. Is mediation viable in administrative matters? [en línea]. *Facta Universitatis, Series: Law and Politics*, Vol. 14, n. 4, 2016, pp. 495-504. DOI: 10.22190/FULP1604495V. [consulta: 20 marzo 2020]. Disponible en: https://www.researchgate.net/publication/315464480_IS_MEDIATION_VIABLE_IN_ADMINISTRATIVE_MATTERS.

217 *Cfr*. Justino De Oliveira, G. «Autocomposição e administração pública: faculdade ou dever?», en Justino De Oliveira, G. (Org). *Público & Pragmático*, v. I, 1.ª Edición. São Paulo: Amanuense, 2024, pp. 181-182.

218 *Ibid.*, pp. 183-184.

en ambiente electrónico. Por eso MARTÍN DIZ señala que el perfeccionamiento de los ADR puede ser reflexionado por la utilización secuencial de distintos métodos extrajudiciales de solución en el mismo conflicto (métodos híbridos) y por el empleo de las nuevas tecnologías de la información y comunicación[219].

La utilización de los ODR genera, según ALBUQUERQUE, los siguientes efectos positivos: la reducción de la hostilidad emocional entre las partes, el incremento de la celeridad procesal, la ruptura de las barreras de espacio, el mantenimiento de la neutralidad de la instancia de decisión y la economicidad del procedimiento[220]. Sin embargo, no podemos olvidar de los riesgos e inconvenientes de su utilización, como la brecha digital. Por ello, BARONA VILAR advierte que «*no puede tornarse perversa la viabilidad de las ODR para quienes no están familiarizados con los medios electrónicos, a los que exigirse el acceso en línea podría implicar la negación a la tutela efectiva*». Entonces, para perfeccionar y expandir la utilización de los ODR es necesario combatir la brecha digital que constituye la moderna forma de exclusión social[221].

Es cierto que la pandemia del COVID-19 incrementó la utilización de los ODR en el ámbito de la Administración de la Justicia de los distintos países[222]. En España, por ejemplo, el Departamento de Justicia de Cataluña puso en marcha el programa «Mediación diálogo y acuerdo ante la COVID», por el cual se ha facilitado gratuitamente servicios de mediación en línea. Por tanto, no quedan dudas que la utilización excepcional de los ODR en el panorama de la pandemia ha evolucionado para una utilización habitual en el contexto post pandemia. Así, los mecanismos de ODR deben ser considerados en el propósito de ampliación del acceso a la justicia de forma económica y simplificada.

Por fin, no podemos dejar de citar la Ley Orgánica 1/2025, de 2 de enero, de medidas en materia de eficiencia del Servicio Público de Justicia, que tiene como uno de sus objetivos el impulso a la utilización de los medios adecuados de resolución de conflictos. Sin embargo, sus disposiciones no son aplicables en el ámbito de las controversias que impliquen el sector público. El Preámbulo de la Ley Orgánica 1/2025, de 2 de enero, señala que

219 *Cfr.* MARTÍN DIZ, F. «La segunda generación de medios extrajudiciales de resolución de conflictos: Arb-Med y Med-Arb», en JIMENO BULNES, M.; PÉREZ GIL, J. (Coords.). *Nuevos horizontes del derecho procesal: libro-homenaje al Prof. Ernesto Pedraz Penalva.* Barcelona: Editorial Bosch, 2016, p. 309.

220 *Cfr.* ALBUQUERQUE, N. «Os métodos de resolução extrajudicial em ambiente electrónico», en FONSECA, I. C. M. (Coord.). *A Mediação Administrativa: contributos sobre as (im)posibilidades*. Lisboa: Almedina, 2019, p. 345.

221 *Vid.* SILVEIRA, S. A. D. *Exclusão digital: a miséria na era da informação*. São Paulo: Fundação Perseu Abramo, 2001.

222 *Vid.* PONT VIDAL, J. «Gobernanza de la pandemia covid-19 y modelos de gestión: ¿Hacia un nuevo tipo de vínculo sociedad-Estado?» [en línea]. *Revista Do Serviço Público, 71*, p. 235-265. [consulta: 10 abril 2022]. Disponible en: https://doi.org/10.21874/rsp.v71i0.4833.

sus disposiciones no se aplican a «los asuntos de cualquier naturaleza en los que una de las partes sea una entidad perteneciente al sector público, y ello a la espera de la futura regulación de estos mismos medios adecuados de solución de controversias en el ámbito administrativo y en el orden jurisdiccional contencioso-administrativo, lo que requiere de un instrumento legislativo propio y diferenciado». Además, el Preámbulo subraya que «el interés general que subyace en la intervención de todas las entidades del sector público, así como el carácter público de la financiación que soporta su funcionamiento, la sumisión al estricto principio de legalidad por exigencia del artículo 103 de la Constitución, y la autotutela declarativa y ejecutiva de los actos administrativos determina la imposibilidad de que los medios adecuados de solución de controversias reciban un tratamiento legislativo asimilable al que se contiene en esta ley para los asuntos civiles y mercantiles». Lamentablemente, hemos perdido la oportunidad de avanzar, de alguna manera, en la regulación de la mediación administrativa a través de esta Ley Orgánica de Medidas de Eficiencia del Servicio Público de Justicia. Sin embargo, dicha ley ha dejado la esperanza de regulación de este tema, en un futuro próximo, en la disposición final trigésima primera que dispone: «El Gobierno debe elaborar y presentar a las Cortes Generales, en el plazo de dos años a partir de la entrada en vigor de la presente ley, un proyecto de ley que atienda, en el ámbito administrativo, a los medios de solución de controversias cuando una de las partes es la Administración. Esta iniciativa reconocerá las experiencias en mediación que, en los conflictos en que una de las partes es la Administración, se han desarrollado y se están desarrollando en las administraciones que cuentan con competencias en materia de Justicia».

Intentando alcanzar esta nueva concepción de justicia, algunos países ya utilizan las técnicas de los ADR para solventar conflictos ambientales de carácter difuso. En las últimas décadas observamos la aplicación y el fomento a estos mecanismos extrajudiciales de resolución de conflictos por algunos países del mundo. Por ello, en el próximo epígrafe, pasaremos al examen de dichas experiencias.

5. Los ADR para disputas medioambientales: experiencias en el mundo

Las primeras experiencias de aplicación de los ADR en materia ambiental ocurrieron en los Estados Unidos en los años 70 y 80 del siglo pasado, asumiendo la denominación de «*Environmental Conflict Resolution*» (adelante, ECR). El desarrollo de los ECR ocurrió debido al éxito de la utilización de mecanismos extrajudiciales de resolución de conflictos en otras ramas del derecho. Según SÁNCHEZ SÁEZ, uno de los primeros casos documentados por la doctrina de utilización de estos métodos en el ámbito medioambiental fue el caso «*Snoqualmie River*», de 1974, en el que se enfrentaron el Cuerpo de

Ingenieros de los Estados Unidos y los ciudadanos y grupos ambientales[223]. En este caso se debatía la construcción de un embalse en el río *Snoqualmie.*

En este momento no había una legislación especial que amparase la utilización de estos métodos extrajudiciales de solución de conflictos. El «*Superfund Amendments and Reauthorization Act*», de 1986, constituye una las primeras normas a tratar de la utilización de los ADR para la solución de conflictos ambientales[224]. Sin embargo, el «*Administrative Resolution Act*»[225], de 1990, es el marco normativo para la utilización de los ADR en el ámbito administrativo y, por extensión, aplicable a determinadas cuestiones medioambientales.

Los buenos resultados obtenidos con la utilización de los ECR generaran la creación de la «*United States Environmental Protection Agency*» (adelante, EPA) para la solución de conflictos medioambientales a través de mecanismos extrajudiciales. En 1998, el Congreso norteamericano dicta el «*Environmental Policy and Conflict Resolution Act*» que posibilita la creación del «*Institute for Environmental Conflict Resolution*»[226] con la finalidad de solventar los conflictos ambientales con implicación gubernamental. En 1999, La EPA establece el «*Conflict Prevention and Resolution Center*», que auxilia la agencia en sus actividades ofreciendo servicios de resolución de disputas.

---

223 *Cfr*. Sánchez Sáez, A. J. «Reflexiones sobre la Resolución Alternativa de Conflictos (ADR) en los Estados Unidos: su virtualidad en Derecho Ambiental», en Espinosa De Los Monteros, C. C. *Alternativas no jurisdiccionales de resolución de pretensiones de Derecho Público: VI Jornadas de Estudio del Gabinete Jurídico de la Junta de Andalucía [celebradas en Sevilla, noviembre de 2000].* Sevilla: Junta de Andalucía, Instituto Andaluz de Administración Pública, 2003, p. 319.

224 *Cfr*. Sánchez Sáez, A. J. «Reflexiones sobre la Resolución Alternativa de Conflictos (ADR) en los Estados Unidos: su virtualidad en Derecho Ambiental», en Espinosa De Los Monteros, C. C. *Alternativas no jurisdiccionales de resolución de pretensiones de Derecho Público: VI Jornadas de Estudio del Gabinete Jurídico de la Junta de Andalucía [celebradas en Sevilla, noviembre de 2000].* Sevilla: Junta de Andalucía, Instituto Andaluz de Administración Pública, 2003, p. 320.

225 El «*Administrative Dispute Resolution Act» de 1990 fue alterado por el «Administrative Dispute Resolution Act*» de 1996, que impulsó la creación del «*Interagency Alternative Dispute Resolution Working Group*» (adelante, IADRWG), con el objetivo de impulsar el uso de los medios de ADR por las agencias federales. Sobre el tema véase: Sánchez Sáez, A. J. (2003). *Op. cit*., pp. 317-334. Y también: Delgado Piqueras, F. «La Alternative Dispute Resolution Act de los Estados Unidos: introducción traducción y notas». *Revista de Administración Pública - RAP*, n. 131, mayo-agosto, 1993, pp. 557-569; Costa Moreira, R. M. (2021). *Op. cit*., pp. 141-143.

226 *Cfr*. Morrill, C.; Owen-Smith, J. «The Emergence of Environmental Conflict Resolution: Subversive Stories and the Construction of Collective Action Frames and Organizational Fields», en Hoffman, A.; Ventresca, M. *Organizations, Policy, and the Natural Environment: Institutional and Strategic Perspectives*, Stanford: Stanford University Press, 2002, p. 91. Véase también: Bingham, G. *Resolving Environmental Disputes: A Decade of Experience*, The Conservation Foundation, Washington DC, 1986.

Hasta los días de hoy, el derecho ambiental norteamericano sigue en la vanguardia adoptando mecanismos extrajudiciales para la solución de los conflictos ambientales, incluso cuando las AA. PP. están implicadas. Como bien destaca Marques Cebola, la propia política ambiental norteamericana está influenciada pela dinámica de los ECR, de manera que los procesos de toma de decisión ambiental (environmental decision-making) son más descentralizados, aproximando el poder local de los ciudadanos[227]. En 2018, el «*Forum on Environmental Collaboration and Conflict Resolution*» elaboró el informe «*Environmental Collaboration and Conflict Resolution (ECCR): Enhancing Agency Efficiency and Making Government Accountable to the People*» que confirma los buenos resultados obtenidos con la utilización de los ECR[228].

El movimiento de aplicación de los ADR para a solución de conflictos ambientales iniciado en los Estados Unidos se expandió para otros países del globo. En el continente europeo, Alemania, inspirada en la experiencia estadounidense, inició la utilización de este tipo de metodología en 1986 para solventar conflictos oriundos del aterro sanitario de residuos peligrosos de Münchehagen[229].

La aplicación de los ADR para la solución de conflictos ambientales también alcanzó el ámbito comunitario, dónde se desarrollaron algunas iniciativas. Primero, las reglas de arbitraje y conciliación específicas para las cuestiones medioambientales publicadas por *el* «*Permanent Court of Arbitration*» (adelante, PCA) en 2001 y 2002, respectivamente[230]. También tenemos que señalar la metodología propuesta por la «*European Union Network for the Implementation and Enforcement of Environmental Law*» (adelante, Red IMPEL), que en 2004 lanzó el proyecto «*Informal Resolution of Environmental Conflict by Neighbourhood Dialogue*»[231], basado en la experiencia alemana de solución de conflictos ambientales entre vecinos y empresas industriales. Dicho proyecto buscó desarrollar la mediación en cuestiones medioambientales en el entorno europeo, apostando en el diálogo y en la comunicación entre las empresas y los ciudadanos afectados.

---

227 *Cfr.* Marques Cebola, C. (2012). *Op. cit.*, p. 180.

228 Texto completo disponible en: https://ceq.doe.gov/docs/nepa-practice/ECCR_Benefits_Recommendations_Report_%205-02-018.pdf. [en línea] [consulta: 30 noviembre 2021].

229 Sobre la utilización de ADR para la solución de conflictos ambientales en Alemania véase: Alexander, N. M.; Gottwald, W.; Trenczek, T. Mediation in Germany: The Long and Winding Road. [en línea]. *Global Trends in Mediation*, diciember 29, 2003. [consulta: 30 noviember 2021]. Disponible en: https://ssrn.com/abstract=3756904.

230 No obstante, las reglas del PCA se refiera a conciliación, en realidad la metodología empleada es de mediación, como bien elucida Marques Cebola. *Cfr.* Marques Cebola, C. (2012). *Op. cit.*, p. 181.

231 Sobre dicho proyecto véase el informe final de 24.10.2005, disponible en: https://www.impel.eu/wp-content/uploads/2016/08/NeighbourhoodDialogue.FinalReport.pdf. [en línea] [consulta: 01 diciember 2021].

Tampoco podemos dejar de registrar los estudios españoles realizados en Cataluña que generaran el Libro Blanco de la Mediación en Cataluña (2011) que posee un capítulo sobre la mediación en conflictos ambientales. Dicho estudio constata que en Cataluña no existen servicios de mediación especializados en la solución de conflictos ambientales, pero algunos conflictos ambientales son gestionados con una mirada mediadora, aunque no se haya sistematizado un protocolo específico para este tipo de procedimiento.

En América del Norte, aún tenemos que destacar la experiencia canadiense basada en la construcción colaborativa[232]. En 1978, la Asamblea Nacional de Quebec aprobó la ley para enmendar la Ley de Calidad Ambiental y con esto creó la «*Bureau d'audiences publiques sur l'environnement*» (por adelante, BAPE), con competencia para investigar cualquier cuestión relacionada con la calidad del medio ambiente. Con fundamento en esta atribución, la BAPE pudo realizar procedimientos de ADR con autorización del Ministro del Medio Ambiente[233].

Entre 1979 y 1985 la BAPE desarrolló algunos experimentos de negociación participativa, como los casos del proyecto de la central hidroeléctrica de Hydro-Québec Delaney y de la gestión de agua en Black Lake. Entre 1986 y 1991, la BAPE empezó el análisis de las posibilidades de conciliación, negociación y mediación.

A partir de 1992, el órgano empezó a trabajar los procedimientos de conciliación y mediación, a ejemplo de los casos: del proyecto de tratamiento de agua no sujeto en Pointe Fisher en Lac-Brome y de la ampliación de la Autoroute 55 de Saint-Célestin a la Autoroute 20. En este periodo fue desarrollado un procedimiento a ser seguido en las mediaciones ambientales, comprendiéndolas como una alternativa a la resolución de conflictos. El informe «*La médiation en environnement: une nouvelle aproche au BAPE*» evidencia que la mediación constituye una herramienta privilegiada que ayuda a las partes a encontrar soluciones a los conflictos relacionados con proyectos que tengan impacto sobre el medio ambiente, armonizando los objetivos de desarrollo con las preocupaciones ambientales y sociales. Podemos constatar que la mediación en Canadá pasó por un largo proceso de adaptación para la construcción de un procedimiento colaborativo de resolución de disputas ambientales

En la América Latina, también observamos la incorporación de los ADR para la solución de conflictos ambientales, a través de una regulación sectorial y aplicación preponderantemente en el ámbito judicial·

---

232 *Vid.* Costa Moreira, R. M. (2021). *Op. cit.*, p. 148.

233 Sobre la evolución de los ADR en la BAPE véase el informe «*La médiation en environnement: une nouvelle aproche au BAPE*» disponible en: https://numerique.banq.qc.ca/patrimoine/details/52327/50109?docref=KBRu2chpxqVb-q828tO_GA. [en línea] [consulta: 02 diciembre 2021].

En el ámbito extrajudicial, la incorporación de los ADR es verificada a través de la creación de instituciones que fomentan el diálogo como la Agencia de Sustentabilidad y Cambio Climático de Chile (adelante, ASCC), cuyo propósito es fomentar la producción sustentable y la mitigación y adaptación al cambio climático en las empresas a través del diálogo y cooperación público-privada[234]. La ASCC ha implementado Acuerdos Voluntarios de Pre-Inversión (AVP), acción que representa la incorporación de los ADR en materia ambiental.

En Argentina, podemos citar los procesos colaborativos que son adoptados, por ejemplo, en foros participativos y en la planificación colaborativa. ROBLEDO señala que en la Planificación Colaborativa se han efectuado diversas intervenciones, principalmente en el ámbito medioambiental, con resultados muy interesantes, como, por ejemplo, el conflicto socio ambiental «Araucarias» en la provincia de Misiones y la intervención en la planificación estratégica de la Ciudad de Buenos Aires[235].

En Brasil, como ya hemos comentado, el Decreto Federal n. 9.760, de 11 de abril de 2019 insertó la conciliación en el procedimiento administrativo sancionador ambiental en el ámbito de la AP federal. La conciliación prevista en este decreto no avanzaba en el mérito de proceso y estaba restricta al ofrecimiento de las soluciones de resolución del proceso previstas en la ley. Además, no hubo inversión en la estructura administrativa del órgano responsable por dichos procedimientos. Por lo tanto, la conciliación solamente generó un retraso en los procedimientos sancionatorios. En 2023, el Decreto federal n.º 11.373, de 1.º de enero, revocó las disposiciones del Decreto federal n. 6.514, de 22 de julio de 2008, referentes a la conciliación. Este cambio por un lado ha producido un cambio en el desarrollo de los procesos sancionatorios, pero se ha perdido la oportunidad de incentivo a la consensualidad, a través de los medios adecuados de resolución de conflictos.

También podemos citar los TAC, que son, como hemos visto, mecanismos consensuales de solución de conflictos, pero con una aplicación muy limitada una vez que la negociación es llevada a cabo por los órganos públicos legitimados para las acciones colectivas, como también la negociación se restringe a los aspectos formales o secundarios de cumplimiento de la obligación[236].

En España podemos citar la previsión del artículo 37 de la Ley 22/2011, de 28 de julio, de residuos y suelos contaminados, que permite la reparación de suelos contaminados en la vía convencional. Aunque dicha ley no se

---

234 Para más información sobre la ASCC y los AVP véase: https://www.ascc.cl/. [en línea] [consulta: 01 diciembre 2021].

235 *Cfr.* ROBLEDO, M. J. «De la percepción social del riesgo a los conflictos ambientales», en DROMI, R. (Dir.). *Tutela Ambiental*. Buenos Aires–Madrid. Editorial Ciudad Argentina, 2003, p. 85.

236 *Vid.* COSTA MOREIRA, R. M. (2021). *Op. cit.*, p. 148.

refiera a los ADR, sino a los convenios de cooperación, la apertura de la vía convencional para la reparación del daño ambiental representa un avance importante para la ampliación del acceso a la justicia ambiental. Por dicha ley, los convenios de colaboración podrán establecer incentivos económicos direccionados a la financiación de los costes de limpieza y recuperación de suelos contaminados. Este mecanismo contribuye de manera efectiva para la reparación del daño ambiental, una vez que la irreversibilidad del daño podrá ser evitada debido a la celeridad en la adopción de medidas de limpieza y recuperación de los suelos contaminados.

Con efecto, los ADR representan un camino idóneo a la apertura del acceso a la justicia ambiental, sobre todo en el ámbito extrajudicial. Las experiencias registradas en este apartado demuestran la viabilidad de la adopción de dichos mecanismos para la resolución de conflictos medioambientales. Sin embargo, para que se tenga eficacia es necesaria la institucionalización y/o normalización de los procedimientos y protocolos propios para esta categoría de disputa.

6. Ventajas y obstáculos de aplicación de los adr en materia medioambiental

El conflicto ambiental, como hemos visto en los apartados anteriores, está enmarcado por la complejidad, ya que son disputas con múltiples partes, con fuerte contenido interdisciplinar y con repercusiones en los ámbitos público y privado. Además, las cuestiones relacionadas al medio ambiente reclaman respuestas céleres, que muchas veces no es posible con la solución adjudicada. Significa decir que el conflicto ambiental exige estrategias propias, que permitan la participación de los distintos actores para la solución y/o gestión del conflicto. Por ello, ERNANDORENA y SORIANO-SIERRA sostienen que para esta categoría de conflicto son necesarias herramientas idóneas a la participación efectiva de los actores sociales, que posibiliten la concientización de que la solución está en las manos de los propios implicados en el conflicto[237].

En este escenario, la utilización de los ADR para la solución de conflictos ambientales se muestra oportuna, ya que favorecen una mayor amplitud en la discusión de las soluciones con la posibilidad de participación efectiva de los implicados.

Primero, los procedimientos en mecanismos de ADR son más simples y flexibles, por tanto, más adherentes a la resolución de los conflictos ambientales. Esta flexibilidad permite la mutación de los ajustes con el decurso del

237 *Cfr*. ERNANDORENA, P.R; SORIANO-SIERRA, E. J. *A mediação na tutela coletiva apoiada pela gestão do conhecimento: Emancipação de Steakeholders a partir do Gerenciamento de Conflitos Socioambientais (Contribuições para a Democracia Distribuída).* Rio de Janeiro: Lumen Juris, 2016, p. 45.

tiempo, de manera que el acuerdo se muestre eficaz frente los cambios de la vida. Además, como bien advierte STEWART DIAZ el «*formalismo excesivo resulta peligroso en materias ambientales, que requieren de una tutela rápida y que atienda su complejidad*»[238]. La flexibilidad de los procedimientos de ADR también facilita la participación de múltiples partes, una vez que la rigidez procedimental del proceso judicial no es aplicable a dichos procedimientos y con esto es posible ampliar el acceso a la justicia ambiental.

Segundo, los ADR permiten la interdisciplinaridad para la construcción de su solución. Los conflictos ambientales conllevan cuestiones de distintas ramas del conocimiento, lo que no es alcanzado por la decisión adjudicada, que posé límites más justos. Por ello, SÁNCHEZ SÁEZ destaca que la complejidad del conflicto ambiental «*no se compadece demasiado bien con la justicia ordinaria, y ha encontrado en los especialistas y expertos de la mediación o del arbitraje a las personas idóneas para conocer y resolver asuntos demasiados técnicos para los jueces*»[239].

Tercero, la celeridad del procedimiento, generada por su flexibilidad, conlleva a la reducción de los costos. Como hemos visto, en los apartados anteriores, los costos del proceso judicial constituyen uno de los limitantes del acceso a la justicia ambiental. SÁNCHEZ SÁEZ también señala que la celeridad es la esencia de la solución de los conflictos ambientales, una vez que la reversibilidad del daño ambiental depende en gran medida de la prontitud de la respuesta[240].

Cuarto, la pluralidad que puede ser alcanzada por los ADR es esencial a la efectiva solución de los conflictos ambientales o por lo menos facilita la gestión de estos conflictos. La solución adjudicada impone límites muy restrictos a esta participación, una vez que el proceso, por regla general, fue concebido para el examen de cuestiones individuales. La tutela colectiva, aunque presente en el sistema procesal de algunos países, ni siempre consigue atender eficazmente a los conflictos que transcienden la naturaleza individual[241]. Además, la filosofía del «*winner-looser*» es poco efectiva para los conflictos ambientales ya que son disputas plurales cuya solución tiene que ser plural para que produzca efectos positivos.

Quinto, los mecanismos de ADR, de una manera general, buscan no sólo la solución del conflicto, sino también su gestión. Por ello, dichas técnicas

---

238 *Cfr.* STEWART DIAZ, K. *Visión crítica del uso de ADR en conflictos socioambientales*. [en línea]. Santiago: Universidad de Chile-Facultad de Derecho, 2021, p. 75. [consulta: 24 noviembre 2021]. Disponible en https://repositorio.uchile.cl/handle/2250/182296.

239 *Cfr.* SÁNCHEZ SÁEZ, J. A. (2003). *Op. cit.*, p. 322.

240 *Ibid.*, p. 323.

241 *Cfr.* MOESSA DE SOUZA, L. *Mediação de Conflitos Coletivos: Aplicação dos meios consensuais à solução de controvérsias que envolvem políticas públicas de concretização de Direitos Fundamentais.* Belo Horizonte: Editora Fórum, 2012.

suelen facilitar la apertura de comunicación entre las partes, el cambio de informaciones y la colaboración para la construcción de una solución basada en la idea del «*win-win*». Por tanto, los mecanismos de ADR poseen más espacio para desarrollar la perspectiva preventiva del conflicto. Este es el sentido de la STS de 19 de enero de 2012 (RJ 2012\307) que dispone que «*la mediación como modalidad alternativa de resolución de conflictos, llega a soluciones menos traumáticas que la judicial que dicta sentencia interpretando y aplicando correctamente la norma jurídica, resultando un vencedor y un vencido, cuando los temas jurídicos tienen o pueden tener un trasfondo humano, al que si llega el instituto de la mediación*».

Sexto, los conflictos ambientales son, de una manera general, intertemporales e intergeneracionales, es decir, sus consecuencias alcanzan distintos puntos del tiempo. En este tipo de circunstancia la solución consensual se muestra más adecuada que la decisión adjudicada, debido a su flexibilidad que permite ajustes al acuerdo para la adecuación de la solución en el decurso del tiempo. Por ello, BELLOSO MARTÍN, al comentar sobre la aplicación de la mediación para la gestión de conflictos ambientales, destaca que este mecanismo consensual «*permite gestionar conflictos ofreciendo una solución rápida, pero con vistas a una proyección de futuro*»[242].

Séptimo, la incertidumbre que permea las cuestiones medioambientales también es un factor que milita en favor de los ADR. Hemos visto que el principio de precaución, uno de los principios claves del Estado de Derecho Ambiental, se funda exactamente en la incertidumbre científica sobre los peligros y las consecuencias de actividades humanas potencialmente causadoras de deterioro ambiental. Frente a dicha circunstancia la solución adjudicada puede revelarse absolutamente ineficaz para la protección del medio ambiente, como también puede inviabilizar el desarrollo social y/o económico. Por ello, COSTA MOREIRA plantea que el procedimiento consensual admite soluciones creativas direccionadas a las peculiaridades y exigencias técnicas y científicas de cada situación específica, produciendo resultados para el futuro[243]. Además, no podemos olvidar que en la defensa del medio ambiente hay que buscar el equilibrio entre las tres dimensiones del desarrollo sostenible: económico, social, ambiental.

Octavo, los mecanismos de ADR se insertan en la metodología relacional de gestión pública, que implica en una nueva dinámica de relacionamiento entre las AA. PP. y los administrados[244]. La postura imperativa y unilateral ha

---

242 *Cfr*. BELLOSO MARTÍN, N. Un nuevo reto para las políticas públicas: posibilidades de una mediación ambiental sostenible. [en línea]. *Seminário Internacional de Mediação de Conflitos e Justiça Restaurativa,* Santa Cruz do Sul, 2013. [consulta: 09 enero 2022]. Disponible en: https://online.unisc.br/acadnet/anais/index.php/mediacao_e_jr/article/view/10876/1407.

243 *Cfr*. COSTA MOREIRA, R. M. (2021). *Op. cit*., pp. 151-152.

244 *Vid.* GONZÁLES DE LARA MINGO, S. ¿La mediación tiene encaje en el orden jurisdiccional contencioso-administrativo? *Actualidad Administrativa*, n.11, 2021.

perdido espacio para una conducción colaborativa y participativa, por la cual el administrado tiene la capacidad de influenciar los procedimientos de toma de decisión. La metodología relacional permite el incremento de la confianza de los administrados en las AA. PP., lo que no es posible en procedimientos adjudicados que están enmarcados por el carácter adversarial y la falta de confianza. Por tanto, los ADR componen esta nueva metodología de gobernanza basada en el diálogo y en la participación.

Nono, la descongestión del Poder Judicial proporcionada por la aplicación de los ADR también es un factor relevante, que debe ser considerado. Observamos que la inversión en tecnología y personal no es suficiente para minorar las cifras de congestión del Poder Judicial. Es necesario adoptar otras estrategias para reducir la cantidad de asuntos que llegan todos los días al Poder Judicial. La resolución adjudicada tiene que ser considerada cuando los otros mecanismos fracasan, sobre todo en disputas ambientales que poseen peculiaridades que difícilmente la decisión judicial puede atender eficazmente. En este escenario la resolución extrajudicial de conflictos ambientales podrá reducir la llegada de asuntos a los Tribunales, contribuyendo para la descongestión judicial.

Décimo, los ADR contribuyen para el fortalecimiento del ideal de justicia sostenible. La sostenibilidad de la justicia está directamente conectada con la ampliación del acceso a ella para todos en igualdad de condiciones. Como hemos visto en este capítulo, la sostenibilidad tiene un aspecto social relevante, en el sentido de garantizar a todos las mismas oportunidades y esto también se refleja en la justicia.

Por fin, no debemos comprender el acceso a la justicia como solamente el acceso a los órganos judiciales, sino como el acceso a un orden jurídico justo. Por ello, GONZÁLEZ MARTÍN destaca que el acceso a la justicia consiste en el derecho de reclamar protección de un derecho a través de mecanismos instruccionales, que también se incluyen los medios extrajudiciales de solución de conflictos[245]. URIBE SANTOS, por su vez, señala que «*el acceso a la justicia ambiental no es una forma distinta de acceso a la justicia, pues igualmente persigue la realización de un derecho, cual es el de obtener una respuesta satisfactoria a las «necesidades jurídicas ambientales», tendientes a conseguir que el Estado actúe para proteger el derecho fundamental de vivir en un ambiente sano y equilibrado*»[246]. Desde esta perspectiva, los ADR rompen la dinámica de la confrontación como también permiten una mayor participación de los distintos grupos sociales para la resolución de conflictos individuales y colectivos. Esto mismo sentido es empleado por GONZALO-

245 *Cfr*. GONZÁLEZ MARTÍN, N. *Un acercamiento al acceso a la justicia a través de la mediación como medio alterno de solución de conflictos. [en línea].* México. UNAM, 2014, p. 120. [consulta: 24 febrero 2022]. Disponible en: http://biblio.juridicas.unam.mx/libros/8/3541/7.pdf.

246 *Cfr*. URIBE SANTOS, G. (2012). *Op. cit*. p. 214.

QUIROGA que reflexiona que el acceso a la justicia implica «*no sólo la necesidad de garantizar el acceso a la justicia tradicional, por medio del acceso a los órganos jurisdiccionales estatales, sino, además, la urgencia de introducir, fomentar y asegurar las vías alternativas o extrajudiciales de acceso a la justicia que respondan de mejor modo y manera a las demandas de la sociedad actual*»[247].

Sin embargo, la utilización de los ADR para la solución de conflictos ambientales también presenta obstáculos, que deben ser analizados.

Como largamente evidenciado en este capítulo, los conflictos ambientales son enmarcados por una asimetría entre las partes, sea por la participación del Poder público o sea por la participación del Poder económico, que coloca los ciudadanos y las organizaciones de la sociedad civil de defensa del medio ambiente en una posición de inferioridad. No obstante, el equilibrio de las partes sea uno de los objetivos de estos mecanismos de solución extrajudiciales de solución de conflictos, obtenerla en la práctica es una tarea muy difícil en conflictos que implican una diversidad de intereses y posiciones de poder tan dispares. Por ello, BELLOSO MARTÍN destaca que «*la desigualdad de poder entre las partes de un conflicto en los casos en que una de las partes es la Administración es evidente. En algunos casos, más que meras disputas por impactos ambientales, los conflictos pueden ser de carácter político, cuya constitución y resolución dependen básicamente de la relación de fuerzas entre las partes o actores involucrados, y no sólo de factores técnicos o científicos*»[248].

Otra cuestión apuntada por algunos como obstáculo a la mediación medioambiental es la confidencialidad del procedimiento, que es un elemento presente en los mecanismos de ADR. Sin embargo, en cuestiones de interés general la confidencialidad debe ser mitigada debido al principio de transparencia que afecta la actuación estatal. Como bien explica MARQUES CEBOLA, en la mediación medioambiental la confidencialidad asume otros contornos[249]. Por ello, en algunos actos del procedimiento la confidencialidad debe ser preservada para la efectividad de la solución pactada. En otros actos, debido a los principios de isonomía y transparencia, la publicidad debe ser garantizada.

---

247 *Cfr*. GONZALO-QUIROGA, M. «Mediación y Cultura de Paz en los Objetivos de Desarrollo Sostenible 2030». *Polo del Conocimiento: Revista científico-profesional*, v. 6, n. 7, 2021, p. 95. Véase también: GUTIÉRREZ, J. L. U. *et al*. *Mediación y tutela judicial efectiva: La Justicia del siglo XXI*. Editorial Reus, 2019; y JUÁREZ, J. A. C.; MEZA, J. N. S.; VALENCIA, J. H. *El debido proceso: una aproximación desde la jurisprudencia latinoamericana*. México. Suprema Corte de Justicia de la Nación, 2014.

248 *Cfr*. BELLOSO MARTÍN, N. (2013). *Op. cit*. p. 08.

249 *Cfr*. MARQUES CEBOLA, C.; CASER, U.; VASCONCELOS, L. «A confidencialidade em mediação ambiental. A sua aplicação ao Projeto MARGov em Portugal». [en línea]. *La Trama – Revista interdisciplinaria de Mediación y Resolución de Conflictos*, n. 41, mayo/2014. [consulta: 24 noviember 2021]. Disponible en: https://www.researchgate.net/publication/272815340_A_confidencialidade_em_mediacao_ambiental_A_sua_aplicacao_ao_Projeto_MARGov_em_Portugal.

Tampoco podemos olvidar la cuestión de la autotutela administrativa que también afecta los conflictos ambientales que demandan una actuación administrativa. La autotutela administrativa representa uno de los mayores obstáculos a la solución consensual de los conflictos en que las AA. PP. estén implicadas. En la medida que las AA. PP. tienen la competencia para solventar unilateralmente determinadas situaciones conflictivas, la opción por la vía consensual es más difícil. Como bien señala HUERGO LORA, en el caso español, las AA. PP. no necesitan ir a los Tribunales para ejecutar sus propias decisiones y producir efectos a la esfera jurídica de los ciudadanos[250]. En estas circunstancias no existe interés por parte de las AA. PP. en ingresar en el campo consensual. En Brasil, no obstante, la autotutela administrativa tenga un ámbito más restricto, las AA. PP. tampoco demuestran interés en la vía consensual, una vez que la lentitud y las imperfecciones del proceso judicial muchas veces son consideradas como ventajas para las AA. PP. Las dos perspectivas son equivocadas, una vez que las AA. PP. deben buscar siempre el atendimiento del interés público de la manera menos gravosa para los administrados. Este es el sentido, incluso, de la buena administración, como bien aclara MENÉNDEZ SEBASTIÁN. Según la autora española, la buena administración es aquella que sirve adecuadamente al interés general, sin menoscabar los intereses particulares, eligiendo con equilibrio la mejor decisión[251].

Por lo tanto, la utilización de medios consensuales puede conllevar a una mejor solución para el conflicto y a una actuación aliñada a la buena administración, sobre todo en la perspectiva medioambiental, ya que la participación de los afectados es esencial para la efectividad de la protección del medio ambiente. Pero, hay que tener claro que se debe utilizar el método adecuado para cada conflicto, como bien advierte O'LEARY y SUMMERS RAINES[252].

Por fin, la indisponibilidad de los derechos e intereses medioambientales también es indicada como «el gran factor impeditivo» de aplicación de los ADR.

La indisponibilidad implica que el titular del derecho no puede por acto de voluntad transferir, alienar, extinguir o modificar dicho derecho. Sin embargo,

---

250 *Cfr.* HUERGO LORA, A. J. Los medios de resolución extrajudicial de conflictos en el Derecho Administrativo. *Revista de Derecho Administrativo*, n. 7, 2009, p. 107.

251 *Cfr.* MENÉNDEZ SEBASTIÁN, E. M. (2019). *Op. cit.* p. 109.

252 En la investigación sobre la actuación de la «*Environmental Protection Agency*»–*EPA,* O'LEARY y SUMMERS RAINES concluyen que «*ADR, however, is not a panacea. Not every case needs a mediator to be settled, and not all cases are amenable to ADR. Further, although it may be argued that ADR should not be institutionalized in a regulatory agency whose job is to enforce environmental laws, there will always be cases for which ADR is appropriate*». *Cfr.* O'LEARY, R. SUMMERS RAINES, S. Lessons learned from two decades of Alternative Dispute Resolution Programs and Processes at the U.S. Environmental Protection Agency, en *Public Administration Review*, november/december 2001, Vol. 61, n. 6, p. 691.

la jurisprudencia brasileña, por ejemplo, ya ha reconocido que la indisponibilidad no es absoluta[253], es posible la transacción de derechos indisponibles, como el derecho a los alimentos, la disposición gratuita de órganos y partes del cuerpo en vida o post mortem para trasplante o la cesión del derecho de imagen para fines de publicidad. Además, en el derecho penal, la transacción integra la noción de justicia restaurativa y constituye un avanzo para el alcance de la tutela judicial efectiva.

En este escenario, ¿porque la indisponibilidad sería un obstáculo a la solución de conflictos ambientales?

Es cierto que las normas ambientales tienen como finalidad garantizar la protección del medio ambiente y por ello transaccionar puede parecer una contradicción. En el REsp 299.400/RJ, el STJ explica en su sentencia que no obstante los derechos difusos, en general, no sean susceptibles de transacción, en la hipótesis de derechos difusos que generen obligaciones de hacer o no hacer, se debe buscar, cuando no sea posible regresar al *status quo ante*, la mejor solución en la composición del daño. Esta es una conclusión que se extrae de los principios del Estado Ambiental de Derecho, en especial de los principios de prevención y solidaridad intergeneracional. Por tanto, la indisponibilidad de derechos en el ámbito ambiental es relativa, una vez que siempre debemos buscar la solución que mejor garantice la protección del medio ambiente. El STF, en el RE 253.885/MG, adopta una posición similar, en la medida que sostiene que hay casos en que el principio de indisponibilidad del interés público debe ser mitigado, sobre todo cuando se tiene una solución que mejor atiende a este interés.

Además, como bien señala Bessa Antunes, las cuestiones ambientales son esencialmente negociables, una vez que las intervenciones en el medio ambiente implican en la elección entre distintas posibilidades, por lo tanto, manifiestan decisiones de naturaleza mayoritariamente discrecional[254]. Milaré, por su vez, señala la indeclinable necesidad de relectura del principio de indisponibilidad, de manera que sea posible acomodar perspectivas basadas en la consensualidad[255].

Como hemos visto, la tutela ambiental evoluciona para la aplicación de soluciones pactadas para los conflictos. Un ejemplo de esto es la negociación conducida por la *Advocacia Geral da União* (adelante, AGU) para la reparación de los daños generados por el rompimiento de la presa de la ciudad

253 *Vid.* Brasil. STF. HC 93250/MS. Ministro Relator Ellen Gracie. Dje 27.06.2008.

254 *Cfr*. Bessa Antunes, P. D. (2021). *Op. Cit.*, p. 64. En sentido opuesto, véase: Ryan, M. «Alternative Dispute Resolution in Environmental cases: friend or foe?», en *Tulane Environmental Law Journal*. Vol. 10, n. 2 (SUMMER 1997), pp. 397-414.

255 *Cfr*. Milaré, E. *Direito do Ambiente*. 12.ª Edición. São Paulo: Thomson Reuters Brasil, 2020, p. 467.

de Mariana, en Minas Gerais, ocurrido en 2015[256]. El acuerdo prevé el pago al poder público de 132 (ciento y treinta y dos) billones de reales por las empresas de minería implicadas en la mayor catástrofe ambiental del país. Con estos recursos la Unión y los Estados afectados (Minas Gerais y Espirito Santo) deberán implementar medidas de reparación social y ambiental. Además, las empresas van a direccionar otros 32 (treinta y dos) billones de reales para la reparación e indemnizaciones a las personas afectadas. Otro punto extremamente importante en esta negociación es la destinación de parte de estos recursos (alrededor de cinco billones de reales) para el Fondo Popular de la Bacía del Río Doce, en que las comunidades afectadas podrán decidir sobre su utilización. Esta es una negociación que lanza un precedente importante en la gestión de los conflictos ambientales.

No podemos olvidar que los ordenamientos jurídicos brasileño y español ya poseen instrumentos que facilitan este cambio de paradigma. En Brasil, tenemos como ejemplo el TAC; en España, la Ley 27/2006, de 18 de julio, por la cual la participación ciudadana en los procesos administrativos de toma de decisión en materia ambiental constituye uno de los pilares para la adecuada protección del medio ambiente y la Ley 22/2011, de 28 de julio, de residuos y suelos contaminados, que posibilita la reparación de suelos contaminados en la vía convencional [257].

Aunque se reconozca dificultades para la implementación de los ADR para la solución de conflictos medioambientales, estos obstáculos no son insuperables. La experiencia extranjera ha demostrado que la aplicación de los ADR en el ámbito medioambiental es posible y se puede producir buenos resultados[258]. Por tanto, hay que adaptar los mecanismos de ADR a la realidad del conflicto medioambiental, ampliando y efectivando el acceso a la justicia medioambiental.

---

256 *Vid.* Lima, K; Mazui, G; «Barragem de Mariana: mineradoras e governos firmam novo acordo de R$ 170 bilhões para reparar danos». *Portal G1. 2024.* [en línea]. Disponible en https://g1.globo.com/politica/noticia/2024/10/25/mineradoras-e-governos-firmam-novo-acordo-mariana.ghtml. [consulta 28 octubre 2024].

257 Tampoco podemos olvidar de la posibilidad de terminación convencional del procedimiento administrativo y de sustitución de los recursos administrativos por medidas pactadas, en la forma prevista en la Ley 39/2015, de 1 de octubre, no obstante, la necesidad de desarrollo legislativo específico para la tutela ambiental. Sobre el tema véase: Escuin Palop, V. «Régimen General de los Recursos Administrativos», en Gamero Casado, E. (Dir.). *Tratado de Procedimiento Administrativo Común Y Régimen Jurídico Básico del Sector Público.* Tomo II. Valencia: Tirant lo Blanch, 2017, pp. 2371–2423; Tornos Mas, J. «Medios complementarios a la resolución jurisdiccional de los conflictos administrativos», en *Revista de Administración Pública*, N. 136, enero-abril 1995, ISSN 0034-7639, pp. 149–170; y Sánchez Móron, M. *Derecho Administrativo – Parte General.* Decimoquinta Edición. Madrid: Editorial Tecnos, 2019; Iglesias Sevillano, H. «La mediación en los recursos administrativos», en Cabrera Mercato, R. (Dir.); Quesada López, P. M. (Coord.). *La mediación como método para la resolución de conflictos*. Madrid. Editorial Dykinson, 2017, pp. 347-362.

258 Sobre la experiencia extranjera en la aplicación de ADR en el contexto medioambiental véase el epígrafe 3 de este capítulo: ADR para disputas medioambientales: experiencias en el mundo.

7. Mediación colectiva: un nuevo abordaje para la solución de disputas medioambientales

Los conflictos de la contemporaneidad son dotados de gran complejidad y urgencia, de manera que los mecanismos extrajudiciales de solución se muestran más adecuados y adaptados a dichas urgencias. Además, la masificación social, propia de la época que vivimos, genera conflictos de naturaleza transindividual que exigen un tratamiento más adecuado a este tipo de problemática. En este escenario, la mediación colectiva puede ser una de estas herramientas pacificación social y prevención de disputas transindividuales.

Según Moessa de Souza, la mediación sería un instrumento idóneo para la solución de disputas colectivas debido a su potencial generador del dialogo que facilita aclarar intereses convergentes y divergentes, como también su capacidad de construcción de soluciones por todos los implicados, generando más comprometimiento con su implementación[259].

En los conflictos colectivos es necesario facilitar la participación a las partes implicadas en su resolución, que puede ser efectivada a través de la mediación. Por ello, Innes y Booher señalan que la participación para la solución de disputas colectivas tiene que ser colaborativa, con base en el dialogo e interactuación para la anticipación y definición de acciones futuras[260].

En Brasil, por ejemplo, la Ley Federal n. 13.140, de 26 de junio de 2015, ha previsto, expresamente, la posibilidad de mediación colectiva para solución de conflictos relacionados a la prestación de servicios públicos. No obstante, el avance en la previsión de la mediación colectiva, el legislador brasileño solamente hace referencia a los conflictos relacionados a la prestación de servicio público sin desarrollar ningún aspecto relacionado al procedimiento u otros peculiares a un conflicto colectivo o difuso. El Código Procesal Civil, por su vez, solamente ha dispuesto sobre el procedimiento para los conflictos individuales, sin avanzar sobre conflictos colectivos o difusos[261].

---

259 *Cfr*. Moessa De Souza, L. *Mediação de Conflitos Coletivos: Aplicação dos meios consensuais à solução de controvérsias que envolvem políticas públicas de concretização de Direitos Fundamentais.* Belo Horizonte: Editora Fórum, 2012, p. 99.

260 *Cfr*. Innes, J. E.; Booher, D. E. «Reframing Public Participation: Strategies for the 21st Century». [en línea]. *UC Berkeley: Institute of Urban and Regional Development*, 2005, p. 421. [consulta: 14.07.2021]. Disponible en: https://escholarship.org/uc/item/4gr9b2v5.

261 En 2003, la Ministra del Medio ambiente, Marina Silva, llegó a anunciar la intención del gobierno de crear la Cámara de Mediación de conflictos ambientales en el ámbito de la AGU. Según la ministra la cámara sería un espacio con total exención para analizar los intereses de la sociedad, del Estado, como también los intereses específicos de quien se sintiera perjudicado. Sin embargo, estas cámaras jamás han sido creadas. Noticia disponible en: https://acervo.socioambiental.org/acervo/noticias/marina-mantem-pressao-contra-parecer-de-rebelo. [consulta: 27 octubre 2024].

Por lo tanto, sea en Brasil o España, es necesaria una norma que regule la utilización de medios consensuales de solución de conflictos colectivos y difusos, en especial la mediación. Esta norma tendrá que avanzar en algunos puntos como las partes del procedimiento, los límites y la gestión del acuerdo, la forma de participación de los afectados, los límites de la confidencialidad y transparencia, posibilidad de derivación de los procedimientos administrativos, en especial de las consultas previas.

Sobre este último punto, tenemos que subrayar la posibilidad de derivación en las consultas previas y la necesidad de mecanismos de gestión del acuerdo.

Según GAVRONSKY, la consulta previa es un «*acto público de carácter consultivo, regido por la oralidad y abierto a la población interesada en un determinado asunto de relevancia colectiva, destinado a garantizar la transparencia y participación de la población en la decisión, aumentando su legitimidad y acercándose más de la realidad y de las necesidades que informan la cuestión*»[262] *(traducción propia).* En Brasil, las consultas previas son previstas en los procedimientos de licencia ambiental, la gestión de las ciudades, la construcción de los presupuestos públicos y por el Poder Judicial en cuestiones que tocan los derechos difusos[263]. Por tanto, las consultas previas son importantes instrumentos de transparencia y participación ciudadana en los procesos de toma de decisión del poder público.

Sin embargo, como bien apunta ERNANDORENA y SORIANO-SIERRA, las consultas previas en Brasil no son dotadas de criterios que les den certeza y eficacia jurídica a sus deliberaciones[264]. Significa decir que las consultas previas tienen baja efectividad, constituyendo más una etapa formal en los procedimientos administrativos y legislativos. Por ello, la derivación en mediación sería un camino hacia a la efectividad de estos instrumentos de transparencia y participación de la sociedad.

La gestión del acuerdo en los conflictos ambientales es otro punto que merece atención. Como hemos dicho, una de las peculiaridades del conflicto ambiental es su transcendencia al presente, generando repercusiones en el futuro. Por lo tanto, es necesario crear mecanismos eficaces de gestión del acuerdo para que siempre que pase cambios en la realidad sea posible repactar para garantizar la prevención y reparación del daño ambiental.

---

262 *Cfr*. GAVRONSKY, A.A. *Técnicas extraprocessuais de tutela coletiva: a efetividade da tutela coletiva fora do processo judicial.* São Paulo. Editora Revista dos Tribunais, 2010, p. 329.

263 Véase: Ley complementar n. 101, de 04 de mayo de 2000 (art. 9.°, §4.°); Resolución CONAMA n. 001/86, de 23 de enero de 1986 (art. 11, §2.°); Resolución CONAMA n. 009/87, de 03 de diciembre de 1987 (art.2.°); Decreto n. 5.591, de 22 de noviembre de 2005 (art. 43); Ley Federal n. 10.257, de 10 de julio de 2001 (art. 2°, XIII; art.40, §4.°, I; art. 43); CFB/1988 (art. 58, §2.°, II); Ley Federal n. 9.868, de 10 de noviembre de 1999(art. 9.°, §1.°); Ley Federal n. 8.625, de 12 de febrero de 1993 (art. 27, IV); Ley Federal n. 9.427, de 26 de diciembre de 1996 (art. 4.°,§3.°); y Ley Federal n. 9.478, de 06 de agosto de 1997 (art. 19).

264 *Cfr*. ERNANDORENA, P.R; SORIANO-SIERRA, E. J. (2016). *Op. cit.*, pp. 215-216.

En una sociedad compleja y masificada, el Estado tiene que adoptar estrategias más colaborativas y plurales para obtener resultados más efectivos. Entonces, el desarrollo de la mediación colectiva es vital para este cambio de paradigma ya vivenciado por las estructuras gubernamentales.

8. Las nuevas tecnologías y las disputas medioambientales

En el epígrafe anterior, hemos visto que los ADR constituyen un camino idóneo para la resolución de conflictos ambientales. Esto porque son herramientas que permiten la participación ciudadana, amplían el diálogo entre en las AA. PP. y los administrados, posibilitan la reducción de los costos de la resolución del conflicto, están lineados a la gobernanza relacional, además de permitir soluciones más flexibles y ajustadas a conflictos de naturaleza intertemporales e intergeneracionales.

En el contexto de la globalización y de las nuevas tecnologías de la información y comunicación[265], que mueven la sociedad contemporánea, urge examinar la posibilidad de utilización de los ODR para la solución de conflictos medioambientales.

Para abordar este tema, es necesario abordar, aunque sumariamente, de lo que se ha denominado de democracia digital.

Según DAHLGREN «*la democracia no es un fenómeno estático y universal; su carácter específico varía en función de diversas variables circunstancias. Su vitalidad, funcionalidad y supervivencia no pueden darse por sentadas*»[266]. Es decir que las transformaciones del mundo contemporáneo generan impacto en la comprensión y en la práctica de la democracia. Examinando la influencia de las nuevas tecnologías en la democracia, PÉREZ LUÑO plantea que las nuevas tecnologías posibilitan otras formas de participación política, que pueden simplemente reforzar la democracia representativa parlamentaria como también generar una participación real y efectiva de los ciudadanos en los procesos de toma de decisiones[267].

En este contexto, la democracia digital genera la renovación de la democracia a través de la utilización de las tecnologías para ofrecer nuevas oportu-

265 Sobre el tema véase: PADRÓN, J.J. «Resolución de conflictos en las nuevas tecnologías», en DAVARA RODRÍGUEZ, M.A. (Coord.). *XVII Encuentros sobre Informática y Derecho*, 2002-2003, Madrid: Universidad Pontificia Comillas, 2003, pp. 117-122. Véase también: GARCÍA DEL POYO, R. La mediación electrónica. *Revista Jurídica de Castilla y León - Dedicado a: arbitraje y mediación: Problemas actuales, retos y oportunidades*, n. 19, 2013.

266 *Cfr*. DAHLGREN, P. «Mejorar la participación: la democracia y el cambiante entorno de la web», en CHAMPEAU, Serge; INNERARITY, Daniel (comps.), *Internet y el futuro de la democracia*. Barcelona. Paidós, Serie Estado y Sociedad. 2012. p. 46-47.

267 *Cfr*. PÉREZ LUÑO, A. E. ¿Ciberciudadani@ o Ciudadania.com? Barcelona: Gedisa, 2004, p. 72.

nidades de participación a los ciudadanos, lo que incluye el acceso facilitado a la información, la presentación de opiniones y reclamaciones relacionadas a los temas de interés colectivo, como también la participación en los procesos de toma de decisión[268]. Sin embargo, la democracia digital o e-democracia no significa suplantar las tradicionales formas de participación democrática, sino ampliar el acceso del ciudadano a la experiencia democrática. Por ello, SÁNCHEZ BRAVO subraya las personas no son forzadas a ajustarse a las nuevas tecnologías, en realidad las nuevas tecnologías que deben adaptarse a las necesidades humanas[269].

Observamos que las AA. PP. han incorporado las nuevas tecnologías para la realización de sus rutinas y su adecuación al modelo de gobernanza relacional, permitiendo la creación de espacios de debate y trabajo común con los ciudadanos. Por ello, las prácticas consensuales y las nuevas tecnologías son parte del actual instrumental administrativo. Luego, los ODR pasan a integrar los instrumentos de participación ciudadana en el marco de la democracia digital.

Cabe destacar la iniciativa de la AGU que estableció, a través de la Ordenanza Normativa AGU N° 144, del 1 de julio de 2024, la Plataforma de Autocomposición Inmediata y Definitiva de Conflictos Administrativos - PACIFICA. Esta plataforma está destinada a la autocomposición para la celebración de acuerdos extrajudiciales en casos de conflictos individuales de baja complejidad y gran volumen, mediante el uso intensivo de automatización y recursos tecnológicos.

De acuerdo con el citado ordenamiento normativo, el sitio web de PACIFICA debe: I - permitir la presentación y tramitación de casos cuya materia contenciosa esté prevista en los protocolos para uso de la Procuraduría General Federal o de la Procuraduría General de la Unión, en los términos del art. 3°; II - adoptar herramientas de transparencia con informaciones claras y precisas sobre el procedimiento de negociación y sus respectivos plazos y términos; III - garantizar la seguridad de la información, incluyendo la protección de los datos personales, la autenticación de los usuarios y la confiabilidad de los datos utilizados; IV - garantizar el cumplimiento de las normas aplicables a los servicios públicos digitales; V - permitir la integración con otros sistemas utilizados por el Ministerio Público, optimizando el

---

268 *Cfr*. SANTOS SILVA, R.F. «E-democracia: Participación ciudadana y nuevas tecnologías para la solución de los conflictos ambientales» [en línea]. *III Congreso Internacional Move. Net sobre Movimientos Sociales y TIC.* Sevilla. Grupo Interdisciplinario de Estudios en Comunicación, Política y Cambio Social de la Universidad de Sevilla (COSMOPOLÍTICAS), 2020. p. 204. [consulta: 17 abril 2021]. Disponible en: https://idus.us.es/handle/11441/98150. Véase también: KAKABADSE, A.; KAKABADSE, N. K.; KOUZMIN, A. ¿Reinventing the Democratic Governance Project through Information Technology? A Growing Agenda for Debate. *Public Administration Review*, Washington, v. 63, n. 1, p. 44-60, jan. /feb. 2003.

269 *Cfr*. SÁNCHEZ BRAVO, A. «Sociedad tecnológica e implicaciones ciudadanas», en GARRIGA DOMÍNGUEZ, A.; SÁNCHEZ BRAVO, A. (editores). *Derechos humanos, protección medioambiental y nuevos retos sociales*. Madrid: Dykinson, 2015, pp. 223-240.

flujo de informaciones y procesos; VI - adoptar un lenguaje sencillo; VII - ser de fácil navegación, con una interfaz intuitiva, amigable y adaptada para el uso de personas con diferentes niveles de conocimiento tecnológico; VIII - permitir la comunicación asincrónica y en línea entre las partes para la negociación extrajudicial; IX - habilitar la generación de términos de acuerdos extrajudiciales; X - facilitar la adopción de mecanismos de seguimiento y evaluación de la plataforma, incluso mediante la generación de informes y estadísticas de uso.

Por lo tanto, no hay dudas que los mecanismos de resolución de conflictos en línea tienen el potencial de fortalecer la democracia, en la medida que facilita la participación del ciudadano en los procesos de toma de decisión a través de la tecnología. Por medio de las ODR es posible reducir las distancias, simplificar los procedimientos, facilitar el diálogo con los colectivos afectados y ofrecer una oportunidad de efectiva participación de la ciudadanía en la construcción, desarrollo y control de las políticas públicas[270].

Las disputas medioambientales, como hemos esclarecido en este capítulo, exigen celeridad en la respuesta, bajo pena de irreversibilidad del deterioro ambiental. Por ello, los mecanismos de solución de conflictos medioambientales tienen de ser capaces de reaccionar rápidamente, adoptando procedimientos simples, flexibles y adecuados a las peculiaridades del conflicto ambiental.

No podemos olvidar que el conflicto ambiental, de manera general, exige amplio debate, con la participación efectiva de los afectados[271]. Por ello, DA SILVA JÚNIOR señala que el derecho ambiental es impactado por esta perspectiva de democracia que esta direccionada a la ampliación de los espacios públicos de discursivos[272]. Además, según dicho autor, la efectividad del derecho al medio ambiente ecológicamente equilibrado se vincula a la búsqueda de una solución basada en la discusión amplia por todos los implicados[273]. Este también es el sentido de la Declaración de Río (1992) que dispone que «*el mejor modo de tratar las cuestiones ambientales es con la participación de todos los ciudadanos interesados, en el nivel que corresponda. (...) los Estados deberán facilitar y fomentar la sensibilización y la participación de la población poniendo la información a la disposición de todos*».

Los conflictos ambientales de naturaleza difusa, en general, implican largas distancias (distintos municipios, regiones o países), de manera que los

---

270 *Cfr*. SANTOS SILVA, R. F. (2020). *Op. cit*., p. 206.

271 *Cfr*. LUNELLI, C. A.; MERAZ CASTILLO, A. «Jurisdicción y medios alternativos de resolución de conflictos: una opción para las cuestiones ambientales». [en línea]. *Opinión jurídica*, Medellín, v. 13 n. 26, p. 17-32, Dec. 2014. [consulta: 02 enero 2022]. Disponible en: <http://www.scielo.org.co/scielo.php?script=sci_arttext&pid=S1692253020140002000028&lng=en&nrm=iso>.

272 *Cfr*. DA SILVA JÚNIOR, S. R. (2019). *Op. cit*., p. 239.

273 *Ibid.*,p. 241.

ODR pueden auxiliar en la participación y en el debate entre los implicados. El potencial de reducción de las distancias físicas es, seguramente, una ventaja de los ODR y contribuye para una mejor gestión del conflicto, una vez que es posible utilizar herramientas síncronas y asíncronas.

Por tanto, los ODR surgen como una alternativa célere y eficaz a la solución de disputas ambientales, hábiles a la construcción de una atmosfera de pluralismo y democracia. Además de reducir las distancias físicas, los métodos de resolución de conflictos en línea simplifican los procedimientos, permiten la participación individual y colectiva de los afectados, como también crean un espacio colaborativo de debate y construcción de políticas públicas, posibilitando el ingreso de personas y grupos que están alejados del debate político. Por ello, OLIVEIRA PIMENTEL señala que la mediación online, por ejemplo, puede asumir un rol practico relevante para los conflictos que involucran derechos difusos, una vez que las herramientas tecnológicas facilitan la participación de los interesados y la colaboración de equipos técnicos multidisciplinares necesarias al análisis y debate de temas complejos[274]. Sin embargo, es necesario que el método de solución de disputas garantice la manifestación de las distintas perspectivas de manera que al final sea posible producir una decisión que proteja los múltiples intereses.

Según, el informe sobre el Desarrollo Mundial de 2016 del Banco Mundial, en los países en desarrollo hay más hogares que poseen teléfono móvil que los que tienen acceso a la electricidad o agua limpia[275]. Dicha circunstancia revela la capilaridad de los recursos digitales y su poder de alcance social, de manera que su utilización para la resolución de disputas ambientales es algo que no puede ser desconsiderado. Además, estos mecanismos digitales, con aplicaciones utilizables desde teléfonos móviles, permiten la interacción sencilla, una vez que las interfaces son, en general, amigables e intuitiva, permitiendo que gente sin muchas competencias digitales puedan utilizarlos fácilmente. No obstante, la brecha digital constituye factor de riesgo para la utilización de estas nuevas tecnologías para la solución de conflictos ambientales.

La OCDE, en el Informe «Gobierno Abierto: Fomentar el diálogo con la Sociedad Civil» (2003) señala el potencial de las herramientas de tecnología de la información y comunicación para fomentar una mayor implicación de los ciudadanos en los procesos democráticos, pero también destaca la necesidad de mitigar la exclusión digital. Esta también es una preocupación de BELANDO GARÍN cuando afirma que «*junto a la inteligencia artificial, se une la brecha digital, expuesta claramente con el COVID-19, donde ante la obliga-*

---

274 *Cfr.* OLIVEIRA PIMENTEL, R.L.D. *Negociação e Mediação de Conflitos Difusos e Coletivos.* Belo Horizonte: Editora Del Rey, 2022, pp. 115-116.

275 *Cfr.* BANCO MUNDIAL. «Informe sobre el desarrollo mundial 2016: Dividendos Digitales–Panorama General». [en línea]. *Washington: Banco Mundial. [*consulta: 13 junio 2019]. Disponible en: http://documents.worldbank.org/curated/pt/658821468186546535/Informe-sobre-el-desarrollo-mundial-2016-dividendos-digitales-panorama-general.

ción del confinamiento, la necesidad de acceder a productos digitales no ha ido acompañada en ocasiones de las habilidades y competencias para conseguirlos. A ello se unía, la incapacidad de la Administración en ocasiones para prestar servicios digitales con la consiguiente ruptura de la igualdad social»[276].

Para combatir la brecha digital no es suficiente facilitar el acceso a la internet a la gente, hay que proveer las competencias digitales. En esto contexto, promover la inclusión digital significa fortalecer la democracia y la ciudadanía. Por ello, López López y Samek señalan que la inclusión digital es un punto vital de la justicia social y de los derechos humanos en la actualidad, generando nuevos espacios de tolerancia, comprensión y diálogo[277].

Aquí también es importante abordar la influencia de la Inteligencia Artificial en los ODR. Los ODR están entrando en una nueva fase, mediante la incorporación de la Inteligencia Artificial, transformando sus técnicas tradicionales. La integración de la IA a los ODR ofrece oportunidades para hacer que estos procesos sean más eficaces, accesibles y justos. Sin embargo, la introducción de la IA en estos procedimientos trae consigo importantes desafíos como la necesidad de garantizar la transparencia, la ética y la protección de los derechos de las partes involucradas, así como la correcta implementación y supervisión de estas tecnologías, como bien destaca García Villaluenga y Vázquez de Castro[278] 275 . Tampoco podemos olvidar que el Reglamento Europeo sobre Inteligencia Artificial (Reglamento (UE) 2024/1689 del Parlamento Europeo y del Consejo, de 13 de junio de 2024, por ejemplo, incluye varias disposiciones relacionadas con la resolución extrajudicial de conflictos, por tanto, susceptibles de aplicación en los ODR[279].

Además, en la aplicación de los ODR para la resolución de conflictos ambientales con la participación de las AA. PP., hay que garantizar un «proceso justo tecnológico», con la presencia de las garantías públicas exigidas para el procedimiento administrativo. Por tanto, en la resolución de conflictos ambientales a través de recursos tecnológicos, las garantías de transparencia, motivación y legitimidad democrática no deben ser olvidadas.

---

276 *Cfr*. Belando Garín, B. «El derecho administrativo en movimiento», en Barona Vilar, S. (ed.). *Meditaciones sobre Mediación (MED +)*. Valencia: Tirant lo Blanch, 2022, p. 654.

277 *Cfr*. López López, P.; Samek, T. «Inclusión digital: un nuevo derecho humano». [en línea]. *Educación y Biblioteca*, n.172, julio/agosto, 2009, pp. 114-118. [consulta: 06 enero 2022]. Disponible en: https://eprints.ucm.es/11567/.

278 Cfr. Villaluenga, L. G; Vázquez de Castro. «Mediación 4.0: oportunidades y riesgos de la inteligencia artificial en la resolución de conflictos», en *Anuario de mediación y solución de conflictos*, v. 11, p. 21-34, 2024.

279 La UE, como parte de su estrategia digital, ha regulado el uso de la IA a través del Reglamento (UE) 2024/1689 del Parlamento Europeo y del Consejo, de 13 de junio de 2024, con un abordaje basado en el riesgo. Es importante señalar que esta normativa europea busca promover la utilización de una IA centrada en el ser humano y fiable, garantizando los derechos fundamentales. Sobre el tema véase: Barrio Andrés, M. (dir). *El Reglamento Europeo de Inteligencia Artificial*. Valencia: Tirant lo Blanch, 2024.

Otro punto que merece consideración en el tema de los ODR es la necesidad de mantenimiento de un margen de humanidad en las relaciones entre las AA. PP. y los administrados. En este contexto, la utilización de la tecnología para la solución de conflictos ambientales no puede conllevar a la eliminación del elemento humano que es fundamental para la solución de este tipo de controversia.

Con efecto, los ODR pueden facilitar el pluralismo y el diálogo en la resolución de conflictos medioambientales, desde que sean adoptadas medidas de combate a la brecha digital y de mantenimiento de las garantías públicas del procedimiento administrativo. Sin estos cuidados, los ODR representan un gran riesgo para la democracia, ampliando la exclusión social y produciendo soluciones poco efectivas. En dichas circunstancias los ODR no pueden ser utilizados para la solución de conflictos ambientales, quizás la utilización de las herramientas tecnológicas en parte del procedimiento sea más efectiva y no genere daños a las garantías procedimentales y a la participación plural en la resolución de conflictos ambientales.

CAPÍTULO TERCERO

LA MEDIACIÓN ADMINISTRATIVA EXTRAJUDICIAL COMO POSIBILIDAD DE AMPLIACIÓN DEL ACCESO A LA JUSTICIA AMBIENTAL

1. Introducción

En el capítulo anterior, hemos visto que los ADR constituyen un mecanismo de renovación de la tutela ambiental, sobre todo en el ámbito extrajudicial. De hecho, la naturaleza del conflicto ambiental exige la adopción de medidas más flexibles, que alcance hechos pretéritos y proyecte sus efectos para el futuro, como también permita el diálogo eficaz entre los sujetos implicados. Asimismo, la experiencia de países como los Estados Unidos, Canadá y Chile demuestra que los ADR constituyen una posibilidad real de resolución efectiva de conflictos ambientales.

Tampoco podemos olvidar de las posibilidades tecnológicas que se puede añadir a la solución de los conflictos ambientales a través de los ODR. La participación de los administrados en conflictos de larga extensión territorial, por ejemplo, puede ser optimizada con la adopción de recursos tecnológicos en parte o en todo el procedimiento. Además, dichos sistemas tecnológicos facilitan también el acceso a la información ambiental, reforzando el conjunto de derechos de acceso (participación, información y justicia).

En este escenario, la mediación administrativa extrajudicial surge como un mecanismo que posibilita la participación amplia de los sujetos implicados, el diálogo entre AA. PP. y administrados, además de permitir la adecuada gestión del conflicto y posibilitar la adaptación de las respuestas al conflicto ambiental en distintos marcos temporales. O sea, la mediación administrativa extrajudicial se presenta como un mecanismo más ajustado a la tutela ambiental, que busca la efectiva prevención y protección del medio ambiente para las generaciones presentes y futuras.

No obstante, la constatación de todos estos efectos positivos de la mediación administrativa extrajudicial, nos quedan las siguientes indagaciones: 1. ¿La mediación administrativa extrajudicial seria efectivamente un mecanismo de apertura del acceso a la justicia ambiental?; 2. En caso afirmativo, ¿en qué circunstancias sería posible su aplicación para la solución de conflictos ambientales?; 3. ¿Podemos considerarla para la apertura del acceso a la justicia ambiental en Brasil y España?

Para responder a estas preguntas es necesario examinar los tratados internacionales que tratan del acceso a la justicia ambiental, en especial el Convenio de Aarhus y el Acuerdo de Escazú; hacer el diagnóstico de la Jurisdicción Ambiental en Brasil y España; como también evaluar las posibilidades de aplicación de esto mecanismo en el ámbito ambiental e indicar los avances legislativos necesarios para hacerlo en Brasil y España. Por ello, trataremos de estos temas en los próximos epígrafes.

2. El significado del acceso a la justicia ambiental en el Convenio de Aarhus y en el Acuerdo de Escazú

El Convenio de Aarhus y el Acuerdo de Escazú constituyen avanzos importantes en la protección del medio ambiente. Estos documentos internacionales plasman las directrices fijadas en el Principio 10 de la Declaración de Río que dispone: «*Los Estados deberán facilitar y fomentar la sensibilización y la participación del público poniendo la información a disposición de todos. Deberá proporcionarse acceso efectivo a los procedimientos judiciales y administrativos, entre éstos el resarcimiento de daños y los recursos pertinentes*».

El Principio 10 establece tres pilares fundamentales para garantizar la protección al medio ambiente: el derecho de acceso a la información, el derecho de participación y el derecho de acceso a la justicia. Estos pilares son desarrollados en el Convenio de Aarhus, suscrito por la UE y sus Estados miembros; y en el Acuerdo de Escazú, que se destina a los países de América Latina y Caribe. Como bien explica SALAZAR ORTUÑO, los dos tratados tienen el mismo trasfondo jurídico: la promoción de la democracia ambiental a través de derechos instrumentales al derecho de vivir en un medio ambiente sano[280].

Sobre el acceso a la justicia ambiental, objeto de nuestra investigación, es importante fijar que el Principio 10 de la Declaración de Río evidencia la obligatoriedad de los Estados de proporcionar el acceso efectivo a la justicia, sea en el ámbito judicial o en el ámbito administrativo. Por tanto, podemos entender

280 *Cfr*. SALAZAR ORTUÑO, E. «Vulnerabilidad y acceso a la justicia ambiental», en SORO MATEO, B.; JORDANO FRAGA, J.; ALENZA GARCÍA, J. *Vulnerabilidad Ambiental y Vulnerabilidad Climática en tiempos de emergencia.* Valencia: Tirant lo blanch, 2020, pp. 372-373.

que la Declaración de Río, que es el fundamento para el Convenio de Aarhus y el Acuerdo de Escazú, emplea un concepto amplio de acceso a la justicia[281].

Bajo esta perspectiva, de acceso a la justicia que está más allá del acceso a los tribunales, que debemos examinar el Convenio de Aarhus y el Acuerdo de Escazú.

2.1. El acceso a la justicia ambiental en el Convenio de Aarhus

El Convenio de Aarhus nasció de la iniciativa de la Comisión Económica de las Naciones Unidas para Europa (CEPE, adelante) con el fin de garantizar la implementación de los derechos de acceso a la información, a la participación y a la justicia en los ordenamientos jurídicos de los países parte. El Convenio de Aarhus fue firmado en 25 de junio de 1998 en la ciudad de Aarhus (Dinamarca) y ratificado por 46 países y por la UE. Los Estados Unidos, Rusia y Canadá participaran de las negociaciones, pero no han firmado el tratado. La entrada en vigor del tratado solamente ocurrió en el año de 2001 y España lo ratificó en 16 de febrero de 2005.

Con el objetivo de contribuir para la aplicación del Convenio de Aarhus en el ámbito de la UE, fueron adoptadas las siguientes directivas: Directiva 2003/4/CE del Parlamento Europeo y del Consejo, de 28 de enero de 2003, relativa al acceso del público a la información medioambiental y por la que se deroga la Directiva 90/313/CEE del Consejo; y la Directiva 2003/35/CE del Parlamento Europeo y del Consejo, de 25 de mayo de 2003, por la que se establecen medidas para la participación del público en la elaboración de determinados planes y programas relacionados con el medio ambiente y por la que se modifican, en lo que se refiere a la participación del público y el acceso a la justicia, las Directivas 85/337/CEE y 96/61/CE del Consejo.

Se trata de un tratado heteroaplicativo, que necesita de la adopción de actos secundarios del país parte para que sea posible la implementación y cumplimiento de sus requisitos y mandatos. Estos actos secundarios se proyectan en actos legislativos, administrativos y políticos. No obstante, la gran importancia del Convenio de Aarhus está en su fuerza vinculativa que obliga a los países el establecimiento de estándares mínimos para los derechos de acceso. Por ello, KRÄMER afirma que «*esta fue la primera vez que un convenio internacional formula derechos para los ciudadanos garantizando el acceso a la información, la participación en las decisiones que afecten el*

281 Debemos comprender el derecho de acceso a la justicia a partir de una interpretación dinámica, susceptible a adaptaciones en virtud de los cambios de la realidad social, económica y cultural. Por lo tanto, dicho derecho debe permitir más de una vía de solución para el conflicto, como también facilitar a los ciudadanos vías más adecuadas. *Cfr.* SANTOS SILVA, R.F. (2023). *Op. cit.*, p. 126.

medio ambiente y el derecho de acceso a la justicia en materia ambiental» (traducción propia)[282]. Además, añade el jurista alemán que «*estos derechos jamás fueron formulados en términos tan explícitos en cualquier legislación de las partes signatarias o de la Unión Europea» (Traducción propia)*[283].

El objetivo del Convenio de Aarhus es garantizar derechos humanos sustantivos a través del establecimiento de un conjunto de garantías y derechos procesales, cuales sean: el derecho de participación, de acceso a la información y de acceso a la justicia. El desarrollo de un sistema de derechos y garantías procesales es fundamental para la efectiva protección del medio ambiente. Por ello, el jurista español MARTÍN MATEO ya reflexionaba, en el inicio de los noventa del siglo pasado, que «*la defensa del medio ambiente y de la naturaleza exige contar con instrumentos procesales que posibiliten una intervención judicial ágil y preventiva y que a vez abran las puertas del proceso a los titulares de intereses difusos*»[284].

En lo que toca al derecho de acceso a la justicia, el preámbulo del Convenio de Aarhus, en el párrafo 18, enuncia la voluntad de que «*el público, incluidas las organizaciones, tengan acceso a mecanismos judiciales eficaces para que los intereses legítimos estén protegidos y para que se respete la ley*». En el artículo 9[285], que dispone expresamente sobre el acceso a la justicia ambiental, el Convenio de Aarhus la considera como un mecanismo de realización de los derechos de participación y de acceso a la información ambiental, como también para garantizar el cumplimiento de obligaciones ambientales[286].

---

282 *Cfr*. KRÄMER, L. «"Citizens rights and administrations" duties in environmental matters: 20 years of the Aarhus Convention». [en línea]. *Revista Catalana de Dret Ambiental*, Vol. IX, n.1, 2018, p. 03. [consulta: 06 abril 2022]. Disponible en: https://doi.org/10.17345/rcda9.1.

283 *Cfr*. KRÄMER, L. Loc. cit.

284 *Cfr*. MARTÍN MATEO, R. (1994). *Op. cit*., p. 17.

285 El apartado primero del artículo 9 del Convenio de Aarhus dispone: «*Cada Parte velará, en el marco de su legislación nacional, porque toda persona que estime que su solicitud de información en aplicación del artículo 4 no ha sido atendida, ha sido rechazada ilícitamente, en todo o en parte, no ha obtenido una respuesta suficiente, o que, por lo demás, la misma no ha recibido el tratamiento previsto en las disposiciones de dicho artículo, tenga la posibilidad de presentar un recurso ante un órgano judicial o ante otro órgano independiente e imparcial establecido por la ley. En el caso de que una Parte establezca tal recurso ante un órgano judicial, velará por que la persona interesada tenga también acceso a un procedimiento rápido establecido por la ley que sea gratuito o poco oneroso, con miras al reexamen de la solicitud por una autoridad pública o a su examen por un órgano independiente e imparcial distinto de un órgano judicial. Las decisiones finales adoptadas en virtud del presente apartado 1 serán obligatorias para la autoridad pública que posea las informaciones. Los motivos que las justifiquen se indicarán por escrito, por lo menos cuando se deniegue el acceso a la información en virtud de este apartado*».

286 *Vid*. GARCÍA URETA, A. «El Convenio de Aarhus: Derechos de Participación y de Acceso a la Justicia», en MAGARIÑOS COMPAIRED, A. *Derecho al conocimiento y acceso a la información en las políticas de medio ambiente*. Madrid: Instituto Nacional de Administración Pública–INAP, 2005, pp. 17-112.

Frente a la lectura del preámbulo y del artículo 9, constatamos que el Convenio de Aarhus adopta una perspectiva restricta de acceso a la justicia.

Primero, porque el acceso a la justicia está tratado básicamente como mecanismo facilitador de la participación y del acceso a la información ambiental. Con relación al incumplimiento de obligaciones ambientales, no obstante, el convenio haga referencia al tema, la interposición de demanda o recurso depende del derecho interno de cada Estado. Ocurre que para la efectiva protección del medio ambiente es necesario que el acceso a la justicia sea implementado de manera más amplia, garantizando mucho más que participación y acceso a la información ambiental.

Segundo, porque el convenio cuida del acceso a la justicia casi que exclusivamente como el acceso a los tribunales, dejando de avanzar en cuestiones importantes, como la aplicación de mecanismos extrajudiciales para la resolución de conflictos ambientales. Como hemos evidenciado las cuestiones ambientales exigen acciones preventivas, que están más vinculadas a la adopción de medidas en el ámbito extrajudicial.

Además, en el propio ámbito del acceso a los tribunales, el Convenio de Aahrus también avanza poco, una vez que deja de regular las directrices básicas de la acción pública (popular) [287], como también no retira las barreras a la actuación del ciudadano individual o de las asociaciones en beneficio a la defensa del medio ambiente en la vía judicial (v.g.: legitimación, costos del proceso judicial, fianzas, etc.). Estos asuntos, de acuerdo con el convenio, quedan para la regulación interna en el ámbito de cada Estado Nacional. En el ámbito de la Unión Europea tampoco existe alguna regulación en materia de acceso a la justicia ambiental para aplicación uniforme a los Estados miembros, como bien señala Ruiz de Apodaca Espinosa[288].

No podemos olvidar que la cuestión de la legitimación también afecta los medios extrajudiciales de resolución de conflictos. Esta regulación es imprescindible para la efectividad de los acuerdos firmados por medios extrajudiciales, a ejemplo de la mediación. Para que tengamos un efectivo acceso a la justicia ambiental, es necesario regular la legitimación para facilitar la actuación tanto el ámbito judicial, cuanto en el extrajudicial. Por ello, Ruiz de Apodaca Espinosa plantea que «*la cuestión del acceso a la justicia ambiental ya sea vía recurso administrativo o recurso judicial radica en una cuestión de legitimación*». Por desgracia, el Convenio de Aarhus no avanza en este punto. La propuesta de Directiva del parlamento Europeo y del Consejo sobre el acceso a la justicia en materia de medio ambiente [COM (2003) 624 final, de 23 de octubre de 2003] intentó promover avances en este punto. La exposición de motivos de

287 *Ibid.*, p. 68.

288 *Cfr.* Ruiz De Apodaca Espinosa, A. «El Acceso a la Justicia Ambiental a nivel comunitario y en España veinte años después del Convenio de Aarhus» [en línea], en *Revista Catalana de Dret Ambiental*, Vol. IX, n.1, 2018, p. 01-53. [consulta: 17 abril 2022]. Disponible en: https://doi.org/10.17345/rcda9.1

dicha propuesta plantea que el reconocimiento de la capacidad procesal de las organizaciones no gubernamentales de medio ambiente es esencial para reforzar la aplicación del Derecho medioambiental. Sin embargo, dicha propuesta tampoco trató de la adopción de los ADR para la solución de conflictos ambientales. Por tanto, más una vez la cuestión es olvidada en los debates.

No obstante, la restricción en la comprensión del acceso a la justicia ambiental, el Convenio de Aarhus representa un importante avance en la consolidación de los tres pilares de la Democracia Ambiental. Como bien señala CASADO CASADO, el Convenio de Aarhus consiste en el «*primer acuerdo internacional, con eficacia jurídica vinculante, que otorga derechos a la sociedad civil en materia de acceso a la información, participación pública y acceso a la justicia en materia de medio ambiente con el fin de preservar, proteger y mejorar la calidad del medio ambiente*»[289].

En España, la Ley 27/2006, de 18 de julio, por la que se regulan los derechos de acceso a la información, de participación pública y de acceso a la justicia en materia de medio ambiente, constituye la norma que transpone las disposiciones del Convenio de Aarhus y de las Directivas 2003/4/CE y 2003/35/CE a nivel interno. La normativa española tampoco adopta expresamente un sentido amplio para el acceso a la justicia ambiental, no obstante, reconozca la interconexión entre acceso a la justicia y tutela administrativa (art. 3.3). Por lo tanto, se pierde la oportunidad de regular la adopción de los ADR para la solución de los conflictos ambientales. En el ámbito judicial, dicha ley dispone sobre la acción popular, la legitimación de las ONG, como también sobre la extensión del beneficio diseñado en la Ley 1/1996, 10 de enero, de Asistencia Jurídica Gratuita, a las personas jurídica sin ánimo de lucro, aunque de una manera muy restricta.

En el ámbito autonómico, la Ley 7/2007, de 9 de julio, de Gestión Integrada de la Calidad Ambiental de la Comunidad Autónoma de Andalucía, dispone sobre los derechos de acceso a la información y participación en materia medioambiental, pero no aborda explícitamente el derecho de acceso a la justicia. No obstante, dicha ley ofrece herramientas consensuales (acuerdos voluntarios) cuya aplicación puede conducir a la utilización de los ADR y en consecuencia a la apertura del acceso a la justicia ambiental.

Por tanto, el escenario de acceso a la justicia ambiental en Europa y España está muy distante del ideal. Por eso que SALAZAR ORTUÑO señala que para avanzar en el acceso a la justicia ambiental será necesario un mayor esfuerzo de las autoridades nacionales y europeas, sobre todo con relación a los más vulnerables[290].

---

289 *Cfr.* CASADO CASADO, L. «Acceso a la información, Participación Pública y Acceso a la Justicia en materia de Medio Ambiente: veinte años del Convenio de Aarhus». [en línea]. *Revista Catalana de Dret Ambiental*, Vol. IX, n.1, 2018, p.01-10. [consulta: 14 abril 2022]. Disponible en: https://doi.org/10.17345/rcda9.1.

290 *Cfr.* SALAZAR ORTUÑO, E. (2020). *Op. cit.*, p. 380.

2.2. El acceso a la justicia ambiental en el Acuerdo de Escazú

El origen del Acuerdo de Escazú está en la Conferencia RIO+20, por la cual se buscaba el desarrollo de las directrices del Principio 10 de la Declaración de Río. Tras la Conferencia RIO+20, los Estados de Latinoamérica y el Caribe empezaron los estudios para el desarrollo de un convenio regional u otro instrumento que pusiera en práctica los elementos del Principio 10 de la Declaración de Río. Siguiendo el ejemplo del Convenio de Aarhus, que la CEPE tuvo una participación determinante, el Acuerdo de Escazú contó con la imprescindible participación de la Comisión Económica para Latinoamérica y el Caribe (adelante, CEPAL).

Después de distintas reuniones de negociación mediadas por la CEPAL, el Acuerdo de Escazú fue firmado en 04 de marzo de 2018 en la ciudad de Escazú (Costa Rica) y entró en vigor en 22 de abril de 2021. Veinte y cinco países de Latinoamérica y el Caribe han firmado dicho tratado, pero solamente quince lo ha ratificado. Brasil ha puesto firma el Acuerdo de Escazú, pero no lo ha ratificado todavía.

El Acuerdo de Escazú es el tratado internacional regional más importante de América Latina en materia medioambiental en los días de hoy. Este instrumento, como ya dicho, busca efectivar las directrices fijadas en el artículo 10 de la Declaración de Río, por ello, el Convenio Aarhus fue el referente principal para la construcción del acuerdo en el ámbito de Latinoamérica y el Caribe. Conforme explica Médici Colombo, para el desarrollo de la democracia ambiental, la reproducción de la experiencia de Aarhus representaba el camino natural y viable, aunque fuera necesario adaptarlo a las particularidades de la región[291].

Así como el Convenio de Aarhus, el Acuerdo de Escazú posee naturaleza heteroaplicativa y constituye un pacto de carácter vinculante que crea obligaciones para los Estados y derechos para los ciudadanos, en un esquema de estándares mínimos. Es decir, los ordenamientos internos poden siempre mejorar dichos estándares, jamás disminuirlos. Esto está expresamente previsto en el artículo 4.7 que dispone: «*Nada de lo dispuesto en este, limita o deroga otros derechos y garantías más favorables establecidos o que puedan establecerse en la legislación de un Estado Parte o en cualquier otro acuerdo internacional del que un Estado sea parte, ni impide a un Estado Parte otorgar un acceso más amplio a los tres derechos de acceso*».

Como ya hemos señalado, el Acuerdo de Escazú también disciplina los derechos de acceso (participación, información y justicia) considerándolos

291 *Cfr*. Médici Colombo, G. «El Acuerdo Escazú: La Implementación Del Principio 10 De Río En América Latina y el Caribe». [en línea]. *Revista Catalana de Dret Ambiental*, Vol. IX, n.1, 2018, p. 01-66. [consulta: 14 abril 2022]. Disponible en: https://doi.org/10.17345/rcda9.1.

como instrumentos para el alcance del derecho al medio ambiente sano. Sin embargo, el Acuerdo de Escazú también busca atender las peculiaridades de la región, en la medida que aborda la necesidad de asistencia específica para los pueblos indígenas y grupos étnicos, como también de protección para el trabajo de las personas, asociaciones, organizaciones o grupos que promueven la protección del medio ambiente. Este último punto lo convierte en el primer tratado internacional del mundo que dispone sobre la materia. Por ello que SALAZAR ORTUÑO destaca que el Acuerdo de Escazú tiene especial preocupación con las personas y poblaciones en situación de vulnerabilidad, lo que se alinea a los postulados de la Agenda 2030 de la Organización de las Naciones Unidas[292].

A diferencia de Aarhus, el Acuerdo de Escazú presenta cuatro pilares fundamentales al desarrollo de la Democracia Ambiental: el derecho de participación, el derecho de acceso a la información, el derecho de acceso a la justicia y el fortalecimiento de las capacidades y la cooperación entre los países de la región. Además, la protección a las personas y grupos más vulnerables consiste también en una gran diferencia entre los dos tratados.

Otro punto de destaque es la vinculación jurídica entre los derechos humanos y los derechos ambientales establecida en el acuerdo. El artículo 4.1 del acuerdo dispone expresamente que «*cada Parte garantizará el derecho de toda persona a vivir en un medio ambiente sano, así como cualquier otro derecho humano universalmente reconocido que esté relacionado con el presente Acuerdo*». Esto significa que las cuestiones ambientales pueden ser trasladadas casi que directamente al Sistema Interamericano de Derechos Humanos.

A esta investigación interesa específicamente analizar la concepción empleada para el acceso a la justicia en el Acuerdo de Escazú.

El acceso a la justicia está disciplinado en el artículo octavo del acuerdo que establece la obligación genérica de garantizar dicho derecho según la garantía del debido proceso. El artículo octavo, a ejemplo del artículo 9 del Convenio de Aarhus, también trata del acceso a la justicia como mecanismo de realización de los derechos de participación y acceso a la información ambiental.

Como hemos visto en el epígrafe anterior, la cuestión de la legitimación es de gran importancia para garantizar el acceso a la justicia, sea en la vía judicial o extrajudicial. El Acuerdo de Escazú también trata del tema de manera genérica, remitiendo a la regulación interna, pero dispone que esta legitimación activa debe ser amplia para garantizar la protección al medio ambiente.

Otro punto que debemos examinar está relacionado a la retirada de las barreras económicas, una vez que ellas dificultan enormemente el acceso a la justicia. Hemos visto que en Aarhus este punto fue poco explotado, lo que ha generado pocos avances en términos de acceso a la justicia en el

292 *Cfr*. SALAZAR ORTUÑO, E. (2020). *Op. cit*. p. 373.

ámbito europeo. En Escazú también se avanza poco una vez que lo dispuesto en el artículo 8.3.c es demasiado genérico y su implementación exigirá la construcción de medidas en el ámbito interno que reduzcan o eliminen las barreras económicas.

Es cierto que el Acuerdo de Escazú reproduce mucho de lo dispuesto en el Convenio de Aarhus, sin embargo, podemos identificar una concepción más amplia de acceso a la justicia. Decimos que es una acepción más amplia porque el Acuerdo de Escazú al disponer sobre el acceso a la justicia trata no sólo del acceso a los tribunales, sino también del acceso a los órganos estatales competentes con acceso a conocimientos especializados en materia ambiental (8.3.a). Además, el convenio de los países de Latinoamérica y Caribe también trata de la necesidad de disponer de mecanismos de ejecución y de cumplimiento oportunos de las decisiones judiciales y administrativas (8.3.f).

Por fin, en el apartado 7 del artículo octavo, el acuerdo dispone expresamente sobre la promoción por las partes signatarias de mecanismos alternativos de resolución de conflictos ambientales, como la mediación y la conciliación: «*Cada parte promoverá mecanismos alternativos de solución de controversias en asuntos ambientales, en los casos en que proceda, tales como la mediación, la conciliación y otros que permitan prevenir o solucionar dichas controversias*».

Aunque el apartado 7 sea una disposición genérica, representa un gran avance en el desarrollo de mecanismos extrajudiciales de solución de conflictos ambientales, que pueden ser aplicados incluso como mecanismo de ejecución y cumplimiento de decisiones judiciales y administrativas.

Por todo lo que hemos visto, podemos decir que el Acuerdo de Escazú avanza más que el Convenio de Aarhus en el propósito de garantizar el derecho de acceso a la justicia, una vez que adopta una perspectiva amplia de acceso a la justicia que no se restringe al acceso a los tribunales, como también reconoce expresamente los ADR como mecanismos de ampliación del acceso a la justicia ambiental.

Como hemos dicho, Brasil todavía no ha ratificado el Acuerdo de Escazú. Sin embargo, Brasil posee una legislación interna que ya contempla los derechos de participación y de acceso a la información ambiental, como hemos visto en el apartado anterior. En lo que toca al derecho de acceso a la justicia ambiental, este se desarrolla casi que exclusivamente a través de mecanismos judiciales, como la ACP e la AP. No obstante, hemos visto en el capítulo anterior que el ordenamiento jurídico brasileño dispone sobre medidas extrajudiciales de resolución de conflictos ambientales, como los «*termos de ajustamento de conduta*». También encontramos otras referencias esparzas en la legislación ambiental, a ejemplo de la Ley federal n. 9.433, de 8 de enero de 1997, que atribuye a los Comités de

Bacias Hidrográficas la competencia para arbitrar conflictos relacionados a los recursos hídricos. La existencia de estos mecanismos judiciales y extrajudiciales de solución de conflictos ambientales en el ordenamiento jurídico brasileño no elimina la necesidad de ratificación del Acuerdo de Escazú, ni la necesidad de mejora y de desarrollo de otros mecanismos de protección ambiental.

Una vez comprendido el sentido de acceso a la justicia empleado en el Convenio de Aarhus y en el Acuerdo de Escazú pasaremos al análisis de la Jurisdicción ambiental en Brasil y España para que sea posible evaluar la utilización de la mediación administrativa extrajudicial como mecanismo de ampliación del acceso a la Justicia ambiental de dichos países.

3. Panorámica de la jurisdicción ambiental en los sistemas brasileño y español

Es cierto que la jurisdicción abre los caminos para la justicia, pero no es la única forma de llegar a la justicia. Por tanto, para que podamos comprender la importancia de facilitar instrumentos no judiciales de acceso a la justicia, es necesario entender el estado de la Jurisdicción ambiental.

Como el objeto de estudio en esta investigación son los sistemas brasileño y español, centraremos el análisis en la Jurisdicción ambiental de Brasil y España. No obstante, dichos países no tengan un tribunal específico para la apreciación de las cuestiones de naturaleza ambiental, es posible identificar a través de los asuntos llevados al Poder Judicial como se encuentra sus Jurisdicciones ambientales.

3.1. Brasil

En el año de 2022, el informe del CNJ, Justicia en Números[293], con datos referentes al año de 2021, contaba con un capítulo especial referente a la justicia ambiental. Dicho informe indicaba un incremento del número de procesos, referentes a los asuntos medioambientales, en los órganos judiciales brasileños, registrando un aumento de 10,4 % (diez coma cuatro por ciento) en el número de procesos medioambientales en el año de 2021 en comparación con el año de 2020. Asimismo, la mayor parte de estos procesos, 47 % (cuarenta y siete por ciento), estaban en tramitación en la primera estancia. Además, la tasa de congestión en los juzgados ambientales era de 81 % (ochenta y un por ciento).

293 *Vid.* BRASIL. «Conselho Nacional de Justiça». *Justiça em números* 2022. Brasília: CNJ, 2022.

En cuanto a los asuntos, los más demandados en materia ambiental, en el año de 2021, fueron: delitos contra la flora, la fauna, el medio ambiente ambiental y el patrimonio genético. Este dato indicaba que la mayor parte de las demandas estaría relacionada directamente con el deterioro ambiental (no se referirían a cuestiones de carácter meramente burocrático o administrativo), significando un fallo en la actuación preventiva del Estado.

El informe también traía los datos referentes a los tribunales más demandados, adoptando dos criterios de apuración. Por el primero criterio, era cuantificado el número absoluto de los procesos en tramitación en cada tribunal. Por el segundo criterio, era cuantificado el número de procesos por cada cien mil habitantes en la justicia estadual. Dos tribunales que se destacan en estos dos criterios son el Tribunal de Justicia de Mato Grosso (adelante, TJMT) y el Tribunal de Justicia de Minas Gerais (adelante, TJMG). Creemos que no ha sido por coincidencia que estos tribunales poseían las mayores incidencias en procesos medioambientales.

En la zona de competencia del TJMT está uno de los biomas más importantes de Brasil, el Pantanal, que en los últimos años ha sufrido grandes incendios. En el año de 2020, ocurrió el mayor incendio de la historia del Pantanal, en que el fuego destruyó 26 % (veinte y seis por ciento) del bioma[294]. Los estudios de la Fiscalía Estadual indican que casi 60 % (sesenta por ciento) de los incendios ocurridos en la región tienen origen en la acción humana y posiblemente tienen conexión con actividades agropastoriles[295]. Los datos del año de 2021 apuntan una destrucción de 12,6 % (doce coma seis por ciento) del bioma [296], lo que representa una reducción frente a los números de 2020, sin embargo, esta es una cifra muy elevada. El problema de las quemadas permanece en esta zona, intensificado por la sequía intensa en los últimos años. Según el informe del «*Laboratório de Aplicações de Satélites Ambientais–LASA*», el área quemada acumulada estimada por el Sistema

294 *Cfr.* VIEGAS, A. *et al.* «Um ano após perder 26 % do bioma, Pantanal corre o risco de ter incêndios piores neste inverno». [en línea]. G1–Globo.com, 2021. [consulta: 06 abril 2022]. Disponible en: https://g1.globo.com/ms/mato-grosso-do-sul/noticia/2021/07/10/um-ano-apos-perder-26percent-do-bioma-pantanal-corre-o-risco-de-ter-incendios-piores-neste-inverno.ghtml.

295 *Vid.* CÂMARA, J. «Em 2020, quase 60 % dos focos de incêndios no Pantanal foram provocados por ações humanas, dizem MPs». [en línea]. *G1–Globo.com*, 2021. [consulta: 06 abril 2022]. Disponible en: https://g1.globo.com/ms/mato-grosso-do-sul/noticia/2021/04/06/em-2020-quase-60percent-dos-focos-de-incendios-no-pantanal-foram-provocados-por-acoes-humanas-dizem-mps.ghtml.

296 *Vid.* SOS PANTANAL. «Comparando Os incêndios de 2020 com 2021 no Pantanal: o que mudou?» [en línea]. *SOS PANTANAL*, 2021. [consulta: 06 abril 2022]. Disponible en: https://www.sospantanal.org.br/comparando-os-incendios-de-2020-com-2021-no-pantanal-o-que-mudou/.

ALARMES para el bioma Pantanal en 2024 ya alcanzó los 2,4 (dos coma cuatro) millones de hectáreas, siendo solo menor que la cifra acumulada en 2020 para el mismo período[297].

En la zona de competencia del TJMG se encuentra el mayor número de presas de residuos de extracción de mineral de Brasil[298]. En el año de 2019, la presa de Brumadinho, explotada por la empresa Vale S/A, se rompió, lo que provocó la muerte de 270 (doscientos e setenta) personas, además de la destrucción de la fauna y flora de la región[299]. Este fue uno de los mayores desastres ambientales de la actividad mineral de Brasil. Los incidentes con presas siguen en la región en el año de 2020, aunque en un menor grado de gravedad, según el Informe de Seguridad de las Presas de la Agencia Nacional de Aguas del año de 2021[300]. El Informe del año de 2023 indica que en el Estado de Minas Gerais están clasificadas como prioritarias para la gestión de seguridad un gran número de presas, cuyo problema principal es el comprometimiento de la estructura[301].

En Informe del CNJ de 2024[302], referente a los datos de 2023, la metodología adoptada es distinta del Informe del año de 2021, no existe un capítulo destinado a la justicia ambiental. Sin embargo, es posible extraer los siguientes datos:

1. La tasa de congestión en los juzgados ambientales llega al porcentual de 81 % (ochenta y uno por cien), o sea no hubo cambio significativo en relación con los datos del año de 2021;
2. El número de casos nuevos relacionados a la agenda ambiental (ODS6, ODS7, ODS12, ODS13, ODS14 y ODS15) ha aumentado en 23 % (veinte y tres por cien) en comparación con los datos del año de 2021.

---

297 *Cfr.* Libonati, R; Lemos, F; Rodrigues, J; Belém, L; Dacamara, C; Sena, C; Albuquerque, R; Narcizo, L; Peres, L. *NOTA TÉCNICA 03/2024: avaliação da situação atual do fogo no Pantanal - Outubro 2024.* [consulta: 20 octubre 2024]. Disponible en: https://www.researchgate.net/publication/385046205_NOTA_TECNICA_032024_avaliacao_da_situacao_atual_do_fogo_no_Pantanal_-_Outubro_2024.

298 Según los datos del Informe de Seguridad de las Presas de la Agencia Nacional de Aguas del año de 2021. Disponible en: https://www.snisb.gov.br/relatorio-anual-de-seguranca-de-barragem/2021/rsb-2021.pdf. [en línea] [consulta: 24 enero 2023].

299 *Vid.* Universidade Federal de Minas Gerais. *Dois anos após a tragédia de Brumadinho, danos ainda são desconhecidos*. [en línea]. UFMG. 2021. [consulta: 06 abril 2022]. Disponible en: https://ufmg.br/comunicacao/noticias/dois-anos-apos-a-tragedia-de-brumadinho-danos-ainda-sao-desconhecidos.

300 Según los datos del Informe de Seguridad de las Presas de la Agencia Nacional de Aguas del año de 2021. Disponible en: https://www.snisb.gov.br/relatorio-anual-de-seguranca-de-barragem/2021/rsb-2021.pdf. [en línea] [consulta: 24 enero 2023].

301 Según los datos del Informe de Seguridad de las Presas de la Agencia Nacional de Aguas del año de 2023. Disponible en: https://www.snisb.gov.br/portal-snisb/documentos-e-capacitacoes/rsb. [en línea] [consulta: 20 octubre 2024].

302 *Cfr.* Brasil. *Conselho Nacional de Justiça. Justiça em números* 2024. Brasília: CNJ, 2024.

Con base en estos datos, podemos concluir que no hay cambios significativos en la litigiosidad ambiental en Brasil. Sin embargo, no podemos olvidar de los problemas relacionados al cambio climático ocurridos en el año de 2024[303], que indican la necesidad de adopción de medidas de naturaleza preventiva.

El Informe de Seguridad de las Presas de la Agencia Nacional de Aguas del año de 2021, por ejemplo, presenta como una de sus conclusiones la necesidad de adopción mecanismos preventivos, como también la participación de la sociedad civil en este proceso. El Informe del año de 2024, además de las recomendaciones de mejoría en los procesos de fiscalización, también destaca la necesidad de debates involucrando los sectores interesados.

En complemento, el Atlas de Justicia Ambiental[304] identifica, en Brasil, 181 (ciento y ochenta y uno) casos de conflictos medioambientales reportados. Además, el atlas registra que la mayoría de los conflictos está relacionada a la justicia climática y los combustibles fósiles, como también a la biomasa, conflictos de tierra y extracción de minerías[305].

Con fundamento en esta panorámica, podemos concluir que es necesario garantizar la participación de la sociedad en los procesos de toma de decisión relacionados a cuestiones medioambientales, adoptando mecanismos consensuales de resolución de conflictos, para que sea posible salir del colapso y experimentar avances efectivos en la ampliación del acceso a la justicia ambiental.

3.2. España

Según el último informe del CGPJ de España, Justicia Dato a Dato, referente al año de 2023, en la Jurisdicción Contencioso-administrativa, la tasa de resolución en el año de 2023 estaba en 0,98 % (cero coma noventa y ocho por cien). Cuanto a las tasas de pendencia y congestión verificase un porcentual de 1,11% (uno coma once por cien) y 2,09 % (dos coma cero nueve por cien) respectivamente[306]. En comparación con el año de 2022, constatase una cierta estabilidad de los datos, con una tasa de resolución en el porcen-

303 Podemos citar como eventos relacionados al cambio climático en Brasil en el año de 2024: inundaciones en el Estado de Rio Grande do Sul, quemadas en el Cerrrado y Pantanal, sequía en la zona de Amazonia y el exceso de lluvia en el Estado de Maranhão.

304 Datos disponibles en: https://ejatlas.org. [en línea]. [consulta: 30 octubre 2024].

305 Son ejemplos de estos conflictos: Derrame de petróleo en el campo de Frade, Proyecto Fibria y Eldorado en Mato Grosso do Sul y Minería en Morro do Pilar - Minas Gerais. Para más información véase: http://ejatlas.org/. [en línea]. [consulta: 02 noviembre 2024].

306 Datos disponibles en: https://www.poderjudicial.es/cgpj/es/Temas/Estadistica-Judicial/Estudios-e-Informes/Justicia-Dato-a-Dato/. [en línea]. [consulta: 30 octubre 2024].

tual de 1,02% (uno coma cero dos por cien) y las tasas de pendencia y congestión en 0,98 % (cero coma noventa y ocho por cien) y 1,97 % (uno coma noventa e siete por cien). Cuanto el tiempo de duración media de los asuntos de «Medio Ambiente» en los juzgados está estimado en el año de 2023 en 13,6 meses, con una reducción de 0,7 meses con relación al año anterior. Importante registrar que el asunto «Medio Ambiente» es el tercero asunto con mayor duración en los juzgados.

Sin embargo, estos datos no deben ser examinados aisladamente. Como ya reflexionaba Bustillo Bolado, en el año de 2013, la reducción de la litigiosidad en ámbito administrativa en aquel periodo había ocurrido «*a costa de renuncias sustentadas en el temor de los ciudadanos a las consecuencias económicas del fracaso de su acción judicial*»[307]. Además, señala que solamente hay «*una forma verdaderamente legítima para hacer descender —de verdad, no mediante fórmulas engañosas— la litigiosidad contencioso-administrativa, una forma que no parte de castigar económicamente la acción judicial del ciudadano, sino de mejorar la actitud antes del conflicto y durante el conflicto de la propia Administración Pública*»[308].

Según el Informe Anual de la Comisión Europea[309], en el año de 2023, se registró seis casos de infracción por España a legislación de la UE en materia ambiental. España tiene un total de veinte infracciones registradas y la mayor incidencia es en materia ambiental. Hay que señalar que la Comisión llevó a España ante el Tribunal por deficiencias en el tratamiento de las aguas residuales.

El Atlas de Justicia Ambiental, por su vez, identifica que en España existen actualmente 113 (ciento y trece) casos reportados de conflictos medioambientales. La mayoría de los conflictos, según el atlas, está relacionada a la Justicia Climática y los combustibles fósiles, como también a la extracción de minería[310].

Del conjunto de estos datos, podemos concluir que el problema de la litigiosidad en ámbito medioambiental persiste y la Ley 27/2006, de 18 de julio, se ha mostrado poco efectiva.

---

307 *Cfr*. Bustillo Bolado, R. O. Derecho Administrativo Español y solución extrajudicial de conflictos: entre el (razonablemente hermoso) mito y la (menos Edificante de lo deseable) realidad, en López Rámon, F. (coord.). *Las prestaciones patrimoniales públicas no tributarias y la resolución extrajudicial de conflictos*. Madrid: INAP, 2015, p. 252.

308 *Cfr*. Bustillo Bolado, R.O. (2015). *Op. cit*., p. 253.

309 Datos disponibles en: https://commission.europa.eu/law/application-eu-law/implementing-eu-law/infringement-procedure/2023-annual-report-monitoring-application-eu-law_es [consulta: 24 enero 2023].

310 Son ejemplos de estos conflictos: «Proyecto H2med en Cataluña; Tubería de aceite y refinería en Balboa, Extremadura; y Proyecto Touro O Pino Copper Galicia.» Para más información véase: http://ejatlas.org/. [en línea]. [consulta: 02 noviembre 2024].

Primero, en el tema de transparencia de los datos referentes a los conflictos medioambientales judicializados. El informe del CGPJ debería traer un apartado específico sobre Medio Ambiente, incluyendo datos segregados por CA y por Tribunal. Sin transparencia, la participación de la sociedad en cuestiones medioambientales es dificultada, como también se incrementa la demanda judicial.

Segundo, la ausencia de herramientas consensuales en la Ley 27/2006, 18 de julio, también contribuye para la ampliación de la demanda judicial y consecuentemente para la duración de los procesos en materia medioambiental. Como hemos visto en este capítulo, los conflictos ambientales exigen respuestas céleres y flexibles. Esta calidad de respuesta difícilmente será obtenida con una tutela ambiental exclusiva o preponderantemente judicial.

4. La mediación administrativa extrajudicial como mecanismo de apertura del acceso a la justicia ambiental

Hemos visto en los apartados anteriores que se impone una nueva lectura del acceso a la justicia, en el sentido de apertura de la justicia a las formas extrajudiciales de resolución de conflictos. Esta perspectiva se aplica a los conflictos administrativos, inexistiendo obstáculos constitucionales a su utilización[311].

Los conflictos ambientales siguen esta misma línea de entendimiento, no obstante, podamos añadir más razones para la aplicación de mecanismos extrajudiciales de solución de conflictos, en especial la mediación. Por tanto, para que podamos comprender la mediación como herramienta de ampliación del acceso a la justicia ambiental, es necesario fijar el concepto de justicia ambiental.

La idea de justicia ambiental demanda la inserción de la participación democrática en el proceso de toma de decisiones. Hemos visto que el Estado de Derecho Ambiental tiene como uno de sus principios fundamentales la participación democrática. Con base en la teoría de FRASER, que considera la

311 SANTOS SILVA apunta que el principio de legalidad no constituye un obstáculo constitucional a la mediación administrativa, en realidad este principio da soporte a la utilización de la mediación por la AP en la perspectiva de vinculación al bloque de juridicidad. Complementa sosteniendo que «esto representa un cambio en el modelo de justicia administrativa, más ajustados a la esencia de las Constituciones sociales y democráticas y adaptado a las variantes sociales, políticas y económicas, que conducen a una nueva y fresca noción de justicia en el ámbito administrativo». *Cfr.* SANTOS SILVA, R.F. (2023). *Op. cit.*, p. 178.

participación una cuestión en el ámbito de la justicia[312], podemos decir que la justicia ambiental direccionada a la efectiva protección del medio ambiente exige la participación de los administrados, sea individual o colectivamente, en el proceso de la toma de decisiones.

Además, en un modelo de Administración pública relacional, por lo cual las AA. PP. buscan una aproximación colaborativa con la ciudadanía, no se puede prescindir del elemento participativo en la construcción de los mecanismos de realización de la justicia. Por eso SÁNCHEZ SÁEZ afirma que la AP «*en su actuación diaria puede optar por imponer unilateralmente su voluntad o, por contra, por consensuar sus actos y disposiciones en lo posible*»[313]. En el ámbito ambiental, esta exigencia se muestra más evidente, una vez que la participación en los asuntos ambientales es un derecho humano necesario a la protección del medio ambiente para las presentes y futuras generaciones.

Desde esta perspectiva, podemos decir que la participación ciudadana es un elemento que integra la noción de justicia ambiental. Aún con base en la doctrina de FRASER, tenemos que considerar que en los días de hoy la justicia no es solo distribución equitativa, la justicia también engloba la representación y el reconocimiento[314]. Entonces, la justicia ambiental no puede corresponder a la jurisdicción ambiental, sino a la realización efectiva de los derechos relacionados al medio ambiente.

Examinando el derecho de acceso a la justicia ambiental bajo esta noción de justicia, no podemos comprenderlo solamente como un instrumento de realización de los otros derechos de acceso. Por ello, CAPPELLETTI y GARTH destacan que «*el acceso efectivo a la justicia se puede considerar, entonces, como requisito más básico– el "derecho humano" más fundamental– en un sistema legal igualitario moderno, que pretenda garantizar y no solamente proclamar los derechos de todos*»[315]. Entonces, el acceso a la justicia está más allá ascender a la jurisdicción, significa obtener la solución adecuada al conflicto.

Además, la buena administración, sea como derecho o deber, implica en la adopción por las AA. PP. de herramientas eficientes y eficaces para el desarrollo de la función administrativa. Hemos visto que, en el ámbito medioambiental, las AA. PP. asumen un rol fundamental en la tarea de protección del medio ambiente, de manera que deben también facilitar mecanismos de

---

312 *Cfr*. FRASER, N. «Redistribución, reconocimiento y participación. Hacia una concepción integrada de la justicia», en FRASER, N.; CARBONERO GAMUNDÍ, M. A.; VALDIVIESO NAVARRO, J. M. Dilemas de Justicia en el siglo XXI: *Género y Globalización*. Palma: Universitat de les Illes Balears, 2011, pp. 292 y 293.

313 *Cfr*. SÁNCHEZ SÁEZ, A. J. *Los convenios de colaboración para la protección del medio ambiente.* (Tesis Doctoral). Sevilla: Universidad de Sevilla, 2002, p. 53.

314 *Cfr*. FRASER, N. (2008). *Op. cit*., pp. 40-41.

315 *Cfr*. CAPPELETTI, M.; GARTH, B. (1996). *Op. cit*., p. 13.

ampliación del acceso a la justicia ambiental. La actuación administrativa que facilita la apertura del acceso a la justicia, concreta la buena administración, ya que realiza la tutela administrativa efectiva[316].

Por tanto, urge reinterpretar el concepto de acceso a la justicia, ajustándolo a los reclamos de la actualidad[317]. Una sociedad de riesgo y compleja, como la que vivimos, la justicia jamás será concretada exclusivamente en la vía judicial. *No obstante,* SPADA JIMÉNEZ*, al examinar la justicia climática, sostiene que «a través de un sistema procesal eficiente se obtendrá la justicia climática necesaria para evitar la comisión de delitos contra el medio ambiente y el desarrollo económico productivo cegado por la avaricia económica»*[318]. En realidad, la vía judicial es camino de corrección y no de construcción de la justicia, sobre todo con relación a los derechos sociales y difusos. Por ello, CAPPELLETTI y GARTH explicitan que «*el derecho a un acceso efectivo se reconoce cada vez más como un derecho de importancia primordial entre los nuevos derechos individuales y sociales, ya que la posesión de derechos carece de sentido si no existen mecanismos para su aplicación efectiva*»[319].

En el ámbito de la justicia ambiental, este cambio de paradigma se muestra más urgente, una vez que la protección del medio ambiente exige una tutela preventiva y efectiva, que no es alcanzable solamente con el acceso a la juris-

---

316 *Vid.* BELANDO GARÍN, B. «La Mediación Administrativa. Entre el derecho a una buena administración y la renovación de la Justicia», en AGUDO GONZÁLEZ, Jorge (Dir.). *Control 4 y Justicia Administrativa.* Madrid. Instituto Nacional de Administración Pública (INAP), 2016, pp. 203-220.

317 VASCONCELOS E BENJAMIM explica que es posible tres sentidos de acceso a la justicia: «*No que tange ao seu campo de aplicação, a expressão acesso à justiça dá ensejo a três enfoques básicos. Em sentido restrito, refere-se apenas à acesso à tutela jurisdicional, ou seja, à composição de litígios pela via judicial. Insere-se e opera, por princípio, no universo do processo. Já em sentido mais amplo, embora ainda insuficiente, quer significar acesso à tutela de direitos ou interesses violados, através de mecanismos jurídicos variados, judiciais ou não. Num e noutro caso, os instrumentos de acesso à justiça podem ter natureza preventiva, regressiva ou reparatória. Finalmente, numa acepção integral, é acesso ao Direito, vale dizer, a uma ordem jurídica justa (= inimiga dos desequilíbrios e destituída de presunção de igualdade), conhecida (= social e individualmente reconhecida) e implementável (= efetiva), contemplando e combinando, a um só tempo, um rol apropriado de direitos, acesso aos tribunais, acesso a mecanismos alternativos (principalmente os preventivos), estando os sujeitos titulares plenamente conscientes de seus direitos e habilitados, material e psicologicamente a exercê-los, mediante a superação das barreiras objetivas e subjetivas adiante analisadas; é nessa última acepção dilatada que acesso à justiça significa acesso ao poder*». *Cfr*. VASCONCELOS E BENJAMIN, A. H. «A insurreição da aldeia global contra o processo civil clássico: apontamentos sobre a opressão e a libertação judiciais do meio ambiente e do consumidor», en PELLEGRINI GRINOVER, A. *Et al.* (coords.). *Processo coletivo: do surgimento à atualidade*. São Paulo: Revista dos Tribunais, 2014. pp. 306-307.

318 *Cfr*. SPADA JIMÉNEZ, A. *Justicia Climática y Eficiencia Procesal*. (Tesis Doctoral). [en línea]. Málaga. Universidad de Málaga, 2020. [consulta: 10 abril 2022]. Disponible en: https://www.educacion.gob.es/teseo/imprimirFicheroTesis.do?idFichero=gCk994EzDUs%3D.

319 *Cfr*. CAPPELETTI, M.; GARTH, B. (1996). *Op. cit.*, p. 12.

dicción. En este sentido, la utilización de mecanismos extrajudiciales de resolución de conflictos se presenta más eficaz al atendimiento de los principios de prevención, precaución, participación y solidaridad, que son las bases del Estado de Derecho Ambiental. Es decir, los derechos ambientales demandan un enfoque procesal diferenciado para que sean efectivos, por eso que la comprensión de acceso a la justicia ambiental tiene de ser reformulada y ampliada.

Este es el sentido empleado por la Declaración de Buenos Aires (2012), en la XVI Cumbre Judicial Iberoamericana Grupo Justicia Medioambiental, en la medida que exhorta el fomento de la conciliación y otras formas alternativas para la resolución de conflictos en materia de medio ambiente como forma de ampliación del acceso a la justicia[320].

También debemos añadir que el conflicto ambiental está enmarcado por la pluralidad de posiciones como también por una doble dimensión (difusa e individual), de manera que la solución adjudicada se muestra poco eficiente o totalmente ineficaz. Por ello FRASER al examinar los conflictos de la actualidad, donde están los de naturaleza ambiental, señala que «*los conflictos actuales sobrepasan su diseño de simple dualismo de alternativas conmensurables, ya que las reivindicaciones de justicia actuales de ordinario tropiezan con otras reivindicaciones opuestas, cuyos supuestos ontológicos subyacentes no se comparten*»[321].

En este escenario, la mediación administrativa extrajudicial[322] se presenta como instrumento idóneo a la apertura del acceso a la justicia ambiental.

Considerando que el conflicto ambiental, por su propia naturaleza, afecta intereses públicos, directa o indirectamente, las AA. PP. serán parte frecuente en estas disputas. Por tanto, la mediación administrativa debe ser considerada para la construcción de un sistema de gobernanza ambiental más participativo, inclusivo y preventivo, sobre todo en tiempos de escasez provocada por conflictos bélicos, pandemias y eventos climáticos extremos[323].

---

320 Texto completo disponible en: https://www.cumbrejudicial.org/biblioteca-de-documentos. Acceso en: 26 octubre 2024.

321 *Cfr*. FRASER, N. (2008). *Op. cit*., p. 18.

322 *Vid.* BELANDO GARÍN, B. «Las posibilidades de la mediación administrativa: concepto y ámbitos», en FONSECA, I. C. M. (Coord.). *A Mediação Administrativa: contributos sobre as (im)posibilidades.* Lisboa: Almedina, 2019, pp. 39-63. Véase también: RODRIGUES DE SOUZA, M. F.; SCARPINELLA BUENO, F. «Mediação: uma solução adequada para os conflitos ambientais entre a Administração Pública e o administrado», en JÚDICE MOREIRA, António; FRANCO NASCIMBENI, Asdrubal; BEYRODT, Christiana; MORAIS TONIN, Mauricio. (Coords.). *Mediação e Arbitragem na Administração Pública: Brasil e Portugal*. São Paulo: Almedina, 2020, pp. 361-382.

323 *Vid.* TORNOS MAS, J. La mediación en el derecho administrativo. [en línea]. *Jornada «Mediación Administrativa en Cataluña».* Universitat Oberta de Catalunya, 22 de enero de 2019, p.07. [consulta: 04 marzo 2021]. Disponible en: https://edcp.blogs.uoc.edu/wp-content/uploads/sites/24/2019/01/Joaquin-Tornos-Mas.pdf.

Como ya hemos evidenciado, la mediación administrativa extrajudicial presenta inúmeras ventajas frente a la solución adjudicada[324]. Por ello, SALOMÃO, Ministro del STJ, plantea que «*las soluciones extrajudiciales, en especial la mediación y el arbitraje, representan un avance civilizatorio de la humanidad, que, de manera consciente busca mecanismos de pacificación social eficientes*»[325]. Además, como bien aclara GARCÍA PÉREZ, que «*el acierto de la decisión administrativa no solo debe medirse en términos de estricta legalidad, sino que debe garantizar que la decisión es tomada en atención al interés general y teniendo en consideración los intereses particulares implicados*»[326]. En el ámbito medioambiental, además de estos aspectos subrayados por SALOMÃO y GARCÍA PÉREZ, la aplicación de la mediación administrativa extrajudicial, como mecanismo de prevención de conflictos, tiene total conexión con las directrices del Estado de Derecho Ambiental, contribuyendo para la efectividad de las tareas de prevención y precaución del daño ambiental.

Además, el diálogo es una herramienta necesaria para la prevención más efectiva del daño ambiental. En este contexto, la mediación administrativa extrajudicial podrá establecer un canal de comunicación entre las AA. PP. y los administrados proporcionando no sólo la prevención, como también la solución de controversias antes mismo de la judicialización, promoviendo una justicia más célere y aliñada a la buena administración.

Otro punto importante es que, en la mediación administrativa extrajudicial, las proprias partes construyen la solución para la controversia. Por tanto, la posibilidad de incumplimiento de la propuesta es más reducida, ya que ellas mismas la produjeron. En el caso del conflicto ambiental, esta circunstancia produce efectos extremamente positivos, una vez que se reduce la posibilidad de controversias futuras en derredor de la misma cuestión medioambiental, como también de irreversibilidad del daño causado.

Por fin, sabemos que los conflictos ambientales son enmarcados por distintos intereses y posiciones, ni siempre en contraposición, de manera que su adecuada solución no puede ser basada en la filosofía winner/looser, propia de la solución adjudicada. En dicha circunstancia, la mediación

---

324 *Vid.* BELANDO GARÍN, B. «La mediación administrativa: una realidad jurídica», en LOPÉZ RAMÓN, F. (Coord.). *Las prestaciones patrimoniales públicas no tributarias y la resolución extrajudicial de conflictos*. Actas del X Congreso de la Asociación Española de Profesores de Derecho Administrativo. Madrid: Instituto Nacional de Administración Pública (INAP), 2015, pp. 265-273.

325 *Cfr*. SALOMÃO, L. F. «O marco regulatório para a mediação no Brasil». [en línea]. *Justiça & Cidadania*, Rio de Janeiro, edicción 179, 2015. [consulta: 14 julio 2021]. Disponible en: https://www.editorajc.com.br/o-marco-regulatorio-para-a-mediacao-no-brasil/.

326 *Cfr*. GARCÍA PÉREZ, M. «La justicia administrativa en tiempos de crisis: una apuesta por el arbitraje». [en línea]. *Revista Eurolatinoamericana de Derecho Administrativo,* v. 1, n. 1, p. 225, 1 jul. 2014. [consulta 15 abril 2022]. DOI: https://doi.org/10.14409/rr.v1i1.4612. Disponible en: https://bibliotecavirtual.unl.edu.ar/publicaciones/index.php/Redoeda/article/view/4612.

administrativa extrajudicial se muestra más efectiva una vez que es posible formular una solución que atienda mínimamente intereses y posiciones distintos, contribuyendo para una efectiva cultura de paz y para la buena administración.

Por todo que hemos visto, no quedan dudas de que la mediación administrativa extrajudicial es un instrumento de apertura del acceso a la justicia ambiental, esto entendido como mecanismo de efectiva protección del medio ambiente, basado en los principios y fundamentos del Estado de Derecho Ambiental. Partiendo de esta premisa, examinaremos en el próximo epígrafe las posibilidades concretas de utilización de la mediación administrativa extrajudicial para la solución de disputas ambientales en Brasil y España.

5. Aplicación de la mediación administrativa extrajudicial en cuestiones medioambientales en Brasil y España

Una vez comprendida la necesidad de ampliación del concepto de acceso a la justicia y de adopción de la mediación administrativa extrajudicial para la efectiva protección del medio ambiente, tenemos que analizar las concretas posibilidades de aplicación de la mediación administrativa extrajudicial para la solución de este tipo de disputa.

En el ámbito sancionador, creemos en la posibilidad de aplicación de la mediación administrativa extrajudicial como mecanismo de sustitución de la sanción y reparación efectiva del daño al medio ambiente. Aquí es importante señalar que las transformaciones impuestas a la gestión pública, en el sentido de la consensualidad y la concertación, también alcanzan el derecho sancionador. Como bien plantea Morrón Urbina, *«es tiempo de pensar en alternativas inteligentes a los tradicionales rituales sancionadores»*[327].

En algunos sectores, sea en Brasil o en España, el pacto entre administrado y administración ya ocurre en el ámbito sancionador. Este tipo de medida tiene aplicación para evitar el procedimiento administrativo, para suspenderlo, para terminarlo, como también para sustituir la aplicación de determinadas medidas complementares.

En el ámbito medioambiental, la mediación contribuye para la efectiva reparación del daño ambiental, una vez que la imposición de una multa

327 *Cfr.* Morrón Urbina, J.C. La terminación convencional del procedimiento sancionador: La Administración Concertada en materia sancionadora. *Thēmis-Revista de Derecho*, n.69, 2016. p. 70. Véase también: Ari Sundfeld, C. As agências reguladoras e a arrecadação de multas. Sociedade Brasileira de Direito Público. [en línea]. Disponible en: http://www.sbdp.org.br/artigos_ver.php?idConteudo=91. [consulta: 25 enero 2023].

no es tan efectiva en el ámbito de la prevención general y/o especial de la infracción. Por tanto, la aplicación de medidas concretas de reparación del daño ambiental y/o de carácter educativo proyectan más efectos a la protección del medio ambiente. Además, el ideal de justicia restaurativa, presente en la aplicación de la mediación en el ámbito sancionador, también contribuye para la consolidación de una cultura de paz en las relaciones entre las AA. PP. y los administrados regidas por el Derecho Ambiental[328].

De lege lata, en Brasil, entendemos que ya es posible que los órganos ambientales de las APPP utilicen el dispuesto en el artículo 26 de la LINDB (Decreto-ley n. 4.657, de 4 de setiembre de 1942, con las alteraciones de la Ley federal n. 13.655, de 25 de abril de 2018) y artículo 32.III de la Ley federal n. 13.140, de 26 de junio de 2015, para realizar mediaciones administrativas extrajudiciales con el fin de promover la adecuada reparación del daño y regularizar situaciones que puedan generar la imposición de sanciones de carácter administrativo-ambiental. En cuanto al procedimiento de mediación, frente a la inexistencia de un reglamento específico, se debe aplicar el procedimiento previsto en la Ley federal n. 13.140, de 26 de junio de 2015, con los matices de los principios y reglas de Derecho público. Evidentemente, que el dispuesto en el artículo 26 de la LINDB demanda desarrollo legislativo para su mejor aplicación, sin embargo, con base en los principios del Estado de Derecho Ambiental y en la buena administración, entendemos que no existe obstáculo a su aplicación inmediata.

En España, la mediación administrativa extrajudicial puede ser utilizada en el ámbito sancionador como medida de terminación convencional del procedimiento administrativo, con fundamento en artículo 86.1 de la LPACAP[329]. Para la aplicación de la mediación en el ámbito de la potestad sancionadora, con fundamento en el artículo 86.1 de la LPACAP, entendemos que no es necesaria una regulación sectorial específica. No obstante, algunas normas autonómicas han previsto la terminación convencional del procedimiento administrativo específicamente en materia ambiental, como la Ley 3/1998, de 27 de febrero, General de Protección del Medio Ambiente del País Vasco (artículos 19, 20 y 21). Por tanto, es posible interpretar la LPACAP en el sentido de que la aplicación de la terminación convencional del procedimiento administrativo-ambiental no exige normativa sectorial específica, con fundamento en la aplicación del artículo 86.1.

---

328 *Sobre La Cultura De Paz*, Véase: LANDERO, E. C. «Bases fundamentales de la cultura de paz». *Eirene Estudios de Paz y Conflictos*, v. 2, n. 3, 2019, p. 22.

329 Las potestades discrecionales posibilitan una mayor margen de aplicación de la mediación, ya que la ley faculta a la autoridad administrativa un mayor grado de libertad para su intervención. Así, en esta zona que la AP utiliza un juicio de oportunidad o conveniencia, es posible elegir una entre varias alternativas jurídicamente posibles.

Sea en Brasil o España, en temas en que está presente la mediabilidad objetiva[330], es posible aplicar la mediación, sobre todo en el ejercicio de la potestad discrecional[331], en la cual ya existe espacio para que la AP adopte la solución más adecuada al interés general. Debemos recordar que el interés general también considera el interés de los administrados, de manera que la mediación es el camino más adecuado para la apuración de dichos intereses y construcción colaborativa de un camino para la solución de la disputa.

Por tanto, la mediación administrativa extrajudicial también puede ser utilizada para la solución de conflictos que versen sobre materia ambiental susceptible de transacción, como: en el otorgamiento de licencias para la utilización de bienes públicos ambientales; en el otorgamiento, modificación y extinción de autorizaciones de actividades molestas, insalubres, nocivas y peligrosas; en las situaciones de inactividad de la administración pública ambiental, vía de hecho y silencio administrativo; y en la fijación de parámetros y estándares en la aplicación de la legislación medioambiental, en la planificación y cuestiones vinculadas a intereses meta-individuales.

En esta circunstancia, la aplicación de la mediación administrativa extrajudicial tiene fundamento en el deber de buena administración que se exige de las AA. PP. Además, en Brasil, la Ley federal n. 13.140, de 26 de junio de 2015, permite expresamente en el artículo 33 la utilización de la mediación por las AA. PP. En España, la hipótesis de terminación convencional del procedimiento administrativo, recurrida en el artículo 86.1 de la LPACAP consiste en el fundamento para la aplicación de la mediación en actos sometidos a la potestad discrecional o materias susceptibles a la transacción. También, en el ordenamiento jurídico español, no podemos olvidar del artículo 112.2 de la LPACAP, que permite la sustitución de recurso de alzada o de reposición por la mediación, siempre que exista norma de desarrollo en dichas hipótesis.

También vislumbramos la posibilidad de uso de la mediación administrativa extrajudicial para solventar conflictos del cambio climático.

Según Palomar Olmeda, el cambio climático consiste en «*el fenómeno del clima que se atribuye, de una forma directa o difusa, a la actividad*

330 La mediabilidad administrativa se refiere a la posibilidad de sometimiento de un conflicto a la resolución por medio de la mediación. Podemos examinar la mediabilidad bajo dos perspectivas, subjetiva y objetiva. Desde el punto de vista subjetivo, consideramos las partes, si las mismas pueden participar de una mediación. En lo que toca la perspectiva objetiva, nos incumbe analizar los litigios administrativos que pueden ser objeto de mediación. Entendemos que el elemento delimitador de la mediabilidad administrativa objetiva es la transacción. Por tanto, para la delimitación de los asuntos susceptibles de mediación, hay que utilizar el criterio de la transaccionalidad. Sobre el tema véase: Santos Silva, R.F. (2023). *Op. cit.*, p. 206-208.

331 Sobre la aplicación de la mediación en la potestad discrecional, véase: Carballo Martínez, G. *La Mediación Administrativa y el Defensor del Pueblo.* Navarra: Editorial Aranzadi, 2008.

humana y tiene como efecto alterar la composición de la atmosfera»[332]. La Convención Marco de las Naciones Unidas sobre Cambio Climático (1992), lo define como «*un cambio de clima atribuido directa o indirectamente a la actividad humana que altera la composición de la atmosfera mundial y que se suma a la variabilidad natural del clima observada durante periodos de tiempo comparables*».

En el ámbito internacional, tenemos que señalar, como normativa más significativa, el Acuerdo de París, adoptado por 197 países en 12 de diciembre de 2015 con efectos y entrada en vigor en el 4 de noviembre de 2016. Dicho acuerdo objetiva la reducción de emisiones globales de gases de efecto invernadero y limitar el aumento global de la temperatura que afectan al cambio climático a medio y largo plazo, en el contexto del desarrollo sostenible, a través de políticas de mitigación y adaptación.

En el ámbito de la Unión Europea, podemos destacar: el Reglamento 2018/2019 del Parlamento Europeo y del Consejo de 11 de diciembre de 2018 sobre gobernanza de la Unión de la Energía y de la Acción por el Clima, que crea una gobernanza que busca asegurar el logro de los objetivos generales y objetivos específicos de la Unión de la Energía para 2030 y a largo plazo, en consonancia con el Acuerdo de París de 2015; Paquete Europeo de Energía y Cambio Climático 2013-2020, cuyo objetivo principal fue construir las bases para dar cumplimiento a los compromisos en materia de cambio climático y energía asumidos por el Consejo Europeo en 2007; la Hoja de Ruta 2050, que consiste en un análisis y proyección sobre una economía baja en carbono que mantenga su competitividad; y el Marco 2030, que tiene por objetivo dar seguimiento al Paquete Europeo de Energía y Cambio Climático con horizonte temporal de 2030[333].

La Ley 7, 2021, de 20 de mayo, de cambio climático y transición energética (en adelante, LCCTE), trata de la materia en España y busca asegurar el cumplimiento del acuerdo de Paris[334]. Tampoco podemos dejar de citar los documentos de *soft law* implementados por el Estado Español: la Estra-

---

332 *Cfr*. Palomar Olmeda, A. «Ordenación y principios generales de la ley de cambio climático y transición energética», en Palomar Olmeda, A.; Terol Gómez, R. (dir). *Comentarios a la Ley 7/2021, de 20 de mayo, de cambio climático y transición energética.* Navarra: Aranzadi, 2021, p. 23.

333 Hay también que citar las siguientes comunicaciones de la Comisión Europea: «Un planeta limpio para todos: la visión estratégica europea a largo plazo de una economía prospera, moderna, competitiva y climática neutra», de 29 de noviembre de 2018; y «El Pacto Verde Europeo», de 11 de diciembre de 2019.

334 Debemos también indicar la siguiente normativa española sobre el tema: la Ley 1/2005, de 9 de marzo, por la que se regula el régimen del comercio de derechos de emisión de gases de efecto invernadero; el Real Decreto Legislativo 1/2016, de 16 de diciembre, de texto refundido de la Ley de prevención y control integrados de la contaminación; y la Ley 34/2007, de 15 de noviembre, de calidad del aire y protección de la atmósfera; la Ley 2/2011, de 04 de marzo, de Economía Sostenible.

tegia Española de Cambio Climático y energía Limpia, el Plan de Medidas Urgentes y el Plan Nacional de Adaptación al Cambio Climático. En el ámbito autonómico, solamente siete CC. AA. poseen legislación sobre la materia: Andalucía, Cataluña, las Islas Baleares, Navarra, Comunidad Valenciana, Islas Canarias y País Vasco [335].

En Brasil, el asunto es tratado en la Ley Federal n. 12.187, de 29 de diciembre de 2009, que establece la Política Nacional de Cambios Climáticos. Además, veinte y uno estados federados ya poseen leyes que abordan el tema[336]. No obstante, el Proyecto de Ley n. 1539/2021 está en tramitación en el Congreso Nacional y objetiva la actualización de la Política Nacional de Cambios Climáticos a las directrices firmadas por el Acuerdo de Paris.

El cambio climático es un fenómeno con impactos no sólo de naturaleza ambiental, sino también de carácter económico, social y cultural[337]. Como bien explica Soro Mateo «*la vis expansiva formidable del cambio climático en el Derecho ya afecta y va afectar a multitud de sectores del ordenamiento jurídico de modo transversal (piénsese en la ordenación del territorio y el urbanismo, el derecho de la energía, el transporte, las costas, la agricultura, la vivienda, la contaminación pública, entre otros) y señaladamente al Derecho Ambiental, tuitivo de los ecosistemas, del suelo, de la atmósfera y en definitiva de la calidad de vida o bienestar*»[338].

Tenemos como ejemplo de los efectos del cambio climático, la tragedia ocurrida en el Estado brasileño de Rio Grande do Sul en mayo de 2024[339].

335 Las leyes autonómicas sobre el cambio climático publicadas hasta el momento son: la Ley 16/2017, de 1 de agosto, del cambio climatic de Cataluña; Ley 8/2018, de 8 de octubre, de medidas frente al cambio climático y para la transición hacia un nuevo modelo energético en Andalucía; la Ley 10/2019, de 22 de febrero, de cambio climático y transición energética de Baleares; la Ley Foral 4/2022, de 22 de marzo, de Cambio Climático y Transición Energética de Navarra; la Ley 6/2022, de 5 de diciembre, de la Generalitat, del cambio climático y la transición ecológica de la Comunitat Valenciana; la Ley 6/2022, de 27 de diciembre, de cambio climático y transición energética de Canarias; y la Ley 1/2024, de 8 de febrero, de Transición Energética y Cambio Climático del País Vasco.

336 Solamente seis Estados, de los veinte y siete de la Federación, no poseen legislación sobre el cambio climático: Pará, Roraima, Maranhão, Rio Grande do Norte, Alagoas y Sergipe.

337 Jaquenod de Zsögön destaca que el cambio climático constituye un aspecto del cambio global. Según dicha autora el cambio global «abarca determinadas modificaciones más allá de los cambios climáticos». *Cfr*. Jaquenod de Zsögön, S. *Derecho Ambiental: El desafío del cambio global–ocho cuestiones clave*. Madrid. Dykinson, 2009, p. 15.

338 *Cfr*. Soro Mateo, B. «Marco jurídico general de la cuestión climática. Algunas reflexiones a la espera de la aprobación de la ley española de cambio climático y transición energética», en Hernández González, F. (Dir.). *El Derecho ante el reto del cambio climático*. Navarra. Aranzadi, 2020, p. 123.

339 *Vid.* Portal Estratégia. (2024). Atualidades. *Tragédia no Rio Grande do Sul: causas e consequências*. [en línea]. Disponible en: https://portal.estrategia.com/materias/atualidades/tragedia-no-rio-grande-do-sul-causas-e-consequencias/. [consulta: 28 octubre 2024].

Las inundaciones han afectado más de dos millones de personas en 458 municipios, generando impactos ambientales y socioeconómicos severos. La infraestructura de transporte y telecomunicaciones de la región fueron duramente dañadas, la prestación de servicios públicos (sanidad, educación) fue extremamente perjudicada, como también la actividad agropecuaria. No podemos olvidar que esta tragedia ha sido el mayor siniestro de la historia de Brasil, que generó un gran impacto en el mercado de seguros.

España también está sufriendo con los efectos del cambio climático. En octubre del año 2024, el fenómeno meteorológico conocido como DANA (Depresión Aislada en Niveles Altos) afectó gravemente el sur y este del territorio, generando grandes pérdidas humanas y materiales[340]. Los perjuicios causados por la DANA van a exigir un gran esfuerzo de las AA. PP. y ciudadanía para la reconstrucción, como en el caso brasileño. Lógicamente que los impactos sociales y económicos van a generar conflictos de difícil solución en la vía judicial.

A través de estos ejemplos podemos verificar como un evento climático extremo puede generar conflictos no sólo entre particulares sino también entre las AA. PP. de los Estados nacionales y entre ellas y los administrados[341]. Considerando la extensión del evento climático, también podemos pensar en conflictos entre Estados Naciones, sobre todo por el desplazamiento de personas, los refugiados climáticos[342].

Por ello, que la Conferencia de las Naciones Unidas sobre el Cambio Climático (COP30), que se celebrará en Brasil, en noviembre de 2025, trae como uno de los ejes temáticos la Justicia Climática. Ojalá que esta conferencia internacional genere propuestas efectivas para el enfrentamiento de la cuestión climática, basados en la consensualidad y participación de la sociedad.

Cuestiones relacionadas a las políticas de mitigación[343] y adaptación[344], por ejemplo, pueden generar conflictos entre las AA. PP. y los adminis-

340 *Vid.* Cnn Español. (2024). *Los factores alrededor de la devastación por la DANA «sin precedentes» en España: sorpresa, cambio climático y el papel de los mensajes de alerta.* [en línea]. Disponible en: https://cnnespanol.cnn.com/2024/10/30/hubo-fallos-prevision-y-alerta-dana-tragedia-espana-orix/. [consulta: 02 noviembre 2024].

341 *Vid.* Soro Mateo, B. (2020). *Op. cit.*, pp. 127-128.

342 *Vid.* Soro Mateo, B. Responsabilidad pública, vulnerabilidad y litigios climáticos. Revista Aragonesa de Administración Pública, n. 54, 2019, pp. 57-140.

343 Las políticas de mitigación implican en modificaciones en la actividad económica y en las actividades habituales de las personas con el objetivo de reducir o hacer menos severos los efectos del cambio climático. Según Jaquenod de Zsögön las acciones de mitigación están ligadas con el ahorro energético a través del uso eficiente de la energía producida. *Cfr.* Jaquenod de Zsögön, S. (2009). *Op. cit.*, p. 100.

344 Las políticas de adaptación consisten en desarrollar de medidas capaces de afrontar las consecuencias del cambio climático que no podemos evitar. Según Jaquenod de

trados. No podemos olvidar que estos asuntos pueden estar en el borde de discrecionalidad de las AA. PP., lo que abre espacio para la utilización de la mediación administrativa extrajudicial. Como hemos visto, Chile ha creado la ASCC, que se utiliza de mecanismos de diálogo y cooperación entre el público y el privado para solventar cuestiones relacionadas al cambio climático.

En el ordenamiento jurídico español, podemos indicar como espacio para aplicación de la mediación administrativa extrajudicial en el ámbito de los conflictos del cambio climático, la previsión del artículo 28 de la LCCTE. Dicho artículo trata de los convenios de transición justa, que objetivan fomentar la actividad económica y su modernización, como también la empleabilidad de trabajadores vulnerables y colectivos en riesgo de exclusión en la transición hacia una economía baja en emisiones de carbono.

En la construcción de estos convenios, que pueden participar la sociedad civil (empresas, organizaciones sindicales, universidades, centros educativos, asociaciones, organizaciones ambientales no gubernamentales, etc.), es posible la aplicación de la mediación administrativa extrajudicial, una vez que ellos incluyen compromisos de las partes participantes en el convenio. Además, la propia ley establece que las medidas de apoyo a la I+D+i, de digitalización, de emprendimiento, de empleo, de protección social y actividades formativas para incentivar la adaptación de los trabajadores pueden ser adoptadas en el ámbito de los convenios de transición justa, que incluyen asuntos que están en el ámbito de la discrecionalidad y son susceptibles de transacción, por lo tanto, mediables. La aplicación de la mediación en el ámbito de los convenios de transición justa amplia la participación democrática, como también ofrece más efectividad a los acuerdos.

Tampoco podemos olvidar que cuestiones relacionadas al cambio climático pueden generar procedimientos administrativos que discuten la actuación administrativa o la inactividad de las AA. PP., de manera que también será posible la aplicación de la mediación para la terminación convencional del procedimiento, en la forma que ya hemos comentado.

En el ordenamiento jurídico brasileño, la Ley 12.187, de 29 de diciembre de 2009, establece la Política Nacional de Cambio Climático. El Proyecto de Ley n. 1539/2021, que objetiva actualizar la Política Nacional de Cambio Climático al contexto del Acuerdo de Paris y a los nuevos retos del cambio climático, por desgracia, no aborda el tema de los conflictos del cambio climático, de manera que no trae ningún mecanismo específico para solventar dichas disputas.

ZSÖGÖN la adaptación implica en la adopción de medidas para que seamos más resilientes al clima actual y menos susceptibles a los impactos del cambio del clima en el futuro. *Cfr*. JAQUENOD DE ZSÖGÖN, S. (2009). *Op. cit.*, p. 138.

No obstante, con fundamento en las normas vigentes, es posible la utilización de la mediación administrativa extrajudicial para la solución de conflictos del cambio climático con base en la Ley Federal n. 13.140, de 26 de junio de 2015, siempre que el asunto sea mediable.

El actual Gobierno brasileño ha demostrado una preocupación con el cambio climático, de manera que el «Ministerio del Medio Ambiente» pasa a llamarse de «Ministerio del Medio Ambiente y del Cambio Climático». La actual Ministra del Medio Ambiente, Marina Silva, señala en su discurso de transmisión del puesto que esta nueva nomenclatura no es retórica, sino reflejo de la emergencia climática que se impone[345]. Ella destaca que este tema debe ser tratado con la participación de todos los niveles gubernamentales, como también de los representantes de toda la sociedad brasileña, incluyendo el sector productivo, académico, científico y de la sociedad civil[346]. Por tanto, podemos decir que existe una tendencia de valoración de mecanismos dialógicos y extrajudiciales para la resolución de disputas medioambientales.

De lege lata, estas serían las posibilidades de aplicación de la mediación administrativa extrajudicial para la solución de disputas ambientales en Brasil y España. En el próximo epígrafe reflexionaremos sobre los avances legislativos necesarios para la efectividad de la mediación administrativa extrajudicial en materia medioambiental, en Brasil y España.

6. Avances normativos necesarios para la efectividad de la mediación administrativa extrajudicial en la solución de conflictos ambientales en Brasil y España

Para que sea posible avanzar en la apertura efectiva del acceso a la justicia ambiental, es necesario ajustar la normativa medioambiental para el alcance de este propósito, no solo en la perspectiva interna, sino también en los planes internacional y regional. Por ello, en este apartado trabajaremos en sugestiones de cambios normativos, con especial atención a los ordenamientos objeto de estudio en esta investigación, con el propósito de ofrecer caminos más efectivos para la ampliación del acceso a la justicia ambiental.

---

345 *Cfr*. SILVA, M. Discurso da Ministra do meio ambiente e mudança do clima. [en línea]. Texto disponible en: https://www.gov.br/pt-br/noticias/meio-ambiente-e-clima/2023/01/discurso-da-ministra-do-meio-ambiente-e-mudanca-do-clima-marina-silva. [consulta: 22 enero 2023].

346 *Ibid.*

6.1. En la perspectiva Internacional y Regional

Como hemos visto en los apartados anteriores, el Convenio de Aarhus poco avanzó con relación al acceso a la justicia ambiental. El Convenio de Aarhus ciertamente fue una oportunidad perdida para implementar avances significativos en este tema. El Acuerdo de Escazú avanza más en este tema, sin embargo, no ofrece herramientas concretas para el alcance de esto reto.

En los dos casos, las partes del tratado quedan con la tarea de establecer mecanismos que eliminen o reduzcan las barreras de acceso a la justicia ambiental. Así, verificamos la necesidad de los bloques regionales desarrollaren normativas de impulso a los países integrantes de normas que faciliten efectivamente el acceso a la justicia ambiental.

Por tanto, en el ámbito de la Unión Europea hace falta una directiva que disponga sobre acceso a la justicia ambiental, creando mecanismos mínimos de acceso que serían traspasados a los ordenamientos internos. Temas como la gratuidad del acceso a la jurisdicción, la legitimación de las ONG para actuación en la vía judicial o extrajudicial, como también la solución extrajudicial de conflictos ambientales estarían presentes en esta directiva. Lo mismo podemos decir del MERCOSUR que podría contar con una norma marco sobre el asunto, ayudando en la homogenización del acceso a la justicia en la región, como también facilitando la solución de conflictos transfronterizos.

6.2. En la perspectiva interna

Aún en este capítulo, hemos visto que los ordenamientos jurídicos español y brasileño admiten, en determinadas circunstancias, la aplicación de la mediación administrativa extrajudicial para la solución de disputas ambientales. Es decir que esta metodología de solución de conflictos puede ser aplicada inmediatamente sin vulneración al derecho positivo de dichos países.

No obstante, constatamos que para una mayor efectividad y eficacia de esta posibilidad facilitada por el ordenamiento jurídico brasileño y español, es necesario más desarrollo legislativo. Como hemos demostrado en esta investigación, todavía existen dudas sobre la aplicabilidad de la mediación el ámbito administrativo-ambiental. También es necesario reconocer que ningún de los ordenamientos, brasileño o español, dispone sobre el procedimiento de mediación administrativa, lo que dificulta la aplicabilidad de esta metodología en el ámbito del derecho público. Por ello, algunos avances legislativos son necesarios para garantizar la eficiencia del procedimiento de mediación en el ámbito medioambiental, como también evitar cuestionamientos sobre la validez y eficacia de los acuerdos.

Pasaremos al análisis de los avances legislativos comunes y específicos de los sistemas brasileño y español que entendemos necesarios para garantizar una mejor efectividad de la mediación administrativa extrajudicial en el ámbito medioambiental.

6.2.1. Sugerencias de avances legislativos comunes a Brasil y España

Hemos visto que la mediación administrativa extrajudicial, sea en Brasil o en España, no necesita de desarrollo legislativo para su aplicación inmediata. La legislación vigente permite su aplicación, aunque con restricciones que pueden afectar su efectividad. En Brasil, el ordenamiento jurídico posee norma que trata de la autocomposición administrativa, la Ley federal n. 13.140, de 26 de junio de 2015, sin embargo, dicha norma no regla mínimamente el procedimiento de mediación en ámbito administrativo[347]. En España, la LPACAP solamente dispone sobre la utilización de la mediación para terminación convencional del procedimiento y para la sustitución del recurso de alzada o de reposición, sin reglar mínimamente el procedimiento. Por ello, entendemos deseable el desarrollo legislativo en este asunto para que sea posible garantizar el máximo de efectividad en su aplicación.

Es necesario, tanto en el sistema brasileño como en el sistema español, el desarrollo de ley específica sobre mediación administrativa. La mediación en el ámbito administrativo tiene que adaptarse a los principios de Derecho público, en especial a la legalidad y publicidad. Por tanto, entendemos que una norma general y de ámbito nacional debería ser publicada, abordando especialmente los siguientes puntos: principios aplicables, sujetos intervinientes, naturaleza del acuerdo y consecuencias en caso de su incumplimiento, mediabilidad objetiva, mediación colectiva, derechos y garantías de los administrados, procedimiento en línea y autorización para la realización del acuerdo. Tal reglamento se muestra posible sin la vulneración de las competencias de los entes subnacionales, sea en el caso de Brasil o de España.

Sobre la mediabilidad objetiva, entendemos que la ley no debe definir los asuntos mediables, sino diseñar los contornos para que se pueda definir que asuntos son susceptibles de mediación. Sin embargo, en el ámbito de la regulación sublegal se podría definir algunos asuntos con el objetivo de facilitar la aplicación de la mediación y generar más seguridad jurídica, sobre todo para los representantes de las AA. PP.

---

347 La Ley federal n. 13.140, de 26 de junio de 2015, simplemente indica la utilización del procedimiento de derecho privado, en la hipótesis de inexistencia de Cámaras de Prevención y Resolución Administrativa de Conflictos (art. 33).

Otro punto muy relevante es la regulación de la mediación colectiva. En el caso de conflictos de naturaleza difusa o colectiva, como suele a ocurrir en materia medioambiental, es necesario un procedimiento especial para la solución de este tipo de disputa. No podemos olvidar que la mediación tiene su origen en el derecho privado y en este sector es aplicada mayoritariamente para la solución de conflictos individuales. Cuestiones relativas a la legitimación para participar del procedimiento y eficacia del acuerdo, por ejemplo, deben ser afrontadas para la mejor aplicabilidad de la mediación colectiva.

La utilización del procedimiento en línea es también una situación que merece reglamento específico. Esto porque la tendencia de las AA. PP. contemporáneas es la «smartificación» de su actuación[348]. Por tanto, la resolución de conflictos en

---

348 Suárez Xavier, la smartificación consiste en «*un proceso de renovación de las técnicas clásicas de funcionamiento de las inatituciones, que se basa en el fenómeno de "big data" para emplear la inteligencia artificial, mediante el uso de algoritmos en las actividades que realiza*». *Cfr*. Suárez Xavier, P.R. *Reconocimiento Facial y Policía Predictiva: Entre Seguridad y Garantías Procesales.* A Coruña: Editorial Colex, 2022, p. 27. Sobre los algoritmos, es importante destacar que el primer autor español a introducir el estudio de los algoritmos al Derecho Administrativo ha sido Huergo Lora. Según dicho autor, «*los "procedimientos" administrativos o judiciales son, al menos en cierto modo, algoritmos, en la medida en que se componen de pasos dotados de un contenido determinado, que han de seguirse para llegar a una solución (la resolución o acto final del procedimiento)*». *Cfr*. Huergo Lora, A. J. «El uso de algoritmos y su impacto en los datos personales». [en línea]. *Revista De Derecho Administrativo*, n.20, nov./2021, p. 167. [consulta: 10 mayo 2022]. Disponible en: https://revistas.pucp.edu.pe/index.php/derechoadministrativo/article/view/25207. Véase también: Huergo Lora, A. J. «Una aproximación a los algoritmos desde el derecho administrativo», en Díaz González, G. M.; Huergo Lora, A. J. (dir.). *La regulación de los algoritmos*. Navarra. Aranzadi, 2020, pp. 23-87; Barona Vilar, S. *Algoritmización del Derecho y de la Justicia: De la Inteligencia Artificial a la Smart Justice.* Valencia. Tirant lo Blanch, 2021; Ponce Solé, J. «Inteligencia artificial, Derecho administrativo y reserva de humanidad: algoritmos y procedimiento administrativo debido tecnológico». *Revista General de Derecho Administrativo*, Iustel, n. 50, enero 2019; Valero Torrijos, J. «Administración pública, ciudadanos y nuevas tecnologías». *Revista Jurídica de la Región de Murcia*, ISSN 0213-4799, n. 25, 1998, pp. 13-35; Torrijos, J. «Las garantías jurídicas de la Inteligencia Artificial en la actividad administrativa desde la perspectiva de la buena administración». [en línea]. *Revista Catalana de Dret Públic*, pp. 82-96, julio, 2019. [en línea] [consulta: 10 enero 2021]. DOI: http://dx.doi.org/10.2436/rcdp.i58.2019.3307. Disponible en: http://revistes.eapc.gencat.cat/index.php/rcdp/article/view/10.2436-rcdp.i58.2019.3307; Gamero Casado, E. «El marco general de la administración electrónica en Andalucía: situación actual y necesidades normativas». *Revista Andaluza de Administración Pública*, núm. 78, Sevilla, 2010, pp. 53-107; y Gamero Casado, E. *Desafíos del Derecho Administrativo ante un mundo en disrupción*. Granada: Comares, 2015. Importante también destacar los siguientes documentos de la UE: Parlamento Europeo. «*Artificial Intelligence and Law Enforcement–Impact on Fundamental Rights*». (Estudio). Departamento Temático de Derechos de los Ciudadanos y Asuntos Constitucionales, PE 656.295–Julio 2020. [en línea] [consulta: 19 septiembre 2020]. Disponible en: https://www.europarl.europa.eu/RegData/etudes/STUD/2020/656295/IPOL_STU(2020)656295_EN.pdf; *Libro Blanco sobre la inteligencia artificial-un enfoque europeo orientado a la excelencia y la confianza.* [en línea]. Bruselas. Comisión Europea, 2020, p. 02-03. [en línea] [consulta: 10 enero 2020]. Disponible en: https://op.europa.eu/es/publication-detail/-/publication/aace9398-594d-11ea-8b81-01aa75ed71a1.

la vía administrativa también sufre los influjos de las nuevas tecnologías. Así, la legislación debe prever las peculiaridades del entorno digital, especialmente con relación a las garantías y los derechos de los administrados.

Tampoco podemos olvidar de las reglas de autorización para la realización del acuerdo, que deben contemplar un rito célere y, siempre que posible, un único instrumento normativo. El exceso de burocracia constituye un desestímulo a la realización del acuerdo y en consecuencia un estímulo a la resolución del conflicto en el ámbito judicial.

Las peculiaridades del conflicto ambiental deben ser abordadas en ley que cuide del acceso a la justicia ambiental, dejando para la regulación específica solamente las cuestiones relacionadas a bienes ambientales específicos (agua, suelo, v.g.) para garantizar la mejor aplicación del procedimiento de solución del conflicto. Como hemos comentado, algunas leyes brasileñas y españolas abordan la posibilidad de mediación en dichas leyes sectoriales, pero no avanzan en las peculiaridades del procedimiento.

6.2.2. Sugerencias de avance legislativo en Brasil

En el ámbito sancionador, no obstante, sea posible aplicar inmediatamente los preceptos del artículo 26 de la LINDB (Decreto-ley n. 4.657, de 4 de setiembre de 1942, con las alteraciones de la Ley federal n. 13.655, de 25 de abril de 2018) y del artículo 32.III de la Ley federal n. 13.140, de 26 de junio de 2015, para la mejor efectividad del precepto es deseable desarrollo legislativo.

Por lo tanto, para la mejor utilización de la mediación administrativa en el ámbito sancionador hace falta una disciplina referente a su procedimiento, ámbito de aplicación y definición de las medidas que pueden promover la adecuada reparación del daño y la sustitución de la sanción administrativa. En el ámbito del derecho ambiental, entendemos que en complemento puede haber una disciplina específica relacionada a cada bien o interés ambiental objeto de protección. Esta regulación estaría prevista en la legislación sectorial pertinente, para mejor cuidar de estes aspectos tan peculiares.

Con relación a las otras categorías de conflictos ambientales (aquí se excluyen los oriundos de la potestad sancionadora), hace falta una ley específica que verse en carácter general sobre acceso a la justicia ambiental, abordando los temas necesarios a la apertura de dicho acceso en la vía judicial y extrajudicial, en especial la utilización de la mediación administrativa para la solución de dichas disputas. Además, los avances previstos en el Acuerdo de Escazú deberían ser traspuestos en esta ley, destacando el trato a las personas y poblaciones vulnerables.

En lo que se refiere a los conflictos de cambio climático, entendemos que el Proyecto de Ley n. 1539/2021 debería ser modificado para contemplar dicho tema y establecer los mecanismos extrajudiciales hábiles a la solución de dichas disputas, incluyendo la mediación. El cambio climático es un tema actual, sobre todo en un momento que observamos los cambios extremos en el clima, crisis económica, conflictos militares y escasez energética. En este panorama los conflictos de cambio climático estarán presentes y necesitarán de una respuesta célere, flexible y plural.

6.2.3. Sugerencias de avance legislativo en España

En España, la mediación administrativa es aplicable, desde un punto de vista general, para la terminación convencional del procedimiento, con fundamento en el artículo 86.1 de la LPACAP, como también para la sustitución del recurso de alzada o de reposición, con fundamento en el artículo 112.1, desde que exista norma de desarrollo. Estos preceptos, en nuestro entendimiento, son aplicables al procedimiento administrativo sancionador, sin la necesidad de desarrollo sectorial. Sin embargo, algunas leyes hacen referencia expresa a la utilización de mecanismos consensuales o de la mediación en el ámbito de la potestad sancionadora, a ejemplo del Reglamento Penitenciario y la Ley General Penitenciaria. Además, la Ley 3/2022, de 24 de febrero, de convivencia universitaria, pone la mediación como la base para la solución de conflictos en este ámbito.

No obstante, entendemos que es deseable, en España, una disciplina sancionadora que complementa las disposiciones de la LPACAP, disponiendo especialmente sobre: el procedimiento de resolución de aplicación de medidas consensuales, el ámbito de aplicación, la definición de las medidas que pueden sustituir a la sanción administrativa, las consecuencias del incumplimiento del acuerdo y el monitoreo de la reparación del daño. En el ámbito ambiental, debido a las peculiaridades de determinados bienes e intereses ambiental, tal como en Brasil, entendemos que una regulación sectorial especifica generará más seguridad jurídica y una protección ambiental más efectiva.

Con relación a las demás cuestiones medioambientales, susceptibles de mediación administrativa extrajudicial, entendemos que la Ley 27/2006, de 18 de julio, por la que se regulan los derechos de acceso a la información, de participación pública y de acceso a la justicia en materia de medio ambiente, necesita de cambios para incorporar la mediación al capítulo de acceso a la justicia en materia de medio ambiente. La alteración en dicha ley trataría de temas como: legitimación para la participación en los procedimientos de mediación, costo del procedimiento de mediación, consecuencias del incumplimiento del acuerdo, mediabilidad objetiva y la utilización de mecanismos digitales en el procedimiento.

Sobre los conflictos de cambio climático, entendemos que la LCCTE debe ser modificada para contemplar dicho tema, en especial los mecanismos extrajudiciales de resolución de este tipo de disputa. Este, incluso, es el sentido del planteamiento de García Pérez y Sanz Larruga al comentar el artículo 20 de la LCCTE cuando afirman que «*en el momento actual se impone la improrrogable necesidad de una nueva cultura administrativa, basada en el esfuerzo permanente de concertación*»[349]. Aunque dicha ley no traiga obstáculos a la utilización de la mediación para la construcción de los convenios de transición justa (art. 28), hace falta un tratamiento más amplio sobre conflictos de cambio climático, con referencia expresa a la solución extrajudicial y a la efectiva participación de la sociedad civil en el proceso de toma de decisiones.

349 *Cfr*. García Pérez, M; Sanz Larruga, J. F. «A propósito del artículo 20 de la Ley de Cambio Climático y Transición Energética: un déja vù desde el Observatorio del Litoral». *Actualidad Jurídica Ambiental,* n. 113, junio/2021, p. 70.

CONCLUSIONES

En el contexto del Estado contemporáneo, que adopta la perspectiva relacional, la comprensión del acceso a la justicia y de la tutela judicial efectiva asume un sentido más amplio, incorporando mecanismos extrajudiciales de solución de conflictos. Implica que el derecho de acceso a la justicia no puede ser reducido al derecho de demandar ante a los tribunales. Además, la respuesta jurisdiccional no es siempre la forma más adecuada de resolución de una controversia, puede, incluso, generar injusticia. Por ello, el sistema de justicia debe buscar no sólo el acceso a la jurisdicción, sino la apertura a múltiples posibilidades de solución de disputas que permita la construcción de un sistema sostenible y realizador de la dignidad humana. Desde esta perspectiva, los ADR son mecanismos que facilitan el acceso a la justicia y la tutela judicial efectiva.

El paradigma de la Administración pública relacional se conecta con el modelo de Estado de Derecho Ambiental, una vez que este último busca concretar una existencia humana más digna y sana, con fundamento en la solidaridad, la participación democrática, la responsabilidad ambiental y la sostenibilidad. Para la protección y defensa efectiva del medio ambiente, en una sociedad de riesgo y globalizada, es necesaria una gobernanza relacional, capaz de involucrar actores estatales y no estatales para la construcción de políticas públicas ambientales, en un esquema de corresponsabilidad.

Para alcanzar este objetivo, el Estado de Derecho Ambiental se apoya en la sostenibilidad, compatibilizando la actividad económica con la protección del medio ambiente y el desarrollo humano. Las Constituciones de Brasil y España incorporan esta concepción de Estado de Derecho Ambiental, ya que reconocen el derecho al medio ambiente sano y adecuado al desarrollo digno de las personas, relacionándolo con los objetivos económicos del Estado.

En un Estado de Derecho Ambiental, la responsabilidad ambiental es un componente importante, dotado de un carácter preventivo y represivo, con repercusiones en el derecho penal, civil y administrativo. Los principios ambientales de prevención, precaución y «quien contamina paga» fundamentan esta responsabilidad ambiental, que genera para las AA. PP. un doble rol: respecto a las normas ambientales en el desarrollo de sus actividades y de fiscalización y de control de las actividades de terceros. En la aplicación de dichos principios que conducen a la responsabilidad se debe siempre buscar el balance entre las distintas dimensiones de la sostenibilidad, considerando los cambios y transformaciones de la vida económica, social, jurídica y del medio ambiente.

En este marco jurídico, para la protección del medio ambiente, además del desarrollo de políticas públicas sostenibles, es fundamental el desarrollo de mecanismos preventivos (que buscan prevenir el daño) y represivos (que buscan fundamentalmente la reparación del daño) de tutela ambiental. Las AA. PP. deben invertir más en la tutela ambiental preventiva, ya que la tutela represiva tiene lugar cuando las medidas de carácter preventivo fallan y permiten que ocurra el daño ambiental que es de difícil o imposible reparación. Por tanto, cuando sea necesaria la aplicación represiva, siempre hay que buscar la tutela extrajudicial, dejando la tutela judicial como *ultima ratio*. Las medidas de carácter extrajudicial, aunque represivas, tienden a ser más céleres, flexibles y participativas, por lo tanto, más efectivas a la prevención y recomposición del daño al medio ambiente.

Brasil y España poseen mecanismos extrajudiciales de tutela ambiental, pero es necesario invertir más en consenso y participación, sobre todo a través de la utilización de los ADR en cualquier fase del procedimiento administrativo. Los ADR de naturaleza consensual son útiles no solo en el ámbito de la reparación civil del daño, sino también en el ámbito sancionador como herramientas educativas y de prevención del daño ambiental.

En el ámbito judicial, en ambos países, es necesario garantizar mecanismos procesales adecuados a los conflictos colectivos. En España la tutela judicial del medio ambiente carece de herramientas procesales de naturaleza colectiva dotadas de una legitimación procesal más amplia, como también de reglas específicas sobre medidas cautelares y el costo del proceso judicial ambiental, estableciendo políticas de gratuidad para las demandas colectivas. En Brasil, no obstante, haya un conjunto de acciones colectivas idóneas para la protección ambiental, es necesario perfeccionarlas, sobre todo en lo que toca a la prueba y al costo de su producción. En este escenario, los ADR ayudan a superar los obstáculos para el alcance de la tutela ambiental efectiva, sea en el ámbito judicial o extrajudicial, induciendo el diálogo colectivo y el consenso.

No podemos olvidar que los conflictos medioambientales están dotados de características singulares, que exigen soluciones céleres, flexibles y participativas. Por tanto, este tipo de disputa se muestra poco compatible con la respuesta ofrecida por el Poder Judicial. Primero porque el conflicto ambiental es integrado por una pluralidad de actores y posiciones, de manera que la solución adjudicada, basada en el sistema *winner-loser*, no genera la respuesta más adecuada a este tipo de disputa. Además, en esta pluralidad de posiciones casi siempre está presente la confrontación entre intereses públicos, individuales, colectivos y difusos, lo que añade más complejidad a la disputa. También es necesario considerar la multidisciplinariedad de estos conflictos, que exige la aplicación conocimientos no jurídicos para su adecuada solución, siendo muy difícil de desarrollar dicha circunstancia en el ámbito de una demanda judicial. La necesidad de respuesta rápida para evitar males mayores al medio ambiente y viabilizar su pronta reparación es otro elemento que particulariza la disputa ambiental y, en consecuencia, su solución. Por fin, el carácter intergeneracional, inherente al conflicto ambiental, añade más complejidad aún, ya que el conflicto ambiental transciende el presente, reforzando el carácter difuso de las disputas ambientales. Estas características demuestran que la tutela judicial no es la más adecuada para tratar los conflictos ambientales. Es necesario añadir efectividad y sostenibilidad a la justicia ambiental, lo que es posible con la adopción de los ADR. Las experiencias en países como los Estados Unidos y Canadá demuestran la efectividad de la aplicación de los ADR en la solución de disputas ambientales.

A partir del análisis de las características de los conflictos ambientales podemos identificar las ventajas en la adopción de los ADR para la solución de dichas disputas. El carácter intergeneracional, la intertemporaliedad y la incertidumbre de los conflictos ambientales exige la mutación de los acuerdos con el decurso del tiempo, permitiendo que el ajuste se muestre eficaz en el futuro. El carácter predominantemente difuso y colectivo de las diputas ambientales impone una multiplicidad de partícipes, de manera que la flexibilidad de estos métodos se adecua más fácilmente a esta necesidad. La cuestión de los costos del procedimiento gana otra connotación en el campo de los ADR, debido a su reducción frente al proceso judicial, como también a la posibilidad de realización de ajustes relacionados a los gastos del procedimiento. La interdisciplinariedad, propia de los conflictos ambientales, puede ser desarrollada en las herramientas de ADR.

Tampoco podemos olvidar las posibilidades de inserción de la tecnología para la solución de estos conflictos, que dialoga con esta tendencia relacional y de «smartificación» de las AA. PP. A través de los ODR es posible simplificar los procedimientos, reducir las distancias y ampliar el diálogo plural para la defensa del medio ambiente.

Otro punto para reflexión es a descongestión del Poder Judicial a través de los ADR. Aunque esto no sea el objetivo principal de la utilización de los ADR en el contexto relacional, constituye un factor relevante para su utilización. Por tanto, los ADR representan efectivamente un cambio profundo en la forma de comprender las relaciones y los conflictos, de manera que facilitan la apertura hacia una justicia ambiental plural y sostenible.

Las dificultades para la implantación de estos mecanismos para la solución de disputas ambientales no pueden ser olvidadas, aunque no sean insuperables. La asimetría entre las partes, la indisponibilidad del interés público, la confidencialidad del procedimiento y la autotutela administrativa son cuestiones que dificultan la aplicación de los ADR, pero no hacen inviables su adopción.

La idea de justicia ambiental, en un Estado de Derecho Ambiental, está conectada a la efectiva protección del medio ambiente a través de la participación de los administrados en el proceso de toma de decisión. El derecho de acceso a la justicia ambiental debe ser examinado bajo esta perspectiva significando algo más que acceso a la jurisdicción ambiental. El Convenio de Aarhus falla, en la medida que trata del acceso a la justicia solamente como acceso a la jurisdicción dejando de traer los ADR como mecanismos de apertura de dicho acceso. Sin embargo, el Convenio de Aarhus representa un importante avance en la consolidación de la Democracia ambiental, ya que intenta regular el contenido del Principio 10 de la Declaración de Río. El Acuerdo de Escazú avanza un poco más que el Convenio de Aarhus, en la medida que dispone expresamente la necesidad de desarrollo de mecanismos alternativos de resolución de conflictos ambientales, tales como la mediación y la conciliación. Por ello, el Acuerdo de Escazú adopta un concepto más amplio de acceso a la justicia ambiental, que no es equivalente al acceso a la jurisdicción. Además, el Acuerdo de Escazú enfatiza la necesidad de desarrollo de medios de ejecución de decisiones judiciales y administrativas, lo que puede ser obtenido con los ADR[350]. Entre los ADR, la mediación es el método cuya aplicación se destaca en el contexto medioambiental, debido a su carácter consensual, susceptible de aplicación interdisciplinar y de participación colectiva. Además, la mediación en el ámbito extrajudicial facilita la prevención del conflicto, ya que permite su gestión, ajustándose a las bases del Estado de Derecho Ambiental y al modelo de Administración pública relacional.

El Estado español desarrolló las directrices fijadas en el Acuerdo de Aarhus en la Ley 27/2006, de 18 de julio, sin embargo, no avanza mucho en el tema del acceso a la justicia ambiental. El sentido empleado por la Ley 27/2006, de 18 de julio, es de justicia ambiental como sinónimo de jurisdicción ambiental, pero tampoco progresa en este ámbito, ya que afronta de manera muy exigua cuestiones como la legitimación, asistencia jurídica gratuita y acción popular. Los números de la jurisdicción contencioso-administrativa demuestran que la Ley 27/2006 poco avanzó en la promoción del acceso a la justicia ambiental, ya que estos datos evidencian el amplio plazo de tramitación de los procesos en materia ambiental y el alto índice de congestión de la jurisdicción contencioso-administrativa. Los datos estadísticos de la Comisión Europea ratifican esta constatación, una vez que registran un relevante número de infracciones por España a la legislación de la UE en materia ambiental. Los datos del Atlas de Justicia Ambiental también refuerzan esta constatación, al poner España entre los diez países con más casos de conflictos medioambientales reportados. Además, la ausencia de datos oficiales más detallados sobre la justicia ambiental española agudiza la situación.

---

350 *Vid.* García Pérez, M. «La mediación intrajudicial en ejecución de sentencia. El caso del antiguo edificio de Fenosa (A Coruña, España)», en Fonseca, I. C. M. (Coord.). *Estudos de Conciliação, Mediação e Arbitragem: o estado da arte. Coleção Estudos Jurídicos–Mestrado em Direito Administrativo.* Braga. Núcleo de Estudos de Direito Ius Pubblicum, 2019, pp. 85-122.

El Estado brasileño todavía no ha ratificado el Acuerdo de Escazú, situación que representa un retroceso en el desarrollo del Principio 10 de la Declaración de Río. Además, el Acuerdo de Escazú representa un avance importante en la protección de los más vulnerables y en el fortalecimiento de las capacidades y de la cooperación entre los países de la región. En Brasil no hay una ley que desarrolle específicamente los derechos de acceso, pero algunas leyes tratan, aunque de forma delimitada a ciertos ámbitos, de los derechos de acceso a la información ambiental y de participación en cuestiones medioambientales, como la Ley Federal n. 10.650, de 16 de abril de 2003, que dispone sobre el acceso a los datos e información existente en los órganos o entidades del Sistema Nacional del Medio Ambiente y la Ley Federal n. 6.938, 31 de agosto de 1981, que dispone sobre la política nacional del medioambiente, sus fines y mecanismos de formulación y aplicación. Esta ausencia de disciplina uniforme de los derechos de acceso también repercute en la inefectividad de la justicia ambiental. Los datos del CNJ conjugados con los datos del Atlas de Justicia Ambiental (que pone Brasil entre los cinco países con más casos de conflictos medioambientales reportados) ratifican la necesidad de cambio en la gobernanza de los conflictos medioambientales que deberá estar direccionada hacia la resolución consensual de las controversias, en especial, por medio de la mediación que también permite la gestión del conflicto.

Brasil y España necesitan cambiar sus políticas de gestión y solución de conflictos ambientales para la adecuación al Estado de Derecho Ambiental y al modelo de Administración pública relacional. Para este cambio de paradigma, la mediación administrativa extrajudicial se presenta como camino idóneo para afrontar los problemas ambientales de los contemporáneos, a través del consenso, diálogo y corresponsabilidad. El Derecho de Brasil y España ya admiten la utilización de la mediación para la solución de conflictos ambientales de manera puntual, pero es necesario perfeccionarlas para la ampliación del acceso a la justicia ambiental y obtención de una mayor efectividad en la solución y gestión de estos conflictos.

De lege lata, en Brasil, es posible que los órganos ambientales de las APPP ya utilicen el dispuesto en el artículo 26 de la Ley de Introducción a las Normas Brasileñas (Decreto-ley n. 4.657, de 4 de setiembre de 1942, con las alteraciones de la Ley Federal n. 13.655, de 25 de abril de 2018) y el artículo 32.III de la Ley Federal n. 13.140, de 26 de junio de 2015, para realizar mediaciones administrativas extrajudiciales con el reto de promover la adecuada reparación del daño y regularizar situaciones que puedan generar la imposición de sanciones de carácter administrativo-ambiental. En España, la legislación vigente (LPACAP) admite la utilización de la mediación en el ámbito sancionador como medida de terminación convencional del procedimiento administrativo, sin la necesidad de edición de norma sectorial específica. Además, una vez presente la mediabilidad objetiva, constatable a través de la posibilidad de transacción, no quedan dudas de que los ordenamientos jurídicos de Brasil y España admiten la utilización de mediación administrativa, aplicable para la solución de conflictos medioambientales en las que las AA. PP. sean parte. El ámbito de las competencias discrecionales se observa una mayor amplitud para la aplicación de la mediación administrativa extrajudicial.

De lege ferenda, en el ámbito regional, hace falta que UE y MERCOSUR actúen regulando el tema del acceso a la justicia ambiental de manera amplia, incorporando los ADR como mecanismos de apertura de dicho acceso. Las normas de carácter regional permiten la homogenización del tema entre los países que afrontan problemas ambientales semejantes o comparten de los mismos problemas. En el ámbito de los sistemas brasileño y español, es necesario el desarrollo de una norma específica sobre mediación administrativa para promover la adecuada adaptación del mecanismo al derecho público, abordando los siguientes aspectos: principios aplicables, sujetos intervinientes, naturaleza del acuerdo y consecuencias en caso de su incumplimiento, mediabilidad objetiva, mediación colectiva, derechos y garantías de los administrados, procedimiento en línea y autorización para la realización del acuerdo. Las peculiaridades del conflicto ambiental deben ser abordadas en ley que se ocupe del acceso a la justicia ambiental, dejando para la regulación específica solamente las cuestiones relacionadas con bienes ambientales específicos. En Brasil, para un mejor uso de la mediación en el ámbito de la potestad sancionadora, hace falta la regulación referente al procedimiento y definición del ámbito de aplicación, de las medidas idóneas para la reparación de daño y la sustitución de la sanción administrativa. En el ámbito medioambiental, como complemento, puede haber una disciplina específica en la legislación sectorial pertinente para cuidar de los aspectos peculiares de cada bien o interés ambiental. En España, en el ámbito sancionador, también hace falta una disciplina de carácter general que complemente las posibilidades previstas en la LPACAP. Esta disciplina de carácter general debería regular el procedimiento de resolución de aplicación de medidas consensuales, el ámbito de aplicación, la definición de las medidas que pueden sustituir a la sanción administrativa, las consecuencias del incumplimiento del acuerdo y el monitoreo de la reparación del daño.

El cambio climático constituye uno de los temas medioambientales que más ha suscitado debates y controversias. El Acuerdo de París es la norma internacional más significativa en este tema y busca la reducción de emisiones globales de gases de efecto invernadero y limitar el aumento global de la temperatura que afectan al cambio climático a medio y largo plazo, a través de políticas de mitigación y adaptación. Las cuestiones relacionadas con las políticas de mitigación y adaptación pueden generar conflictos no sólo entre las AA. PP., sino también entre ellas y los administrados. Además, las cuestiones relacionadas con el cambio climático pueden generar procedimientos administrativos que discuten la actuación administrativa o la inactividad de las AA. PP., de manera que también será posible la aplicación de la mediación para la terminación convencional del procedimiento, en la forma que ya hemos comentado. Por tanto, la mediación sería un mecanismo idóneo para la resolución de dichos conflictos medioambientales, insertando el diálogo, consenso y participación democrática. En la normativa española, la LCCTE busca asegurar el cumplimiento del Acuerdo de París, pero no contempla de manera más amplia la utilización de la mediación o de otro ADR para la resolución de conflictos oriundos del cambio climático. Sin embargo, el artículo 28 de la LCCTE abre espacio para la utilización de la mediación para la formulación de los convenios de transición justa. En Brasil, el tema es tratado en la Ley federal n. 12.187, de 29 de diciembre de 2009, que establece la Política Nacional de Cambios Climáticos, pero está en proceso de cambio, a través del Proyecto de Ley n.1539/2021, que justamente busca adaptar la política nacional al Acuerdo de París. Sin embargo, la Ley federal n. 12.187, de 29 de diciembre de 2009, o el Proyecto de Ley n. 1539/2021 no tratan de la utilización de la mediación o de cualquier otro ADR para la solución de conflictos oriundos del cambio climático, restando, solamente, la posibilidad de aplicación de la Ley federal n. 13.140, de 26 de junio de 2015, siempre que el asunto sea mediable en la forma prevista en dicha ley.

Los últimos hechos relacionados con el clima en el globo terrestre demuestran que el cambio climático es uno de los mayores retos de la contemporaneidad, de manera que los conflictos que ocurran necesitaran de una respuesta célere, flexible y plural. Por tanto, las normativas brasileña y española tienen que adaptarse a esta necesidad e incorporar medios consensuales para la resolución de conflictos de cambio climático, buscando el equilibrio entre los distintos ámbitos del desarrollo sostenible (social, económico y medioambiental).

Para que tengamos cambios efectivos en la protección ambiental es necesario tratar adecuadamente los conflictos ambientales, que exigen flexibilidad, consensualidad y participación democrática. Por tanto, se debe adoptar una nueva gobernanza para la resolución de esta categoría de conflictos, implementando la tecnología y los mecanismos de ADR, con fundamento en la buena administración y en la consolidación del Estado de Derecho Ambiental. Medidas unilaterales e imperativas no son efectivas para la resolución de conflictos con efectos globales y de naturaleza difusa. En este contexto, la mediación administrativa extrajudicial se presenta como medida idónea para la apertura de la justicia ambiental. Por ello, Brasil y España deben buscar el camino del consenso y de la democracia para la efectiva protección del medio ambiente para las generaciones presentes y futuras.

BIBLIOGRAFÍA

Aguilera Vaqués, M.; Cerrillo Martínez, A. «La Protección Estatal del Medio Ambiente», en Aguilera Vaqués, M., *et al. Derecho del Medio Ambiente–Material docente de la UOC*. Barcelona. Universitat Oberta de Catalunya, 2014.

Albuquerque Amore, A. *Direito Ambiental: Aplicação dos princípios ambientais como fundamento das políticas públicas e entendimentos jurisprudenciais para a efetivação da proteção ambiental.* São Paulo. Dialética, 2023.

Albuquerque, N. «Os métodos de resolução extrajudicial em ambiente electrónico», en Fonseca, I. C. M. (Coord.). *A Mediação Administrativa: contributos sobre as (im)posibilidades.* Lisboa: Almedina, 2019, pp. 345-359.

Alexander, N. M.; Gottwald, W.; Trenczek, T. «Mediation in Germany: The Long and Winding Road». [en línea]. *Global Trends in Mediation*, diciembre 29, 2003. [consulta: 30 noviember 2021]. Disponible en: https://ssrn.com/abstract=3756904.

Alguacil Gómez, J. «Los desafíos del nuevo poder local: la participación como estrategia relacional en el gobierno local». [en línea]. *Polis*, 12, 2005. [consulta: 20 enero 2020]. Disponible en: http://journals.openedition.org/polis/5614.

«Administración relacional». *Eunomía-Revista en Cultura de la Legalidad*, n. 2, marzo–agosto 2012, pp. 152-160.

Alves Gomes, M. C. R. *O Decreto 11.373/2023 e as alterações no Decreto 6.514/2008., 03 de febrero de 2023.* [en línea]. *Artigo*. [consulta: 09 octubre 2024]. Disponible en: https://milare.adv.br/o-decreto-11-373-2023-e-as-alteracoes-no-decreto-6-514-2008/.

Amaya Arias, A. M. *El principio de no regresión en el derecho ambiental.* Madrid. Iustel, 2016.

Andrade Moreira, R. «O STF e a Responsabilidade Penal da Pessoa Jurídica. Perdemos a batalha, mas não a guerra». [en línea]. *Revista Jus Navigandi*. Teresina, año 19, n. 3845, 10 de enero de 2014. [consulta: 2 noviembre 2021]. Disponible en: https://jus.com.br/artigos/26358.

Ruiz de APODACA ESPINOSA, A. «El Acceso a la Justicia Ambiental a nivel comunitario y en España veinte años después del Convenio de Aarhus». [en línea]. *Revista Catalana de Dret Ambiental*, Vol. IX, n.1, 2018, pp. 01-53. DOI: https://doi.org/10.17345/rcda9.1 [consulta: 16 abril 2022]. Disponible en: https://www.semanticscholar.org/paper/El-acceso-a-la-justicia-ambiental-a-nivel-y-en-a%C3%B1os-Espinosa/595984bc78890cc8267acf71a08ed212123a4fae.

Aranda, J. «El Estado de Derecho Ambiental: Concepto y perspectivas de desarrollo en Chile». [en línea]. *Justicia Ambiental*, pp. 23-38, 2013. [consulta: 19 septiembre 2021]. Disponible en: https://ssrn.com/abstract=2411763.

Ari Sundfeld, C. «As agências reguladoras e a arrecadação de multas». *Sociedade Brasileira de Direito Público*. [en línea]. Disponible en: http://www.sbdp.org.br/artigos_ver.php?idConteudo=91. Acceso em: 25 enero 2023.

Assis Rodrigues, G. D. *Ação Civil Pública e termo de ajustamento de conduta: teoria e prática.* Rio de Janeiro. Forense, 2002.

Baigún, D. *La Responsabilidad Penal de las Personas Jurídicas*. Buenos Aires. Depalma, 2000.

Baño León, J. M. «La Tutela Judicial del Medio Ambiente y la Defensa de los Intereses Municipales», en Esteve Pardo, J. (Coord.). *Derecho del Medio Ambiente y Administración Local.* 2.ª ed. Barcelona: Fundación Democracia y Gobierno Local, 2006, pp. 371-387.

Barbosa Moreira, J. C. «A legitimação para a defesa dos interesses difusos no direito brasileiro». *Revista Forense*, v. 276, 1981, pp.01-06.

«A proteção jurisdicional dos interesses coletivos e difusos», en Pellegrini Grinover, A. *A tutela dos interesses difusos*. São Paulo. Editora Max Limonad, 1984, pp. 105-112.

Barona Vilar, S. *Solución extrajudicial de conflictos–«Alternative dispute resolution» (ADR) y Derecho Procesal*. Valencia: Tirant lo Blanch alternativa, 1999.

«Arbitraje en España: A la búsqueda de un lugar adecuado en el marco de la justicia», en Barona Vilar, S. (Dir.). *Arbitraje y Justicia en el siglo XXI*. Navarra: Aranzadi, 2007, pp. 25-58.

«Ordenanzas de convivencia ciudadana: mediación y medidas sustitutivas ¿dónde están los límites?». En: LLORIA GARCÍA, Paz (Dir.). *Convivencia ciudadana: mediación, conciliación y técnicas de prevención y resolución del conflicto ciudadano*. Iustel, 2018. pp. 57-78.

Algoritmización del Derecho y de la Justicia: De la Inteligencia Artificial a la Smart Justice. Valencia. Tirant lo Blanch, 2021.

BARRIO ANDRÉS, M. (dir). *El Reglamento Europeo de Inteligencia Artificial.* Valencia. Tirant lo Blanch, 2024.

BASTOS, C. «A tutela dos interesses difusos no direito constitucional brasileiro», en *Revista de Processo*, n.23, São Paulo: RT, jul-sept. 1981, pp. 53-62.

BECK, U. *Sociedade de risco: Rumo a uma outra modernidade*. Segunda edición. São Paulo: Editora 34, 2011.

BELANDO GARÍN, B. «La mediación administrativa: una realidad jurídica», en LOPÉZ RAMÓN, F. (Coord.). *Las prestaciones patrimoniales públicas no tributarias y la resolución extrajudicial de conflictos*. Actas del X Congreso de la Asociación Española de Profesores de Derecho Administrativo. Madrid: Instituto Nacional de Administración Pública (INAP), 2015, pp. 265-273.

«La Mediación Administrativa. Entre el derecho a una buena administración y la renovación de la Justicia», en AGUDO GONZÁLEZ, Jorge (Dir.). *Control 4 y Justicia Administrativa.* Madrid: Instituto Nacional de Administración Pública (INAP), 2016, pp. 203-220.

«Las posibilidades de la mediación administrativa: concepto y ámbitos», en FONSECA, I. C. M. (Coord.). *A Mediação Administrativa: contributos sobre as (im)posibilidades.* Lisboa: Almedina, 2019, pp. 39-63.

«El derecho administrativo en movimiento», en BARONA VILAR, S. (ed.). *Meditaciones sobre Mediación (MED +).* Valencia: Tirant lo Blanch, 2022, pp. 653-676.

BELLOSO MARTÍN, N. «Un nuevo reto para las políticas públicas: posibilidades de una mediación ambiental sostenible». [en línea]. *Seminário Internacional de Mediação de Conflitos e Justiça Restaurativa*, Santa Cruz do Sul, pp. 1-22, 2013. [consulta: 09 enero 2022]. Disponible en: https://online.unisc.br/acadnet/anais/index.php/mediacao_e_jr/article/view/10876/1407.

BELLVER CAPELLA, V. *Ecología: de las razones a los hechos*. Granada. Ecorama, 1994.

BELTRÁN CASTELLANOS, J. M. *Instrumentos para la efectividad del Régimen de la Responsabilidad Medioambiental*. Navarra. Aranzadi, 2018.

BENJAMIN, A. H. «Constitucionalização do Ambiente e Ecologização da Constituição Brasileira», en CANOTILLHO, J. J. G.; MORATO LEITE, J. R. (Orgs.). *Direito Constitucional Ambiental Brasileiro*. Cuarta edición. São Paulo. Saraiva, 2011, pp. 77-226.

BETACOR RODRÍGUEZ, A. *Instituciones de Derecho Ambiental.* Madrid. La Ley, 2001.

BESSA ANTUNES, P. D. *Direito Ambiental.* Vigésima segunda edición. São Paulo. Atlas, 2021.

BINGHAM, G. *Resolving Environmental Disputes: A Decade of Experience*. The Conservation Foundation. Washington DC, 1986.

BLANES CLIMENT, M. A. *La transparencia informativa de las Administraciones públicas. El derecho de las personas a saber y la obligación de difundir información pública de forma activa* (Tesis doctoral). [en línea]. Alicante. Universidad de Alicante, 2013. [consulta: 17 abril 2021]. Disponible en: https://rua.ua.es/dspace/bitstream/10045/35719/3/tesis_miguelangel_blanescliment.pdf.

BOBBIO, N. *A era dos direitos.* COUTINHO, C. N. (traducción). Rio de Janeiro. Campus, 1992.

BONAVIDES, P. *Curso de Direito Constitucional*, 7.ª ed., São Paulo. Malheiros, 1999.

BRAGA, D. L. «Organicismo, sustentabilidade e os "direitos da natureza"». *Revista Brasileira de Direito Animal*, Salvador, V.9, n.17, pp. 87-117, sep./dec. 2014.

BUJOSA VADELL, L. *La protección jurisdiccional de los intereses del grupo*. Barcelona: Bosch, 1995.

BUJOSA VADELL, L.; PALOMO VÉLEZ, D. «Mediación electrónica: Perspectiva europea». [en línea]. *Ius et Praxis*, vol. 23, núm. 2, 2017, Universidad de Talca, Chile, pp. 51-78. [consulta: 13 junio 2021]. Disponible en: http://www.redalyc.org/articulo.oa?id=19754349003.

BUSTILLO BOLADO, R. O. «El desarrollo sostenible como concepto jurídico y como principio constitucional», en BUSTILLO BOLADO, R. O.; GÓMEZ MANRESA, M. F. (dir). *Desarrollo sostenible: análisis jurisprudencial y de políticas públicas*. Navarra: Aranzadi, 2014, pp. 35-43.

«Derecho Administrativo Español y solución extrajudicial de conflictos: entre el (razonablemente hermoso) mito y la (menos Edificante de lo deseable) realidad», en López Rámon, F. (coord.). *Las prestaciones patrimoniales públicas no tributarias y la resolución extrajudicial de conflictos.* Madrid. INAP, 2015, pp. 235-264.

Canotillho, J. J. G. «Estado Constitucional Ecológico e democracia sustentada», en Sarlet, I. W. (Org.). *Direitos fundamentais sociais: estudos de direito constitucional, internacional e comparado.* Rio de Janeiro/São Paulo. Renovar, 2003, pp. 493-508.

Canotilho, J. J. G. «O direito ao ambiente como direito subjetivo», en Canotilho, J. J. G. *Estudos sobre direitos fundamentais.* Coimbra. Coimbra Editora. 2004, pp. 177-189.

Cappeletti, M.; Garth, B. *El acceso a la justicia. La tendencia en el movimiento mundial para hacer efectivo los derechos.* México. Fondo de Cultura Económica, 1996.

Carballo Martinez, G. «La mediación administrativa sancionadora como instrumento de convivencia de la ciudadanía en la Administración local», en Lloria García, P. (Dir.). *Convivencia ciudadana: mediación, conciliación y técnicas de prevención y resolución del conflicto ciudadano*. Madrid: Iustel, 2018, pp. 25-55.

Carbonell Porras, E. «Los intereses colectivos en la jurisdicción contenciosa-administrativa», en Carbonell Porras, E. (Dir.). Cabrera Mercado, R. (Coord.). *Intereses colectivos y legitimación activa.* Navarra: Aranzadi, 2014, pp. 33-103.

Carnelutti, F. *Lezioni di Diritto Processuale Civili.* V. 1. Padova. CEDAM, 1986.

Casado Casado, L. «Acceso a la información, Participación Pública y Acceso a la Justicia en materia de Medio Ambiente: veinte años del Convenio de Aarhus». [en línea]. *Revista Catalana de Dret Ambiental*, Vol. IX, n.1, 2018, pp.01-10. [consulta: 14 abril 2022]. Disponible en: https://doi.org/10.17345/rcda9.1.

«L'oportunitat de la mediació com a mecanisme d'obertura i flexibilitat del procediment administratiu en el context d'una Administració pública relacional», en *Revista Catalana de Dret Públic*, 2023, pp. 82-107. [consulta: 01 septiembre 2024]. Disponible en: https://www.researchgate.net/publication/376444764_L%27oportunitat_de_la_mediacio_com_a_mecanisme_d%27obertura_i_flexibilitat_del_procediment_administratiu_en_el_context_d%27una_Administracio_publica_relacional.

Carrillo Donaire, J. A. «Buena Administración, ¿un principio, un mandato o un derecho subjetivo?», en Santamaría Pastor, J. A. *Los Principios Jurídicos del Derecho Administrativo.* 1.ª. edición. Madrid: La Ley, 2010, pp. 1137-1165.

Derecho, técnica y riesgo: el principio de precaución en el ámbito medioambiental. *Revista de Fomento Social*, 2016, pp. 247-259;

Castañón del Valle, M. «Responsabilidad Administrativa Ambiental», en Vercher Nogueira, A.; Díez-Picazo Giménez, G.; Castañól Del Valle, M. *Responsabilidad Ambiental: Penal, Civil y Administrativa.* Madrid. Ecoiuris, 2003.

Cierco Seira, C. «El principio de precaución: reflexiones sobre su contenido y alcance en los derechos comunitario y español». *Revista de administración pública*, n. 163, 2004, pp. 73-126.

Cintra, A.; Pellegrini Grinover, A.; Dinamarco, C. R. *Teoria Geral do Processo.* Vigésima novena edición. São Paulo. Malheiros, 2013.

Colaço Antunes, L. F. *Direito Público do Ambiente: Diagnose e Prognose da tutela processual da paisagem*. Coimbra. Almedina, 2008.

Correa, R. «A dimensão econômica e o desenvolvimento sustentável sob a ótica de Juarez Freitas». [en línea]. *Revista Direito à Sustentabilidade*, v. 1, n. 2, 2015, pp. 73-81. [consulta: 25 diciembre 2021]. Disponible en: https://e-revista.unioeste.br/index.php/direitoasustentabilidade/article/view/12354.

Costa Moreira, R. M. *Acordos Ambientais e os limites do inegociável.* Londrina. Editora Thoth, 2021.

Criado Grande, J; I.; Ramilo Araujo, M. C.; Salvador Serna, M. «¿Administración electrónica o administración relacional? Hacia un nuevo modelo de relaciones interadministrativas y externas en el sector público». *VII Jornadas TECNIMAP*, pp. 15-18, 2002.

Cury, C. F. «Mediação», en: *Justiça Multiportas: Mediação, Conciliação, Arbitragem e outros meios adequados de solução de conflitos*. Zaneti Júnior, H.; Xavier Cabral, T. N. (Coords.). Salvador: JusPodivm, 2018, pp. 478-492.

da Cunha, A. G. *Dicionário Etimológico Nova Fronteira da Língua Portuguesa*. Segunda edición. Rio de janeiro. Nova Fronteira, 1996.

Dahlgren, P. «Mejorar la participación: la democracia y el cambiante entorno de la web», en Champeau, Serge; Innerarity, Daniel (comps.), *Internet y el futuro de la democracia*. Barcelona. Paidós, Serie Estado y Sociedad. 2012. pp. 45-67.

Dalla Bernardina De Pinho, H. A «Releitura do Princípio do Acesso à Justiça e o Necessário Redimensionamento da Intervenção Judicial na Resolução dos Conflitos na Contemporaneidade». *Revista EMERJ*, Rio de Janeiro, v. 21, n. 3, t. 1, set.-dez., 2019, pp. 241-271.

Da Silva Júnior, S.R. «A mediação e o interesse público ambiental», en *Revista Eletrônica de Direito Processual, [S. l.],* v. 3, n. 3, 2016, pp. 1-16. [consulta 26 octubre 2024]. Disponible en: https://www.e-publicacoes.uerj.br/redp/article/view/22178.

La mediación de conflictos ambientales: una visión sistémico-funciona hacia el desarrollo sostenible. 1.ª edición. Navarra. Arazandi, 2019.

Delgado Piqueras, F. «La Alternative Dispute Resolution Act de los Estados Unidos: introducción traducción y notas». *Revista de Administración Pública - RAP*, n. 131, mayo-agosto, 1993, pp. 557-569.

La terminación convencional del procedimiento administrativo. Pamplona. Editorial Aranzadi, 1995.

De Morais Sales, L. M.; Almeida De Sousa, M. «O sistema de múltiplas portas e o judiciário brasileiro». *Revista Brasileira de Direitos Fundamentais & Justiça*, v. 5, n. 16, 2011, pp. 204-220.

Díez-Picazo Giménez, I. «El Arbitraje y la Mediación», en *Curso de Derecho Procesal Civil II–Parte Especial.* Oliva Santos, A. D. L. et. al. (Coord.). Madrid. Editorial Universitaria Ramón Areces, 2014.

Ernandorena, P.R; Soriano-Sierra, E. J. *A mediação na tutela coletiva apoiada pela gestão do conhecimento: Emancipação de Steakeholders a partir do Gerenciamento de Conflitos Socioambientais (Contribuições para a Democracia Distribuída).* Rio de Janeiro. Lumen Juris, 2016.

Escuín Palop, V. «En torno a la buena administración», en Fernández Carballal, A.; Del Guayo Castiella, I. (Coord.). *Los desafíos del derecho público en el siglo XXI. Libro conmemorativo del XXV Aniversario del acceso a la Cátedra del Profesor Jaime Rodríguez-Arana Muñoz.* Madrid. Instituto Nacional de Administración Pública (INAP), 2019, pp. 325 -344.

Esplugues Barona, C. *Arbitraje y Derecho Administrativo. Teoría y Realidad*. Valencia. Tirant lo Blanch, 2018.

Esteve Pardo, J. «Principio de precaución. El derecho ante la incerteza científica». *Revista jurídica de Catalunya*, v. 102, n. 3, 2003, pp. 689-700.

Escuin Palop, V. «Régimen General de los Recursos Administrativos», en Gamero Casado, E. (Dir.). *Tratado de Procedimiento Administrativo Común Y Régimen Jurídico Básico del Sector Público.* Tomo II. Valencia: Tirant lo Blanch, 2017, pp. 2371 - 2423.

Escribano Collado, P.; López González, J. I. «El medio ambiente como función administrativa». *Revista Española de Derecho Administrativo–REDA,* n. 26, julio-septiembre, 1980, pp. 367-385.

ETXEBERRIA GURIDI, J. F. «Últimas novedades respecto de la mediación en el orden contencioso-administrativo», en BARONA VILAR, S. (editora). *Justicia Civil y Penal en la era Global.* Valencia: Editorial Tirant lo Blanch, 2017, pp. 293-320.

EZEIZABARRENA SAÉZ, X. «La terminación convencional del procedimiento de evaluación del impacto ambiental». *Revista de Administración Pública*, núm. 160, pp. 251-282.

FENSTERSEIFER, T. *Direitos fundamentais e proteção do ambiente: a dimensão ecológica da dignidade humana no marco jurídico-constitucional do Estado Socioambiental de Direito*. Porto Alegre. Livraria do Advogado, 2008.

FERNÁNDEZ, T. R. *Panorama del Derecho Administrativo al comienzo de su Tercera Centuria*. Buenos Aires. Editorial La Ley, 2002.

FERNANDÉZ-RÍOS, M. «Aspectos positivos y negativos del conflicto», en MORALES, J.F.; YUBERO JIMÉNEZ, S. (Coords.). *El grupo y sus conflictos*. Cuenca. Universidad de Castilla de la Mancha, 1999, pp. 25-46.

FERRANDIZ MARTÍNEZ, A. A propósito del desarrollo sostenible: origen, evolución y teorías alternativas. [en línea]. *Terra*, 2016, núm. 2, pp. 74-96. ISSN: 2386-9968. DOI: 10.7203/terra.2.8216. [consulta 16 abril 2022]. Disponible en: https://ojs.uv.es/index.php/TERRA/article/view/8216.

FERRAZ, S. «Responsabilidade civil por dano ecológico». *Revista de Direito Público*, n. 49-50. São Paulo: RT, 1979, pp. 34-41.

FERRAZ, L. *Controle e Consensualidade: Fundamentos para o controle consensual da Administração Pública (TAG, TAC, SUSPAD, acordos de leniência, acordos substitutivos e instrumentos afins).* Belo Horizonte. Fórum, 2019.

FERREIRA LEMES, S. «Cláusula escalonada ou combinada: mediação, conciliação e arbitragem», en FINKELSTEIN, C.; VITA, J. B.; FILHO, N. C. (Coords.). *Arbitragem internacional, UNIDROIT, CISG e Direito Brasileiro.* São Paulo: Quartier Latin, 2010.

FIGUERUELO BURRIEZA, A. «Aspectos constitucionales del Derecho al Medio Ambiente», en BUJOSA VADELL, L. (Dir.); BUENO DA MATA, F. *Drones, Investigación y Medio Ambiente.* Barcelona. Atelier Libros Jurídicos, 2021, pp. 17-32.

FISHER, R.; URY, W. *Getting to Yes. Negotiatiathig Agreement Without Giving In*. New York. Peguing Books, 2011.

FRANCO DEL POZO, M. «El derecho humano a un medio ambiente adecuado». *Cuadernos Deusto de Derechos Humanos*, n. 8. Bilbao. Universidad de Deusto, 2000.

Fraser, N. *Escalas de Justicia*. Martínez Riu, A. (trad.). Barcelona. Herder Editorial, 2008.

«Redistribución, reconocimiento y participación. Hacia una concepción integrada de la justicia», en Fraser, N.; Carbonero Gamundí, M. A.; Valdivieso Navarro, J. M. *Dilemas de Justicia en el siglo XXI: Género y Globalización*. Palma: Universitat de les Illes Balears, 2011, pp. 291- 308.

Freitas, J. *Discricionariedade administrativa e o direito fundamental à boa Administração Pública.* São Paulo. Malheiros, 2007.

As Políticas Públicas e o Direito Fundamental à Boa Administração. *Revista do Programa de Pós-Graduação em Direito da UFC*, v. 35.1, ene. /jun. 2015, pp. 195-217.

Sustentabilidade: Direito ao futuro. Cuarta edición. Belo Horizonte. Editora Fórum, 2020.

Galera Rodrigo, S. *La Responsabilidad de las Administraciones públicas em la prevención de daños ambientales.* Madrid. Editorial Montecorvo, 2001.

Gamero Casado, E. «El marco general de la administración electrónica en Andalucía: situación actual y necesidades normativas». *Revista Andaluza de Administración Pública*, núm. 78, Sevilla, 2010, pp. 53-107.

Desafíos del Derecho Administrativo ante un mundo en disrupción. Granada. Comares, 2015.

Gabardo, E. *Princípio Constitucional da Eficiência Administrativa*. São Paulo. Dialética, 2002.

García De Enterría, E.; Fernández, T.R. *Curso de Derecho Administrativo*. Tomo 1, 11.ª edición. Madrid. Civitas, 2002.

García Del Poyo, R. «La mediación electrónica». *Revista Jurídica de Castilla y León-Dedicado a: arbitraje y mediación: Problemas actuales, retos y oportunidades*, n. 19, 2013.

García Pérez, M. «El arbitraje y la Constitución española de 1978: una reflexión desde el Derecho público. Los retos del Poder Judicial ante la sociedad globalizada», en Pérez-Cruz Martín, A.J.; Ferreiro Baamonde, X. (Dir). *Actas del IV Congreso Gallego de Derecho Procesal (I Internacional), realizado en A Coruña, 2 y 3 de junio de 2011*. [en línea]. A Coruña. Universidade Da Coruña, 2012, pp. 435-450. ISBN: 978-84-9749-501-1. [consulta: 15 abril 2022]. Disponible en: http://hdl.handle.net/2183/9170.

«La justicia administrativa en tiempos de crisis: una apuesta por el arbitraje». [en línea]. *Revista Eurolatinoamericana de Derecho Administrativo*, v. 1, n. 1, pp. 217-232, 1 jul. 2014. [consulta 15 abril 2022]. DOI: https://doi.org/10.14409/rr.v1i1.4612. Disponible en: https://bibliotecavirtual.unl.edu.ar/publicaciones/index.php/Redoeda/article/view/4612.

«La mediación intrajudicial en ejecución de sentencia. El caso del antiguo edificio de Fenosa (A Coruña, España)», en Fonseca, I. C. M. (Coord.). *Estudos de Conciliação, Mediação e Arbitragem: o estado da arte. Coleção Estudos Jurídicos – Mestrado em Direito Administrativo*. Braga: Núcleo de Estudos de Direito Ius Pubblicum, 2019, pp. 85-122.

García Pérez, M; Sanz Larruga, J. F. «A propósito del artículo 20 de la Ley de Cambio Climático y Transición Energética: un déja vù desde el Observatorio del Litoral». *Actualidad Jurídica Ambiental*, n. 113, junio/2021, pp. 01-08.

García Ureta, A. «El Convenio de Aarhus: Derechos de Participación y de Acceso a la Justicia», en Magariños Compaired, A. *Derecho al conocimiento y acceso a la información en las políticas de medio ambiente*. Madrid: Instituto Nacional de Administración Pública–INAP, 2005, pp. 17-112.

Gavronsky, A. A. *Técnicas extraprocessuais de tutela coletiva: a efetividade da tutela coletiva fora do processo judicial*. São Paulo. Editora Revista dos Tribunais, 2010.

Godoy Dotta, Al. «El desarrollo de la política pública de educación ambiental en Brasil», en Sánchez Bravo, A.; Gabardo, E. (Coeditores). *Estudios sobre desarrollo socioambiental*. España. Punto Rojo, 2015, pp. 85-98.

Gonzalo-Quiroga, M. Mediación y Cultura de Paz en los Objetivos de Desarrollo Sostenible 2030. *Polo del Conocimiento: Revista científico-profesional*, v. 6, n. 7, 2021, pp. 89-110.

Gonzáles De Lara Mingo, S. ¿La mediación tiene encaje en el orden jurisdiccional contencioso-administrativo? *Actualidad Administrativa*, n.11, 2021.

González Martín, N. *Un acercamiento al acceso a la justicia a través de la mediación como medio alterno de solución de conflictos. [en línea].* México: UNAM, 2014, pp. 103-139. [consulta: 24 febrero 2022]. Disponible en: <http://biblio.juridicas.unam.mx/libros/8/3541/7.pdf>.

Gray, E. B. «Creating History: The Impact of Frank Sander on ADR in the Courts». [en línea]. *Negotiation Journal*, October 2006, pp. 445-454. [consulta: 10 abril 2021]. DOI: 10.1111/j.1571-9979.2006.00113.x. Disponible en: https://onlinelibrary.wiley.com/doi/abs/10.1111/j.1571-9979.2006.00113.x

GÜEMES, M. C.; RAMÍREZ-ALUJAS, A. V. «Gobierno abierto, reforma del Estado y modernización de la gestión pública: alcances, obstáculos y perspectivas en clave Latinoamericana», en *La Promesa de Gobierno Abierto*. HOFMAN, A.; RAMÍRES-ALUJAS, A. V.; BOJÓRQUEZ PEREZNIETO, J.A. (Coords.). Chile. Itapi Info Df, 2012, pp. 193-224.

GUTIÉRREZ, J. L. U. *et al*. *Mediación y tutela judicial efectiva: La Justicia del siglo XXI*. Editorial Reus, 2019.

HÄBERLE, P. «A dignidade humana como fundamento da comunidade estatal», en SARLET, I. W. (org.). *Dimensões da dignidade: ensaios de filosofia do direito e direito constitucional.* Porto Alegre. Livraria do Advogado, 2005.

HERNÁNDEZ GONZÁLEZ, F. L. «La terminación del procedimiento administrativo», en GAMERO CASADO, E. (Dir.). *Tratado de Procedimiento Administrativo Común Y Régimen Jurídico Básico del Sector Público.* Tomo II. Valencia: Tirant lo Blanch, 2017, pp. 1713-1754.

HUERGO LORA, A. J. Los medios de resolución extrajudicial de conflictos en el Derecho Administrativo. *Revista de Derecho Administrativo*, n. 7, 2009, pp. 94-113.

«Una aproximación a los algoritmos desde el derecho administrativo», en DÍAZ GONZÁLEZ, G. M.; HUERGO LORA, A. J. (Dir.). La regulación de los algoritmos. Navarra: Aranzadi, 2020, pp. 23-87.

«El uso de algoritmos y su impacto en los datos personales». [en línea]. *Revista De Derecho Administrativo*, n.20, nov./2021, pp. 166-193. [consulta: 10 mayo 2022]. Disponible en: https://revistas.pucp.edu.pe/index.php/derechoadministrativo/article/view/25207.

IGLESIAS SEVILLANO, H. «La mediación en los recursos administrativos», en CABRERA MERCATO, R. (Dir.); QUESADA LÓPEZ, P. M. (Coord.). *La mediación como método para la resolución de conflictos*. Madrid: Editorial Dykinson, 2017, pp. 347-362.

INNES, J. E.; BOOHER, D. E. «Reframing Public Participation: Strategies for the 21st Century». [en línea]. *UC Berkeley: Institute of Urban and Regional Development*, 2005, pp. 419-436. [consulta: 14.07.2021]. Disponible en: https://escholarship.org/uc/item/4gr9b2v5.

JAQUENOD DE ZSÖGÖN, S. *Derecho Ambiental: El desafío del cambio global – ocho cuestiones clave*. Madrid. Dykinson, 2009.

Derecho Ambiental. 2.ª Edición. Madrid. Dykinson, 2013.

JOHONSOM DI SALVO, S. H. P.G. «Arbitragem de conflitos na Administração Pública brasileira e o sistema multipuertas de resolução de disputas: um olhar revisitado e uma perspectiva para o futuro», en JÚDICE MOREIRA, A.; FRANCO NASCIMBENI, A.; BEYRODT, C.; MORAIS TONIN, M. (Coord.). *Mediação e Arbitragem na Administração Pública: Brasil e Portugal*. São Paulo. Almedina, 2020, pp. 341-359.

JORDANO FRAGA, J. *La protección del derecho a un medio ambiente adecuado*. Barcelona. José María Bosch Editor, 1995.

«El Derecho a disfrutar de un medio ambiente adecuado: elementos para su articulación expansiva». [en línea]. *Medio Ambiente & Derecho: Revista electrónica de derecho ambiental*, n.0, 1998. [consulta: 11 mayo 2022]. Disponible en: https://idus.us.es/bitstream/handle/11441/17294/file_1.pdf?sequence=1.

«La Administración en el Estado ambiental de Derecho». *Revista de Administración Pública*, n. 173, 2007, pp. 101-141.

«El Contencioso Ambiental: la larga marcha por el *standing to sue* en el Estado Ambiental de Derecho», en LOPÉZ RAMÓN, F.; VALERO TORRIJOS, J. (Coord.). *20 años de la Ley de lo Contencioso-Administrativo*. Madrid. Instituto Nacional de Administración Pública (INAP), 2019, pp. 29-62.

«Desarrollo sostenible: El reto del derecho ambiental». [en línea]. *Medio Ambiente & Derecho: Revista electrónica de derecho ambiental*, n. 38, 2021. [consulta 16 abril 2022]. Disponible en: https://huespedes.cica.es/gimadus/.

JUÁREZ, J. A. C.; MEZA, J. N. S.; VALENCIA, J. H. *El debido proceso: una aproximación desde la jurisprudencia latinoamericana.* México. Suprema Corte de Justicia de la Nación, 2014.

JUSTINO DE OLIVEIRA, G. «Autocomposição e administração pública: faculdade ou dever?», en JUSTINO DE OLIVEIRA, G. (Org). *Público & Pragmático*, v. I, 1.ª Edición. São Paulo. Amanuense, 2024, pp. 179-184.

JUSTINO DE OLIVEIRA, G.; SCHWANKA, C. «A administração consensual como a nova face da Administração Pública no século XXI: fundamentos dogmáticos, formas de expressão e instrumentos de ação.» [en línea]. *Revista de Direito Administrativo e Constitucional*, ano 08, n. 32, 2008, pp. 31-50. [consulta: 20 enero 2020]. Disponible en: http://dx.doi.org/10.21056/aec.v8i32.504.

KAKABADSE, A.; KAKABADSE, N. K.; KOUZMIN, A. «¿Reinventing the Democratic Governance Project through Information Technology? A Growing Agenda for Debate». *Public Administration Review,* Washington, v. 63, n. 1, pp. 44-60, jan. /feb. 2003.

KRÄMER, L. «"Citizens rights and administrations" duties in environmental matters: 20 years of the Aarhus Convention». [en línea]. *Revista Ca-*

talana de Dret Ambiental, Vol. IX, n.1, 2018, pp. 01-26. [consulta: 06 abril 2022]. Disponible en: https://doi.org/10.17345/rcda9.1.

Lack, J. «Appropriate Dispute Resolution (ADR): The Spectrum of Hybrid Techniques Available to the Parties». *ADR in Business. Practice and issues across countries and cultures*, v. 2, 2011.

Lalaguna Holzwarth, M. «La aplicación en España de Med-Arb, Arb-Med y variantes como alternativa a los ADR tradicionales». *La Ley. Mediación y Arbitraje*, n.4, (Arbitraje y mediación en Texto Refundido de la Ley Concursal: el secretario del Tribunal arbitral), octubre-diciembre 2020, ISSN-e 2660-7808.

Landero, E. C. «Bases fundamentales de la cultura de paz». *Eirene Estudios de Paz y Conflictos*, v. 2, n. 3, 2019, pp. 09-25.

Lázaro Calvo, T. *Derecho Internacional del medio ambiente*. Barcelona. Atelier, 2005.

Leme Machado, P. A. *Direito Ambiental Brasileiro*. 23.ª Edición. São Paulo. Malheiros Editores, 2015.

Lírio Do Valle, V. R. *Direito Fundamental à Boa Administração e Governança*. Belo Horizonte. Editora Fórum, 2011.

Loperena Rota, D. *Desarrollo Sostenible y Globalización*. Navarra. Thomson Aranzadi, 2003.

López López, P.; Samek, T. «Inclusión digital: un nuevo derecho humano». [en línea]. *Educación y Biblioteca*, n.172, julio/agosto, 2009, pp. 114-118. [consulta: 06 enero 2022]. Disponible en: https://eprints.ucm.es/11567/.

Lopez Menudo, F. «Arbitraje y Derecho Público». *Revista Justicia Administrativa*. Valladolid. Editorial Lex Nova, 1999, pp. 05-22.

Lorenzetti, L. R.; Lorenzetti, P. *Principios e instituciones de Derecho ambiental*. Madrid. Wolters Kluwer, 2019.

Lozano Cutanda, B. (Coord.). *Comentarios a la ley de responsabilidad medioambiental*. Pamplona. Aranzadi. 2008.

Derecho Ambiental Administrativo. Décima edición. Madrid. Dykison, 2009.

Lunelli, C. A.; Meraz Castillo, A. «Jurisdicción y medios alternativos de resolución de conflictos: una opción para las cuestiones ambientales». [en línea]. *Opinión jurídica,* Medellín, v. 13, n. 26, pp. 17-32, Dec. 2014. [consulta: 02 enero 2022]. Disponible en: http://www.scielo.org.co/scielo.php?script=sci_arttext&pid=S169225302014000200002&lng=en&nrm=iso.

Macho Gómez, C. «Origen y evolución de la mediación: el nacimiento del "movimiento ADR" en Estados Unidos y su expansión a Europa». *ADC*, tomo LXVII, 2014, fasc. III, pp. 931-996

Maddalena, P. «Il danno ambientale. *I Tribunalli Amministrativi Regionali*», n.12, diciembre de 1988, pp. 433-439; y también: Kromarek, P. «Quel droit à l'environnement ? Historique et développements», en Kromarek, P. (Dir.). Environnement et Droits de l'Homme. Paris: UNESCO, 1987, pp. 113-150.

Mancuso, R. D. C. *Acesso à Justiça: Condicionantes legítimas e ilegítimas*. Salvador. Editora JusPodivm, 2018.

Interesses Difusos: conceito e legitimação para agir. 7.ª edición. São Paulo. Editora Revista dos Tribunais, 2011.

Marques Cebola, C. *La mediación: un nuevo instrumento de la Administración de la Justicia para la solución de conflictos*. (Tesis Doctoral). [en línea]. Salamanca: Universidad de Salamanca, 2011. [consulta: 15 febrero 2019]. Disponible en: http://hdl.handle.net/10400.8/761.

«La Mediación ambiental: un nuevo método de resolución de conflictos urbanísticos y ambientales (Ponencia)». [en línea]. *VIII Conferencia Internacional Foro Mundial de Mediación*, Valencia, España, octubre 2012, pp. 176-188. [consulta 10 abril 2022]. Disponible en: http://hdl.handle.net/10400.8/763.

Marques Cebola, C.; Caser, U.; Vasconcelos, L. «A confidencialidade em mediação ambiental. A sua aplicação ao Projeto MAR Gov em Portugal». [en línea]. *La Trama–Revista interdisciplinaria de Mediación y Resolución de Conflictos*, n. 41, mayo/2014. [consulta: 24 noviember 2021]. Disponible en: https://www.researchgate.net/publication/272815340_A_confidencialidade_em_mediacao_ambiental_A_sua_aplicacao_ao_Projeto_MARGov_em_Portugal.

Marques Cebola, C.; Lopes, D.; Vasconcelos, L.; Caser, U. *Mediação Ambiental Da Lei à Prática: À luz dos princípios da Lei n. 29/2013*. Coimbra: GestLegal, 2020.

Martín Diz, F. «Del derecho a la tutela judicial efectiva hacia el derecho a una tutela efectiva de la justicia». *Revista europea de derechos fundamentales*, n. 23, 2014, pp. 161-176.

Mediación en el ámbito contencioso-administrativo. Navarra. Editorial Arazandi, 2018.

«La segunda generación de medios extrajudiciales de resolución de conflictos: Arb-Med y Med-Arb», en Jimeno Bulnes, M.; Pérez Gil, J. (Coords.). *Nuevos horizontes del derecho procesal: libro-homenaje al Prof. Ernesto Pedraz Penalva*. Barcelona: Editorial Bosch, 2016, pp. 309-316

Diez claves para la mediación en el proceso contencioso-administrativo. Ponencia presentada en el IV Congreso Internacional para el Estudio de la Mediación y el Conflicto (Conferencia Universitaria para el Estudio de la Mediación y el Conflicto (CUEMYC), realizado en los días 03, 04 y 05 de octubre de 2019, en la Universidad de Murcia. [en línea]. [consulta: 14 julio 2021]. Disponible en: https://eventos.um.es/_files/_event/_28085/_editorFiles/file/Documentaci%C3%B3n/Ambito/Comunicacion_Diez_claves_mediacion_c_a__FMD__Congreso_CUEMYC__Murcia__Octubre_2019.pdf.

Martín Mateo, R. *Nuevos instrumentos para la tutela ambiental*. Madrid. Editorial Trivium, 1994.

Manual de Derecho Ambiental. Tercera edición. Navarra. Editorial Thomson/Arazandi, 2003.

Médici Colombo, G. «El Acuerdo Escazú: La Implementación Del Principio 10 De Río En América Latina y el Caribe». [en línea]. *Revista Catalana de Dret Ambiental*, Vol. IX, n.1, 2018, pp. 01-66. [consulta: 14 abril 2022]. Disponible en: https://doi.org/10.17345/rcda9.1.

Meirelles, H. L. *Mandado de segurança, Ação Popular, Ação Civil Pública, Mandado de Injunção, Habeas Data, Ação direta de Inconstitucionalidade, Ação declaratória de constitucionalidade e Arguição de descumprimento de preceito fundamental*. São Paulo. Malheiros, 2003.

Mejías Gómez, J. F. *La mediación como forma de tutela judicial efectiva*. Madrid: Editorial El Derecho, 2009.

Melián Gil, J. L. «El paradigma de la buena administración». *Anuario da Facultade de Dereito da Universidade da Coruña.* España, N. 17, 2013, ISSN: 1138-039X, pp. 233-258.

Mello Monteiro, A. L. S. *Métodos Consensuais e Tutela Ambiental Efetiva*. Curitiba. Alteridade Editora, 2021.

Melo, M. «Derechos de la Naturaleza, Globalización y Cambio climático». *Línea Sur*, v. 5, pp. 43-54, 2013.

Menéndez Sebastián, E. M. «Función Consultiva Administrativa efectiva: Procedimiento Administrativo y Buena Administración». *Revista Española de la Función Consultiva*, n. 32, 2019, pp. 105-127.

Mesa Cuadros, G. *Derechos Ambientales en perspectiva de integralidad: concepto y fundamentación de nuevas demandas y resistencias actuales hacia el Estado de Ambiental de Derecho.* Cuarta edición. Primera reimpresión. Bogotá. Universidad Nacional de Colombia, 2019.

«Derechos Ambientales como Nueva Teoría Integral de los Derechos», en Nunes, C.A.R. *et al* (org.). *Anais Completos do IV Congresso Inter-*

nacional de Direitos Humanos de Coimbra: uma visão transdisciplinar (2019) - Volume 1. Jundiaí: Edições Brasil / Editora Fibra / Editora Brasílica, 2020.

Milaré, E. *Direito do ambiente: A gestão ambiental em foco. Doutrina, jurisprudência, glossário.* Séptima edición, rev., atual., e reform. São Paulo. Editora Revista dos Tribunais. 2011.

Mirra, A. L. V. *Tutelas jurisdicionais de prevenção e de precaução no processo coletivo ambiental. Revista do Advogado: Direito Ambiental*. N. 133, mar./2017, pp. 09-17.

Moessa De Souza, L. *Mediação de Conflitos Coletivos: Aplicação dos meios consensuais à solução de controvérsias que envolvem políticas públicas de concretização de Direitos Fundamentais*. Belo Horizonte. Editora Fórum, 2012.

Molano Lopez, M. R. *Transformación de la función administrativa (Evolución de la Administración pública).* Colección Profesores n. 37. Bogotá. Pontificia Universidad Javeriana, 2005.

Mondéjar Pedreño, R. *Los conflictos ambientales y su tratamiento a través de la mediación*. Madrid. Editorial Dykinson, 2015.

Mediación Ambiental: Recursos y experiencias. Madrid. Editorial Dykinson, 2015.

Monteiro Gabbay, G. *Mediação & Judiciário: condições necessárias para a institucionalização dos meios autocompositivos de solução de conflitos.* [en línea]. (Tesis Doctoral). São Paulo. Universidade de São Paulo, 2011. [consulta: 01 marzo 2020]. Disponíble en: www.teses.usp.br/teses/disponiveis/2/.../Daniela_Monteiro_Gabbay.pdf.

Morales Fernández, G. *Los sistemas alternativos de resolución de conflictos: La Mediación. Sistemas complementares al proceso. Nuevo enfoque constitucional del derecho a la tutela judicial efectiva.* Sevilla. HISPALEX, 2014.

Morato Leite, J. R. *Dano ambiental: do individual ao coletivo extrapatrimonial.* (Tesis doctoral). [en línea]. Florianópolis. Universidade Federal de Santa Catarina, 1999. [consulta: 17 abril 2022]. Disponible en: https://repositorio.ufsc.br/handle/123456789/80511.

Morato Leite, J. R.; Sivini Ferreira, H. «Tendências e Perspectivas do Estado de Direito Ambiental no Brasil», en Morato Leite, J. R.; Sivini Ferreira, H.; Verri Boratti, L. (Orgs.). **Estado de Direito Ambiental**: *tendências*. Rio de Janeiro. Forense Universitária, 2010, pp.03-30.

Moreira Neto, D.D.F. «Novos institutos consensuais da ação administrativa». [en línea]. *Revista de Direito Administrativo*, Rio de Janeiro, v. 231, jan. 2003. ISSN 2238-5177, pp. 129-156. [consulta: 20 marzo 2018]. DOI: http://dx.doi.org/10.12660/rda.v231.2003.45823. Disponible en: http://bibliotecadigital.fgv.br/ojs/index.php/rda/article/view/45823/45108.

Moreno Catena, V. *Introducción al derecho procesal*. Decimoprimera edición. Valencia. Tirant lo Blanch, 2017.

Morrill, C.; Owen-Smith, J. «The Emergence of Environmental Conflict Resolution: Subversive Stories and the Construction of Collective Action Frames and Organizational Fields», en Hoffman, A.; Ventresca, M. *Organizations, Policy, and the Natural Environment: Institutional and Strategic Perspectives*, Stanford. Stanford University Press, 2002, pp. 90-118.

Morrón Urbina, J.C. «La terminación convencional del procedimiento sancionador: La Administración Concertada en materia sancionadora». *Thēmis-Revista de Derecho*, n.69, 2016, pp. 55-76.

Muñoz Machado, S. «Las concepciones del Derecho administrativo y la idea de participación en la Administración». *Revista de Administración Pública,* núm. 84, Septiembre/Diciembre 1977, pp. 519-535.

Nascimento Gonçalves, V. M. *Estado, Sociedade Civil e Princípio da subsidiariedade na era da Globalização*. Rio de Janeiro. Renovar, 2003.

Nigmatullina, D. «The Combined Use of Mediation and Arbitration in Commercial Dispute Resolution: Results from an International Study». *Journal of International Arbitration*, vol. 33, 2016, pp. 37-82.

O'Leary, R. Summers Raines, S. «Lessons learned from two decades of Alternative Dispute Resolution Programs and Processes at the U.S. Environmental Protection Agency, en *Public Administration Review*, november/december 2001, Vol. 61, n. 6, pp. 682-692.

Oliveira Pimentel, R. L. D. *Negociação e Mediação de Conflitos Difusos e Coletivos*. Belo Horizonte: Editora Del Rey, 2022, pp. 115-116.

Padrón, J.J. «Resolución de conflictos en las nuevas tecnologías», en Davara Rodríguez, M.A. (Coord.). *XVII Encuentros sobre Informática y Derecho*, 2002-2003, Madrid. Universidad Pontificia Comillas, 2003, pp. 117-122.

Palomar Olmeda, A. «Ordenación y principios generales de la ley de cambio climático y transición energética», en Palomar Olmeda, A.; Terol Gómez, R. (dir). *Comentarios a la Ley 7/2021, de 20 de mayo, de cambio climático y transición energética*. Navarra: Aranzadi, 2021.

PANICACCI, F. L. *Compromisso de ajustamento de conduta: teoria, prática, vantagens da solução negociada e meio ambiente.* São Paulo: Saraiva, 2017.

PAREJO ALFONSO, L. La eficacia como principio jurídico de la actuación de la Administración Pública. *Documentación Administrativa*, n. 218-219, 1989, pp. 15-66.

Crisis y renovación en el Derecho Público. Madrid: Centro de Estudios Políticos y constitucionales (España), 1991.

Lecciones de derecho administrativo, 9.ª edición revisada, actualizada y ampliada. Valencia: Tirant lo Blanch, 2018.

PELLEGRINI GRINOVER, A. «A problemática dos interesses difusos», en PELLEGRINI GRINOVER, A. (Coord). *A tutela dos interesses difusos*. São Paulo. Editora Max Limonad, 1984.

PÉREZ CONEJO, L. *La defensa judicial de los intereses ambientales*. Valladolid. Lex Nova, 2022.

PÉREZ LUÑO, A. E. *Los derechos fundamentales*. 11ª ed. Madrid: Tecnos, 2013.

Derechos Humanos, Estado de Derecho y Constitución. Quinta edición. Madrid: Editorial Tecnos, 1995.

¿Ciberciudadani@ o Ciudadania.com? Barcelona. Gedisa, 2004.

PÉREZ MORENO, A. Crisis de la participación administrativa. *Revista de Administración Pública*, n. 119, mayo-agosto, 1989, pp. 91-132.

«Instrumentos de tutela ambiental». [en línea]. *Revista Electrónica de Derecho Ambiental*, número 1, Universidad de Sevilla, 1998, pp. 01-08. [consulta: 19 noviembre 2021]. Disponible en: http://hdl.handle.net/11441/17295.

«Procedimientos de conciliación, mediación y arbitraje como alternativa a la vía administrativa de recurso». *Revista Andaluza de Administración Pública*, n.º 37, enero-febrero-marzo/2000. Sevilla: Instituto Andaluz de Administración Pública–IAAP, pp. 11-38.

PONCE SOLÉ, J. «Procedimiento administrativo, globalización y buena administración», en PONCE SOLÉ, J. (Coord.). *Derecho administrativo global: organización, procedimiento, control judicial.* Madrid. Marcial Pons Ediciones Jurídicas y Sociales, 2010, pp. 79-190.

«Inteligencia artificial, Derecho administrativo y reserva de humanidad: algoritmos y procedimiento administrativo debido tecnológico». *Revista General de Derecho Administrativo*, Iustel, n. 50, enero 2019.

Pont Vidal, J. «Gobernanza de la pandemia covid-19 y modelos de gestión: ¿Hacia un nuevo tipo de vínculo sociedad-Estado?» [en línea]. *Revista Do Serviço Público, 71*, pp. 235-265. [consulta: 10 abril 2022]. Disponible en: https://doi.org/10.21874/rsp.v71i0.4833.

Prats i Catalá, J. «Derecho al buen gobierno», en Sevilla, Jordi. (Dir.) *La Reforma de Administración General del Estado*. Madrid. LID Editorial Empresarial, 2010, pp. 15-74.

Purvin De Figueiredo, G .J; Garcia Magalhães, V. «Capitalismo e Desenvolvimento Sustentável: Relações entre o Direito do Trabalho e o Direito Ambiental–Reflexões introdutórias», en Purvin De Figueiredo (org.). *Direito Filosofia e Meio Ambiente: Diálogos com a doutrina de Alaôr Caffé Alves*. São Paulo. IBAP, 2021, pp. 53-91.

Ramió, C. «Una Administración pública de futuro sostenible económicamente e innovadora en el contexto de la globalización». *Cuadernos de Gobierno y Administración Pública.* Vol. 3, núm. 2. Ediciones Complutenses, 2016, pp. 103-122.

Ramírez-Alujas, A. V. «Open Government y Gobernanza Colaborativa: El (inevitable) camino hacia un nuevo paradigma de Gobierno y Gestión Pública». *Estado del arte, desafíos y propuestas, ponencia para el X Congreso de la Asociación Española de Ciencia Política y de la Administración (AECPA): «La política en la red».* Murcia, 2011. [en línea] [consulta 20 enero] 2019]. Disponible en: <https://aecpa.es/files/view/pdf/congress-papers/10-0/555/>.

Rams Ramos, L. «La terminación anticipada del procedimiento sancionador con reducciones en la cuantía de la sanción ¿una verdadera forma de terminación del procedimiento administrativo?», En Guillén Caramés, J; Lavilla Rubira, J. J.; Jiménez De Cisneros Cid, F. J. (Aut.). *Los nuevos desafíos del Derecho. Homenaje al profesor José Manuel Sala Arquer.* Madrid. Congreso de Diputados, 2019, pp. 1173-1221.

Razquin Lizarraga, J. A.; Ruiz De Apodaca Espinosa, A. *Información, Participación y Justicia en Materia de Medio Ambiente. Comentario sistemático a Ley 27/2006, de 18 de julio.* Navarra: Aranzadi, 2007.

Real Ferrer, G. «El principio de Solidaridad en la Declaración de Río», en Prieur, M.; Doumbe-Billé, S. *Droit de l' Environnement et Déveleppement Durable*, Pulim, Limoges, 1994, pp. 77-84.

Régis Prado, L. *Curso de Direito Penal Brasileiro*. Vol. I, Octava edición. São Paulo. Editora Revista dos Tribunais, 2008.

Robledo, M. J. «De la percepción social del riesgo a los conflictos ambientales», en Dromi, R. (Dir.). *Tutela Ambiental*. Buenos Aires–Madrid. Editorial Ciudad Argentina, 2003.

Rodrigues De Souza, M. F.; Scarpinella Bueno, F. «Mediação: uma solução adequada para os conflitos ambientais entre a Administração Pública e o administrado», en Júdice Moreira, António; Franco Nascimbeni, Asdrubal; Beyrodt, Christiana; Morais Tonin, Mauricio. (Coords.). *Mediação e Arbitragem na Administração Pública: Brasil e Portugal*. São Paulo. Almedina, 2020, pp. 361-382.

Rodríguez-Arana, J. *Cuatro estudios de derecho administrativo europeo: (derechos fundamentales, subsidiariedad, subvenciones y administraciones públicas).* Granada. Comares, 1999.

«La buena administración como principio y como derecho fundamental en Europa». *Misión Jurídica: Revista de derecho y ciencias sociales,* v. 6, n. 6, 2013, pp. 23-56.

«El Derecho Fundamental a la Buena Administración en la Constitución Española y en la Unión Europea». *Revista Eurolatinoamericana de Derecho Administrativo.* Argentina: v. 1, n. 2, 2014a, pp. 117-149.

«Sobre la Carta Iberoamericana de derechos y deberes del ciudadano». *Anuario de la Facultad de Derecho de la Universidad de A Coruña – AFDUC*. España, N.18, 2014b, ISSN: 1138-039X, pp. 17-30.

Derecho Administrativo y Derechos Sociales Fundamentales. Sevilla. INAP/Global Law Press-Editorial Derecho Global, 2015a.

«La mediación en el derecho administrativo». [en línea]. *Revista de Derecho Público*, n.74, 2015b, pp. 113-131. DOI:10.5354/0719-5249.2015.37538. [consulta: 24 marzo 2019]. Disponible en: https://revistaeggp.uchile.cl/index.php/RDPU/issue/view/3820.

Rodríguez Betancor, A. *Derecho Ambiental. Primera edición*. Madrid. La Ley, 2014.

Rodríguez Camarena, C. S.; Barbosa Muñoz, P. A. «La solución de conflictos ambientales fuera del ámbito judicial. Una aproximación teórica». *Revista de investigación en Derecho, Criminología y Consultoría Jurídica,* año 13, n. 26, octubre 2019-marzo de 2020, ISSN 1870-6924 2594, pp. 209-234.

Ross, D. «Med-Arb/Arb-Med: A More Efficient ADR Process or an Invitation to a Potential Ethical Disaster?», en Rovine, Arthur W. (Coord.). *Contemporary Issues in International Arbitration and Mediation*. New York: BRILL, 2013, pp. 352-366.

Ruiz de Apodaca Espinosa, A. «El Acceso a la Justicia Ambiental a nivel comunitario y en España veinte años después del Convenio de Aarhus» [en línea], en *Revista Catalana de Dret Ambiental*, Vol. IX, n.1, 2018, pp. 01-53. [consulta: 17 abril 2022]. Disponible en: https://doi.org/10.17345/rcda9.1.

Ryan, M. «Alternative Dispute Resolution in Environmental cases: friend or foe?», en *Tulane Environmental Law Journal,*, Vol. 10, n. 2 (SUMMER 1997), pp. 397-414.

Sachs, I. *Caminhos para o Desenvolvimento Sustentável*. Rio de Janeiro. Garamond, 2002.

Salazar Ortuño, E. «El acceso a la justicia ambiental a partir del Convenio de Aarhus» *Justicia ambiental de la transición ecológica*. Primera edición. Navarra. Editorial Aranzadi, 2019.

«Vulnerabilidad y acceso a la justicia ambiental», en Soro Mateo, B.; Jordano Fraga, J.; Alenza García, J. *Vulnerabilidad Ambiental y Vulnerabilidad Climática en tiempos de emergencia*. Valencia: Tirant lo blanch, 2020, pp. 371-380.

Salgado, E. D. *Lei de Acesso à Informação (LAI).* São Paulo. Atlas, 2015.

Salomão, L. F. O marco regulatório para a mediação no Brasil. [en línea]. *Justiça & Cidadania*, Rio de Janeiro, edición 179, 2015. [consulta: 14 julio 2021]. Disponible en: https://www.editorajc.com.br/o-marco-regulatorio-para-a-mediacao-no-brasil/.

Sánchez Bravo, A. «Sociedad tecnológica e implicaciones ciudadanas», en Garriga Domínguez, A.; Sánchez Bravo, A. (editores). *Derechos humanos, protección medioambiental y nuevos retos sociales*. Madrid. Dykinson, 2015, pp. 223-240.

Sánchez Móron, M. *Derecho Administrativo–Parte General*. Decimoquinta Edición. Madrid: Editorial Tecnos, 2019.

Sánchez Sáez, A. J. «El Nuevo Derecho Ambiental: Cambios y posibilidades de Futuro en torno a las técnicas convencionales». [en línea]. *Revista Electrónica de Derecho Ambiental,* número 2, Universidad de Sevilla, 1999. [consulta: 19 noviembre 2021]. Disponible en: https://idus.us.es/bitstream/handle/11441/61786/el_nuevo_derecho_ambiental.pdf?sequence=1&isAllowed=y.

Los convenios de colaboración para la protección del medio ambiente. (Tesis Doctoral). Sevilla. Universidad de Sevilla, 2002.

«Reflexiones sobre la Resolución Alternativa de Conflictos (ADR) en los Estados Unidos: su virtualidad en Derecho Ambiental», en Espinosa de los Monteros, C. C. *Alternativas no jurisdiccionales de resolución de pretensiones de Derecho Público: VI Jornadas de Estudio del Gabinete Jurídico de la Junta de Andalucía [celebradas en Sevilla, noviembre de 2000].* Sevilla. Junta de Andalucía, Instituto Andaluz de Administración Pública, 2003, pp. 317-334.

Los convenios administrativos para la protección ambiental. Sevilla. Instituto Andaluz de Administración Pública, 2004.

Descentralización y subsidiariedad: Hacia una Nueva Configuración del Estado. Sevilla. Instituto Andaluz de Administración Pública (IAAP), 2005.

La Ley reguladora de la Jurisdicción Contencioso-Administrativo. Comentario. Madrid. Editorial Iustel, 2010.

Santana Gordilho, H. D.; Lyrio Pimenta, P. R. «Fins do princípio do poluidor-pagador». [en línea]. *Revista Brasileira de Direito,* Passo Fundo, v. 14, n. 1, abr. 2018, pp. 361-379. ISSN 2238-0604. DOI: https://doi.org/10.18256/2238-0604.2018.v14i1.2080. [consulta 05 noviembre 2011]. Disponible en: https://seer.imed.edu.br/index.php/revistadedireito/article/view/2080.

Santos Silva, R. F. «E-democracia: Participación ciudadana y nuevas tecnologías para la solución de los conflictos ambientales» [en línea]. *III Congreso Internacional Move. Net sobre Movimientos Sociales y TIC.* Sevilla. Grupo Interdisciplinario de Estudios en Comunicación, Política y Cambio Social de la Universidad de Sevilla (COSMOPOLÍTICAS), 2020. [consulta: 17 abril 2021]. Disponible en: https://idus.us.es/handle/11441/98150.

Acceso a la Justicia y Mediación Administrativa Extrajudicial en el Estado Relacional: Nuevas perspectivas en Brasil y España. Colección Jóvenes Investigadores. A Coruña. Colex, 2023.

Sarlet, I. W.; Fensterseifer, T. *Direito Constitucional Ambiental: Constituição, Direitos Fundamentais e Proteção do Ambiente.* Quinta edición. São Paulo. Editora Revista dos Tribunais, 2017.

«Breves considerações sobre o Princípio da Proibição de Retrocesso em matéria ambiental à Luz do atual cenário de flexibilização da Legislação Ecológica Brasileira», em Morato Leite, J. R.; Dinnebier, F. F. (orgs.). *Estado de Direito Ecológico: Conceito, Conteúdo e Novas Dimensões para a Proteção da Natureza.* São Paulo: Instituto O direito por um planeta verde, 2017a.

Princípios do Direito Ambiental. Segunda edición. São Paulo: Saraiva, 2017b.

Sarmento, D. «Os direitos fundamentais nos paradigmas Liberal, Social e Pós-Social (Pós-modernidade constitucional?)», em Sampaio, J. A. L. (Coord.). *Crise e desafios da Constituição: perspectivas críticas da teoria e das práticas constitucionais brasileiras.* Belo Horizonte: Del Rey, 2003, pp. 375-414.

Sanz Larruga, F. J. «El derecho ante las nuevas tecnologías de la información». [en línea]. *Anuario da Facultade de Dereito da Universidade da Coruña,* n.1, 1997, pp. 499-516. [consulta: 11 mayo 2022]. Disponible en: http://hdl.handle.net/2183/1934.

«El ordenamiento europeo, el derecho administrativo español y el derecho a una buena administración». [en línea]. *Anuario da Facultade de Dereito da Universidade da Coruña*, n.13, 2009, pp. 729-751. [consulta: 11 mayo 2022]. Disponible en: http://hdl.handle.net/2183/7510.

«Sostenibilidad ambiental y Derecho Administrativo: ¿nuevo remedio ante la crisis económica o una exigencia constitucional? A propósito de la nueva Ley de Economía Sostenible». *Actualidad Jurídica Ambiental*, n. 2, mayo/2011, pp. 10-16.

Severo Giannini, M. «La tutela degli interessi colletivi nei procedimenti amnistrativi». *Rivista di Diritto Processuale*, 1974.

Serebrisky, T. *et al*. *Infraestructura sostenible y digital para impulsar la recuperación económica post COVID-19 de América Latina y el Caribe: un camino hacia más empleo, integración y crecimiento*. Banco Interamericano de Desarrollo, 2020. [en línea] [consulta: 21 enero 2021]. Disponible en: https://publications.iadb.org/publications/spanish/document/Infraestructura-sostenible-y-digital-para-impulsar-la-recuperacion-economica-post-COVID-19-de-America-Latina-y-el-Caribe-Un-camino-hacia-m%C3%A1s-empleo-integracion-y-crecimiento.pdf.

Silva, M. «Prefácio», En Huff Theodoro, S. *Mediação de Conflitos Socioambientais*. Rio de Janeiro. Garamond, 2005, pp. 09-12.

Silveira, S. A. D. *Exclusão digital: a miséria na era da informação*. São Paulo. Fundação Perseu Abramo, 2001.

Soro Mateo, B. «Responsabilidad pública, vulnerabilidad y litigios climáticos». *Revista Aragonesa de Administración Pública*, n. 54, 2019, pp. 57-140.

«Marco jurídico general de la cuestión climática. Algunas reflexiones a la espera de la aprobación de la ley española de cambio climático y transición energética», en Hernández González, F. (Dir.). *El Derecho ante el reto del cambio climático*. Navarra. Aranzadi, 2020, pp. 111-157.

Spada Jiménez, A. *Justicia Climática y Eficiencia Procesal*. (Tesis Doctoral). [en línea]. Málaga. Universidad de Málaga, 2020. [consulta: 10 abril 2022]. Disponible en: https://www.educacion.gob.es/teseo/imprimirFicheroTesis.do?idFichero=gCk994EzDUs%3D.

Stewart Diaz, K. *Visión crítica del uso de ADR en conflictos socioambientales*. [en línea]. Santiago: Universidad de Chile-Facultad de Derecho, 2021. [consulta: 24 noviembre 2021]. Disponible en https://repositorio.uchile.cl/handle/2250/182296.

Suárez Xavier, P.R. *Reconocimiento Facial y Policía Predictiva: Entre Seguridad y Garantías Procesales*. A Coruña: Editorial Colex, 2022.

Susskind, L.; Weinstein, A. «Towards a theory of environmental dispute resolution». [en línea]. *Boston College Environmental Affairs Law Review*, vol. 9, 1980, pp. 311 - 357. [consulta: 19 noviembre 2021]. Disponible en: https://lawdigitalcommons.bc.edu/ealr/vol9/iss2/4/.

Sussman, E. «Combinations and Permutations of Arbitration and Mediation: Issues and Solutions». *ADR in Business. Practice and issues across countries and cultures*, v. 2, 2011, pp. 381-398.

Teixeira Moreira, O. A. «Participação popular e a tutela jurídica do meio ambiente urbano», en Purvin De Figueredo, G.J. (org.). *Estudos de Direito Ambiental: Em memória do jurista José Eduardo Ramos Rodrigues*. Primera Edición. São Paulo. IBAP, 2023, pp. 185-206.

Tornos Mas, J. «Medios complementarios a la resolución jurisdiccional de los conflictos administrativos» en *Revista de Administración Pública*, N. 136, enero-abril 1995, ISSN 0034-7639, pp. 149 – 170.

«Los medios alternativos de resolución de conflictos en los que es parte la Administración Pública. Últimas novedades», en Lopez Menudo, Francisco. (Coord.). *Derechos y Garantías del ciudadano. Estudios en homenaje al Profesor Alfonso Pérez Moreno*. Madrid. Iustel, 2011. pp. 1085-1103.

La mediación en el derecho administrativo. [en línea]. Jornada «Mediación Administrativa en Cataluña». Universitat Oberta de Catalunya, 22 de enero de 2019, p.07. [consulta: 04 marzo 2021]. Disponible en: https://edcp.blogs.uoc.edu/wp-content/uploads/sites/24/2019/01/Joaquin-Tornos-Mas.pdf.

Uribe Santos, G. «El acceso a la justicia ambiental. Hacia un nuevo modelo», en Rei, F; Santos Uribe, G. (Org.). *A efetividade do Direito Ambiental e a gestão do meio ambiente na América Ibérica. Balanço de Resultados das Quatro Décadas da Conferência de Estocolmo*. Santos: Editora Universitária Leolpodianum, 2012, pp. 213-232.

Ureña, M. R. «El derecho a un medio ambiente sano como derecho humano», en *Problemas Internacionales del Medio Ambiente: VIII Jornadas, Barcelona, 2 a 5 de julio de 1984*. Bellaterra. Universitat Autónoma de Barcelona, 1985.

Valenzuela Rendón, A. I. «Ventajas y Desventajas de la Conciliación en la Resolución de Conflictos Sobre Reparación del Daño al Medio Ambiente». [en línea]. *Revista Internacional Consinter de Direito*, año II,

v. 3, 2016. DOI: 10.19135/revista.consinter.00003.05. [consulta: 16 abril 2022]. Disponible en: https://revistaconsinter.com/es/revistas/ano-ii-volume-iii/parte-1-direito-e-sustentabilidade/ventajas-y-desventajas-de-la-conciliacion-en-la-resolucion-de-conflictos-sobre-reparacion-del-dano-al-medio-ambiente/.

Valero Torrijos, J. «Administración pública, ciudadanos y nuevas tecnologías». *Revista Jurídica de la Región de Murcia*, ISSN 0213-4799, n. 25, 1998, pp. 13-35.

«Las garantías jurídicas de la Inteligencia Artificial en la actividad administrativa desde la perspectiva de la buena administración». [en línea]. *Revista Catalana de Dret Públic*, pp. 82-96, julio, 2019. [en línea] [consulta: 10 enero 2021]. DOI: http://dx.doi.org/10.2436/rcdp.i58.2019.3307. Disponible en: <http://revistes.eapc.gencat.cat/index.php/rcdp/article/view/10.2436-rcdp.i58.2019.3307>.

Valiño Ces, A. Más allá de los métodos alternativos clásicos al proceso judicial: otras formas de resolución de conflictos. *Cadernos de Dereito Actual*, n. 11, número ordinário, 2019, pp. 201-224.

Vasconcelos e Benjamin, A. H. «A insurreição da aldeia global contra o processo civil clássico: apontamentos sobre a opressão e a libertação judiciais do meio ambiente e do consumidor», en Pellegrini Grinover, A. *Et al*. (coords.). *Processo coletivo: do surgimento à atualidade.* São Paulo. Revista dos Tribunais, 2014.

Vernis Domènech, A.; Mendoza Mayordomo, X. «Una aproximación a la conceptualización del nuevo rol del Estado: el Estado relacional». [en línea]. *Revista del CLAD Reforma y Democracia*, 2009, n. 44, junio/2009, pp. 115-144. ISSN: 1315-2378. [consulta: 25 enero 2021]. Disponible en: https://www.redalyc.org/articulo.oa?id=357533675004.

Villaluenga, L. G; de Castro, E. V. «Mediación 4.0: oportunidades y riesgos de la inteligencia artificial en la resolución de conflictos», en *Anuario de mediación y solución de conflictos*, v. 11, p. 21-34, 2024.

Viegas Da Costa, D.; Sousa Teodósio, A. D. S. «Desenvolvimento sustentável, consumo e cidadania: um estudo sobre a (des)articulação da comunicação de organizações da sociedade civil, do estado e das empresas», en *Revista de Administração Mackenzie*, v. 12, n. 3, pp. 114-145, jun. 2011.

Villone, M. «La collocazione istituzionale dell'interesse diffuso: considerazioni sul sistema statunitense», en GAMBARO, A. (Org.). *La tutela degli interessi difusi nel diritto comparato: con particolare riguardo alla protezione dell'ambiente e dei consumatori*. Milano. Giuffrè, 1976.

Vučetić, D. «Is mediation viable in administrative matters?» [en línea]. *Facta Universitatis, Series: Law and Politics*, Vol. 14, n. 4, 2016, pp. 495-504. DOI: 10.22190/FULP1604495V. [consulta: 20 marzo 2020]. Disponible en: https://www.researchgate.net/publication/315464480_IS_MEDIATION_VIABLE_IN_ADMINISTRATIVE_MATTERS.

Wedy, G. *O princípio constitucional da precaução como instrumento de tutela do meio ambiente e da saúde pública: (de acordo com o direito das mudanças climáticas e o direito dos desastres).* Tercera edición. Belo Horizonte: Editora Fórum, 2020.

Xavier Cabral, T. N. «Justiça Multiportas e Inovação», en *Tecnologia e Justiça Multiportas*. Fux, L.; Ávila, H.; Xavier Cabral, T. N. (coords.). Indaiatuba. Editora Foco, 2021, pp. 261-274.

Zanuttigh, L. «Proceso e tutela dell'ambiente nell'esperienza nordamericana», en Gambaro, A. (org.). *La tutela degli interessi difusi nel diritto comparato: con particolare riguardo alla protezione dell'ambiente e dei consumatori*. Milano: Giuffrè, 1976.

Zapparrolli, C. R.; Krahenbul, M. C. *Negociação, Conciliação, Mediação, Facilitação Assistida, Prevenção, Gestão de Crises nos Sistemas e suas Técnicas.* São Paulo: LTR, 2012.

DOCUMENTOS DISPONIBLES EN INTERNET

Banco Mundial. *Informe sobre el desarrollo mundial 2016: Dividendos Digitales–Panorama General.* [en línea]. Washington. Banco Mundial. [consulta: 13 junio 2019]. Disponible en: http://documents.worldbank.org/curated/pt/658821468186546535/Informe-sobre-el-desarrollo-mundial-2016-dividendos-digitales-panorama-general.

Brasil. Conselho Nacional de Justiça. «Justiça em números 2022». Brasília. *CNJ*, 2022.

«Justiça em números 2024». Brasília: *CNJ*, 2024.

Cataluña. *Libro Blanco de la Mediación en Cataluña*. [in línea] [consulta: 21 abril 2019] Disponible en: http://justicia.gencat.cat/web/.content/documents/publicacions/llibres_fora_colleccio/libro_blanco_mediacion.pdf.

España. CGPJ. Disponible en: www.poderjudicial.es/cgpj/es/temas/mediación. [en línea] [consulta: 06 mayo 2020].

ONU. Informe. *«Environmental Rule of Law: First Report».* [en línea]. [consulta: 19 septiembre 2021]. Disponible en: https://www.unep.org/resources/assessment/environmental-rule-law-first-global-report.

Unión Europea. «Comunicación de la Comisión de 15 de mayo de 2001. Desarrollo sostenible en Europa para un mundo mejor: estrategia de la Unión Europea para un desarrollo sostenible (Propuesta de la Comisión ante el Consejo Europeo de Gotemburgo)» [COM (2001) 264 final – no publicada en el Diario Oficial].

Unión Europea. «Comunicación de la Comisión de 13 de diciembre de 005 relativa a la revisión de la Estrategia para un desarrollo sostenible» *Plataforma de acción* [COM (2005) 658 final— no publicada en el Diario Oficial].

Unión Europea. *Libro Blanco sobre la inteligencia artificial-un enfoque europeo orientado a la excelencia y la confianza.* [en línea]. Bruselas. Comisión Europea, 2020, p. 02-03. [en línea] [consulta: 10 enero 2020]. Disponible en: https://op.europa.eu/es/publication-detail/-/publication/aace9398-594d-11ea-8b81-01aa75ed71a1.

SITIOS DE INTERNET VISITADOS

Câmara, J. «Em 2020, quase 60 % dos focos de incêndios no Pantanal foram provocados por ações humanas, dizem MPs». [en línea]. *G1–Globo.com*, 2021. [consulta: 06 abril 2022]. Disponible en: https://g1.globo.com/ms/mato-grosso-do-sul/noticia/2021/04/06/em-2020-quase-60percent-dos-focos-de-incendios-no-pantanal-foram-provocados-por-acoes-humanas-dizem-mps.ghtml.

CNN Español. (2024). *Los factores alrededor de la devastación por la DANA «sin precedentes» en España: sorpresa, cambio climático y el papel de los mensajes de alerta.* [en línea]. Disponible en: https://cnnespanol.cnn.com/2024/10/30/hubo-fallos-prevision-y-alerta-dana-tragedia-espana-orix/. [consulta: 02 noviembre 2024].

Ferreiro, D. «Medio Ambiente y solidaridad». [en línea]. *Elpais.com*, 1990 [consulta: 28 octubre 2021]. Disponible en: https://elpais.com/diario/1990/06/05/sociedad/644536804_850215.html.

Guterres, A. «Esta es, sobre todo, una crisis humana que llama a la solidaridad». [en línea]. *UN.org.* [consulta: 08 noviembre 2021]. Disponible en: https://www.un.org/es/coronavirus/articles/humanitarian-crisis-coronavirus-solidarity

Libonati, R; Lemos, F; Rodrigues, J; Belém, L; Dacamara, C; Sena, C; Albuquerque, R; Narcizo, L; Peres, L. *NOTA TÉCNICA 03/2024: avaliação da situação atual do fogo no Pantanal. Outubro 2024.* [consulta: 20 octubre 2024]. Disponible en: https://www.researchgate.net/publication/385046205_NOTA_TECNICA_032024_avaliacao_da_situacao_atual_do_fogo_no_Pantanal_-_Outubro_2024.

Lima, K; Mazui, G; «Barragem de Mariana: mineradoras e governos firmam novo acordo de R$ 170 bilhões para reparar danos». *Portal G1. 2024.* [en línea]. Disponible en https://g1.globo.com/politica/noticia/2024/10/25/mineradoras-e-governos-firmam-novo-acordo-mariana.ghtml. [consulta 28 octubre 2024].

Portal Estratégia. (2024). *Atualidades. Tragédia no Rio Grande do Sul: causas e consequências*. [en línea]. Disponible en: https://portal.estrategia.com/materias/atualidades/tragedia-no-rio-grande-do-sul-causas-e-consequencias/. [consulta: 28 octubre 2024].

Silva, M. *Discurso da Ministra do meio ambiente e mudança do clima*. [en línea]. Texto disponible en: https://www.gov.br/pt-br/noticias/meio-ambiente-e-clima/2023/01/discurso-da-ministra-do-meio-ambiente-e-mudanca-do-clima-marina-silva. [consulta: 22 enero 2023].

SOS Pantanal. «Comparando Os incêndios de 2020 com 2021 no Pantanal: o que mudou?» [en línea]. *SOS PANTANAL,* 2021. [consulta: 06 abril 2022]. Disponible en: https://www.sospantanal.org.br/comparando-os-incendios-de-2020-com-2021-no-pantanal-o-que-mudou/.

Universidade Federal de Minas Gerais. «Dois anos após a tragédia de Brumadinho, danos ainda são desconhecidos». [en línea]. *UFMG*. 2021. [consulta: 06 abril 2022]. Disponible en: https://ufmg.br/comunicacao/noticias/dois-anos-apos-a-tragedia-de-brumadinho-danos-ainda-sao-desconhecidos.

Viegas, A. *et al*. «Um ano após perder 26 % do bioma, Pantanal corre o risco de ter incêndios piores neste inverno». [en línea]. *G1–Globo.com*, 2021. [consulta: 06 abril 2022]. Disponible en: https://g1.globo.com/ms/mato-grosso-do-sul/noticia/2021/07/10/um-ano-apos-perder-26percent-do-bioma-pantanal-corre-o-risco-de-ter-incendios-piores-neste-inverno.ghtml.

Made in United States
Orlando, FL
06 November 2026

90301615R00107